古典文獻研究輯刊

十二編

潘美月・杜潔祥 主編

第 3 冊

《四庫全書》的《詩經》學觀點研究

林怡芬 著

國家圖書館出版品預行編目資料

《四庫全書》的《詩經》學觀點研究／林怡芬 著－初版－新
北市：花木蘭文化出版社，2011〔民100〕
目 2+194 面；19×26 公分
（古典文獻研究輯刊 十二編；第3冊）
ISBN：978-986-254-396-2（精裝）

1. 詩經　2. 四庫全書　3. 研究考訂

011.08　　　　　　　　　　　　　　100000206

ISBN-978-986-254-396-2

9 789862 543962

古典文獻研究輯刊
十二編　第三冊　　　　　　　ISBN：978-986-254-396-2

《四庫全書》的《詩經》學觀點研究

作　　者　林怡芬
主　　編　潘美月　杜潔祥
總 編 輯　杜潔祥
企劃出版　北京大學文化資源研究中心
出　　版　花木蘭文化出版社
發 行 所　花木蘭文化出版社
發 行 人　高小娟
聯絡地址　新北市永和區中正路五九五號七樓之三
　　　　　電話：02-2923-1455／傳眞：02-2923-1452
網　　址　http://www.huamulan.tw 信箱 sut81518@ms59.hinet.net
印　　刷　普羅文化出版廣告事業
初　　版　2011 年 3 月
定　　價　十二編 20 冊（精裝）新台幣 31,000 元

《四庫全書》的《詩經》學觀點研究

林怡芬　著

作者簡介

林怡芬

學歷：國立雲林科技大學漢學資料整理研究所
　　　國立台灣師範大學國文系
　　　省立虎尾高中

經歷：國中教師

提　　要

　　《四庫全書》的研究者多半從《四庫全書總目》研究其學術觀點，較少能從實際的著錄探討之，因此本文嘗試從《四庫全書》所著錄的書籍概況、四庫館臣所作的考證，來探討《四庫全書》的《詩經》學觀點。

　　本文共分六章。

　　第一章緒論，說明研究動機與目的外，並限定研究範圍、回顧前人的研究成果，以及簡述各章節的內容。

　　第二章探討《詩經》學爭議問題，以作為探究《詩》學觀點的前提。

　　第三章探討《四庫全書》之編修背景，得出：「尊經崇儒、崇孔尊朱」、「重視《詩》教」、「重漢學考據」、「重視《詩經》的古音韻」、「保留三家《詩》學觀點」等《詩》學觀點。

　　第四章探究《四庫全書總目》經部詩類的《詩》學觀，得出：「推崇《詩序》」、「認為《詩經》是政治美刺詩」、「《詩》有淫詩，用以刺淫，非淫者自述其狀」等《詩》學觀點。

　　第五章從《毛詩注疏》的考證卷中探究《四庫全書》著錄的《詩經》學觀點，得出：「重漢學，兼採宋學」、「不盲從《詩序》」、「反對淫詩說」、「認同美詩，對於刺詩持保留態度」等《詩》學觀點。

　　第六章結論，總結本論文。

　　從以上三方面考察所得，大致符合向來我們認定的四庫館是漢學的大本營，《四庫全書》的學術立場是傾向漢學的，但是我們也發現《四庫全書》對於宋學的接受與認同。館臣雖是漢學派的追隨者，其編纂《四庫全書》用的也是漢學派的方法，但是卻不為門戶所侷限，拘泥於一家之說，反而能破除門戶之見，廣博採納各家之言，使《四庫全書》的內容更臻完備，這種學術立場是值得推崇的。

第一章 緒 論

第一節 研究動機與目的

　　清代空言義理之宋學沒落，漢學代之而起，其博極群書，考訂經史，輯佚之風氣大盛。乾隆爲了迎合此種潮流，並實行文化統治，控制學術思想，籠絡大批知識份子爲己服務，於是開「四庫館」，於乾隆三十七年（1772）開始徵求天下遺書，命各地方官將所見之書皆送呈候選，當時各地藏書家進獻之遺書就有五○二四種。四方之書既集，便由知名學者紀昀、戴震、于敏中、金簡、周永年、邵晉涵、任大椿等任纂修官，領導儒臣校讎編纂，將書籍經過嚴格審查，把不利於大清統治的內容予以刪改，甚至焚毀。經刪改及入選之書，則由繕寫官員以手鈔而成，定爲《四庫全書》，所收圖書計三四七○種。四庫館將所收之書依據其價值分爲三種：

　　（一）凡傳世稀少者，則刊印流傳，編爲武英殿聚珍版叢書。

　　（二）凡有助於實用者，則校讎謄寫，彙爲四庫全書。

　　（三）於俚俗僞謬無可採者，則只存書名，注出節略，謂之存目。

　　其中《四庫全書》的纂修不僅是乾隆文治事業的具體成就，同時也是清代學術發展過程中的一個關鍵，在清代學術史上有其特殊的意義。從《四庫全書》的著錄、存目情形除可瞭解編纂的用意，亦可見其時代的文學觀，尤其是紀昀等人所編之《四庫全書總目》除了是一部重要的目錄書專著外，更是一部文學批評之著作，可從中窺探清初之文學觀。因此從清代開始，對《四庫全書》的研究就非常蓬勃，尤其是對《四庫全書總目》的研究更爲興盛。

關於《四庫全書》的研究，或輯錄有關四庫的檔案，或研究四庫採進、禁毀圖書的情形，或研究四庫所收書的版本，或補正四庫提要的謬誤，環繞四庫領域而作各種研究的論文、專著如雨後春筍，使「四庫學」成爲當代顯學之一。而近年來《四庫全書》的研究更從纂修、版本研究轉向學術價值內涵之研究，將四庫學的研究更往前推進一步。

雖然對《四庫全書》的研究者很多，但多以《四庫全書總目》之研究較多〔註1〕，尤其對經部詩類作深入研究者，大抵只有楊晉龍〈論《四庫全書總目》對明代詩經學的評價〉〔註2〕、何海燕〈從《四庫全書總目》看清初《詩經》研究之狀況——兼談《總目》治《詩》思想對清中後期《詩經》影響〉〔註3〕、郭丹〈《四庫全書總目》中的《詩經》批評〉〔註4〕等數篇單篇論文。

〔註1〕 以臺灣之學位論文爲例計有：計文德：《從四庫全書探究明清間輸入之西學》（臺北：中國文化大學歷史研究所碩士論文，民國74年）；石惠美：《四庫薈要》與《四庫全書》集部著錄書版本比較研究（臺北：中國文化大學中文研究所碩士論文，民國86年）；吳麗珠：《四庫全書》收錄臺灣文史資料之研究（臺北：東吳大學中國文學系碩士論文，民國92年）；李咸侃：《四庫全書總目·經部·易類》研究（高雄：中山大學中國文學研究所碩士論文，民國93年度）；莊清輝：《四庫全書總目經部研究》（臺北：國立政治大學中國文學研究所碩士論文，民國76年度）；盧盈君：《四庫全書總目》詞曲觀研究（臺北：政治大學國文教學碩士學位班碩士論文，民國97年）；楊曉雲：《四庫全書總目》史部分類之研究（臺北：臺灣大學圖書資訊學研究所碩士論文，民國89年）；周宏仁：《四庫全書》著錄清代御製文獻研究（臺北：淡江大學漢語文化暨文獻資源研究所碩士班碩士論文，民國95年）；龔詩堯：《四庫全書總目》之文學批評研究（南投：暨南國際大學中國語文學系碩士論文，民國89年）；蕭玲宜：《四庫全書收錄附圖書之研究》（臺北：臺北市立師範學院應用語言文學研究所碩士論文，民國90年）；薛建發：《四庫全書總目》文學鑑賞研究（臺北：臺北市立教育大學應用語言文學研究所碩士論文，民國94年）；段又瑄：《四庫分纂稿、閣書提要和《總目》提要之內容比較分析—以集部爲例》（臺北：臺灣大學圖書資訊學研究所碩士論文，民國96年）；曾紀剛：《四庫全書之纂修與清初崇實思潮之關係研究——以經史二部爲主的觀察》（臺北：輔仁大學中文系碩士論文，民國90年）；曾聖益：《四庫總目經部類敘疏證及相關問題研究》（臺北：政治大學中國文學研究所碩士論文，民國85年）等十四篇，其中即有八篇是針對《四庫全書總目》所作之研究。

〔註2〕 楊晉龍：〈論《四庫全書總目》對明代詩經學的評價〉，《詩經國際學術研討會論文集》（第四屆）（山東省濟南市：中國詩經學會，1999年），頁441～477。

〔註3〕 何海燕：〈從《四庫全書總目》看清初《詩經》研究之狀況——兼談《總目》治《詩》思想對清中後期《詩經》影響〉，《湖北大學學報》第三十二卷第三期，2005年5月，頁342～345。

〔註4〕 郭丹：〈《四庫全書總目》中的《詩經》批評〉，《福建師範大學學報》第一一七期，2002年4月，頁75～80。

楊晉龍的論文主要探討《總目》對明代《詩經》學的評價，何海燕的論文主要是探查清初《詩經》的研究概況，郭丹的論文則是以時代爲脈絡，概論《總目》對各著錄、存目的評語，但是三者皆只論及《總目》的《詩經》學觀點，未深入探討《總目》對歷來《詩經》學史上爭議問題的看法與見解。而對《四庫全書》實際著錄之研究尙付之闕如。

　　因此本文主要針對《四庫全書總目》中所提及的《詩經》學史上爭議的問題進一步研究，並嘗試從《四庫全書》所著錄的書籍概況、四庫館臣所作的考證，來探討《四庫全書》的《詩經》學觀點。

第二節　研究範圍、方法與文獻檢討

一、研究範圍

　　本論文欲探討《四庫全書》的《詩經》學觀點，除可從《四庫全書總目》的批評提要，直接看出《四庫全書》的《詩經》學觀點外，尙可從實際的著錄情形觀察得之。除了量化的收書本數外，四庫館臣對於著錄書籍的文字刪減、館臣對於著錄眾書所做的考證，都可以見其端倪。但因《四庫全書》經部詩類著錄卷帙實在過於龐大，本文因礙於筆者的學力與時間，僅能就《四庫全書總目》的提要、量化的收書本數、四庫館臣對於經部詩類的第一部著錄《毛詩注疏》各卷的考證此三面著手，雖未能全面觀照《四庫全書》的《詩經》學觀點，但期能從中探究《四庫全書》中《詩經》學觀點的一隅。

二、研究方法

（一）文獻分析法

　　文獻分析法是「以系統而客觀的界定、評鑑、並綜括證明的方法，以確定過去事件的確實性和結論。其主要目的在於了解過去、洞察現在、預測將來。」文獻是屬於具有歷史價值的知識本體，類型有多種分類，今專指具有歷史價值的圖書文物資料，其基本內涵是記錄過去有歷史價值的知識。

　　在探究《四庫全書》的《詩》學觀，筆者以文獻分析法分析《四庫全書》經部詩類的著錄概況、《四庫全書總目》對所著錄《詩》學著作的評價，以及分析四庫館臣對於著錄所作的考證，藉由分析這些文獻來爬梳《四庫全書》的《詩》學觀。

（二）歷史研究法

歷史研究法是研究過去所發生的事件或活動的一種方法。希望從錯綜複雜的歷史事件中，發現事件間的因果關係與發展規律，以便做爲瞭解現在和預測將來的基礎。

《四庫全書》的成書必然受當時的時空背景所影響，所以欲深入瞭解書中的學術觀點，必先探究明末清初的學術背景、思想特色、文化風俗等，方能建構出影響《四庫全書》成書的清高宗和四庫館臣的思想層面，也才能深入探究其學術成因及時代意義，因此本論文在探討《四庫全書》的成書背景時，輔以明末清初的史書、皇帝實錄、學術史、思想史以及文學史，以梳理出《四庫全書》成書時的歷史環境，並從中窺見歷史環境對《四庫全書》的《詩》學觀之影響。

（三）對比分析法

又稱「比較法」。指將兩個或兩個以上有內在聯繫和具有可比性的事物進行比較，藉以發現差異，並進而分析原因、提出措施的一種分析方法。

本文探討《四庫全書》的《詩》學觀點時，以歷代對《詩經》的爭議爲起點，參照修纂當時的時代背景、參與修書的四庫館臣的學術觀點，對比出《四庫全書》獨特的《詩》學觀點。

（四）歸納法

歸納法是指從特定的一組具體證據而發展成爲通則的過程，採用「由部分累積到全部」的研究途徑。

本文將從《四庫全書》中館臣對於所收著錄的考證，以及對所收著錄所做的提要（《四庫全書總目》）等方面加以綜合歸納，以彰明《四庫全書》的《詩》學觀點。

三、前人研究探討

《四庫全書》自問世以來，便不斷吸引著學者對其進行研究，《四庫全書》研究的內容眾多，汪受寬、劉鳳強將《四庫全書》的研究分爲六個方向：〔註5〕

〔註5〕汪受寬、劉鳳強：〈《四庫全書》研究的回顧與思考〉，《史學史研究》（2005年第一期），頁62～66。

（一）纂修與流傳研究

《四庫全書》的纂修研究，始自清代對禁毀書目的整理。光緒末年整理姚覲元《禁書總目四種》和鄧實《奏繳咨禁書目》合爲《禁書目合刻》，這是第一部系統整理禁毀書目的專著。此後孔立的《清代文字獄》和吳哲夫《清代禁毀書目研究》結合新的史料，對清代的禁書、毀書作了更系統的研究。

而陳垣先生的《編纂四庫全書始末》是第一部研究《四庫全書》纂修的論著。此後郭伯恭《四庫全書纂修考》，不僅對《四庫全書》的纂修加以更詳細的論述，還指出《四庫全書》的優缺點以及對後世的影響。其他如楊家駱《四庫全書學典》，任松如《四庫全書答問》，劉漢屏《四庫全書史話》，對《四庫全書》的纂修也作了精闢的論述。當代學者研究《四庫全書》纂修成果最爲可觀的當推吳哲夫和黃愛平，吳哲夫著《四庫全書纂修研究》、〈四庫全書修書處工作人員之遴選與管理〉、〈四庫全書的人事管理〉、〈四庫全書修纂動機的探討〉、《四庫全書薈要纂修考》、《四庫全書薈要擇錄圖書標準的探討》等，填補了纂修研究的空白。黃愛平著《四庫全書纂修研究》，充分利用當時未公開發表的《纂修四庫全書檔案史料》，不僅使論著在資料運用上顯示出優勢，並使其對許多問題分析論證更具說服力，突破性的解決了纂修研究中的一些問題，提出許多新的見解。此外，張明海、曹之、徐有富、松崎鶴雄、藤塚鄰、橋川浚、近藤春雄等人，從不同角度對《四庫全書》纂修進行研究，開闢了新領域。

另外王樹楷《七閣四庫全書之存毀及其行世印本》，劉薔《四庫七閣始末》等是關於七閣建制和七閣書庋藏情況的研究專著。

（二）檔案輯錄與整理

王重民對有關史料及檔案加以輯錄整理，編成《辦理四庫全書檔案》，於1934 年由國立北平圖書館首次出版，對《四庫全書》研究的發展起了極大的促進作用。1980 年代，中國第一歷史檔案館人員編成《纂修四庫全書檔案》，史料豐富、內容翔實，是研究《四庫全書》重要的參考資料。

（三）《四庫全書總目》得失、糾謬及各《提要》異同的研究

對《四庫全書總目》的研究可以追溯到清代學者的各種筆記，但內容零散，未成規模，因此對《四庫全書總目》有較全面性研究的第一部著作當推余嘉錫先生的《四庫提要辨證》，後又有胡玉縉的《四庫全書總目提要補

正》，此外據林慶彰先生所主編之《乾嘉學術研究論著目錄（1900～1993）》第三編四庫學中所列目錄即有九百八十四篇〔註6〕，此後這一方面的論著數量也相當多，如華世銚《論《四庫全書總目》的史部提要》，楊遜《從經部易類看《四庫全書總目提要》諸版本的異同和得失》，周生春《《四庫全書總目》元代方志提要述評》、《四庫全書史部地理類提要辨證》、《四庫全書史部地理類提要考辨》，楊武泉《《四庫總目》中民族史料提要訂誤》，杜澤遜《四庫提要舉正》等。

（四）目錄、索引和版本研究

楊家駱先生認為《四庫全書總目》翻檢不便，不以人名立條，閱讀稽時難得要領，又不詳撰人生平。有鑑於此，他對《總目》二百卷加以整理，編著成《四庫大辭典》，全書分別以「書名」約一萬條和「人名」約七千條，共約二百五十萬字。另外，陳垣在整理《四庫全書》時，作《四庫人名錄》、《四庫書名錄》，也為後人研究提供了便利。此外，陳乃乾、楊立城、昌彼得等編的各種《四庫全書》有關書籍的《索引》，也方便我們的研究。

劭懿辰、劭章祖孫所著《增訂四庫簡明目錄標著》和莫友之著《邵亭知見傳本書目》，開啓了四庫版本研究領域。此後陳垣著《四庫全書考異》對各種版本的《四庫全書總目》加以考察，指出他們前後刻印的關係、異同，並分析了其中的原因。葉德輝《四庫全書總目版本考》、葉啓勛《四庫全書目錄版本考》等也很重要。

（五）文化價值及意義研究

對《四庫全書》文化價值及意義的闡發，早期研究較少，具代表性的有黃云眉〈從主編者意圖上估計四庫全書之價值〉。1950 年代以來文化價值及意義研究逐漸受重視，周積明《文化視野下的《四庫全書總目》》，吳哲夫的〈四庫全書所表現的傳統文化特色考探〉、計文德的《從四庫全書探究明清間輸入之西學》等都是成果豐碩的研究。

（六）《四庫全書》的續修與影印，電子版的開發

嘉慶中葉，阮元搜訪了一百七十部《四庫全書》未收重要書籍，嘉慶皇帝下令將其仿《四庫全書》，定名《宛委別藏》。1925 年開始編纂《續修四庫

〔註6〕林慶彰主編：《乾嘉學術研究論著目錄（1900～1993）》（臺北：中研院文哲所籌備處，1995 年），頁 35～117。

全書總目提要》，包括四庫未收書及四庫編纂後的三萬一千餘種書籍的提要。
1986 年，臺灣商務印書館影印文淵閣《四庫全書》，使該書的利用與研究進入
新階段，近十年來，大陸也開始了《續修四庫全書》、《四庫全書存目叢書》、
《四庫全書禁毀叢刊》等三項文化工程。2001 年京華出版社出版了李肇翔主
編的《四庫禁書》。2004 年鷺江出版社與北京功德閣文化傳播公司出版仿古宣
紙線裝本《四庫全書》。1999 年北京書同文數字化有限公司開發出《文淵閣四
庫全書電子版》，將書中漢字全部轉化爲電子字符，實現字字可查、句句可檢，
大大方便了研究者。

　　而本文《四庫全書》的《詩》學觀研究，應屬於文化價值及意義研究，
又研究範圍限定於經部詩類，故針對經部詩類這方面的前賢研究進一步論述
整理。比起四庫學的其他領域，此方面的研究相形薄弱許多，大抵只有楊晉龍
〈論《四庫全書總目》對明代詩經學的評價〉〔註7〕、何海燕〈從《四庫全書
總目》看清初《詩經》研究之狀況──兼談《總目》治《詩》思想對清中後
期《詩經》影響〉〔註8〕、郭丹〈《四庫全書總目》中的《詩經》批評〉〔註9〕
等數篇單篇論文，以下分別摘要之。

　　1. 楊晉龍：〈論《四庫全書總目》對明代詩經學的評價〉

　　楊晉龍先生從「著錄」和「存目」的統計分析、正反面評語的歸納，進
而探究《四庫全書總目》評價的標準，從而總結出《四庫全書總目》對明代
《詩經》學的評價。但是楊晉龍先生以爲《四庫全書總目》對於明代《詩經》
學的評價不高，是礙於「成見」。成見造成的原因有朝代轉移而鄙視前代的政
治觀，也有由於教化觀點、崇重漢學、排斥百家雜學等意識型態的影響，因
此楊晉龍以爲《四庫全書總目》對明代《詩經》學的評價頗有過甚之論。

　　2. 何海燕：〈從《四庫全書總目》看清初《詩經》研究之狀況──兼談
　　　《總目》治《詩》思想對清中後期《詩經》影響〉

　　何海燕以爲《四庫全書總目》每類皆有序，每書皆著有提要，剖析條流，

〔註7〕　楊晉龍：〈論《四庫全書總目》對明代詩經學的評價〉，《詩經國際學術研討會論
　　　　　文集》（第四屆）（山東省濟南市：中國詩經學會，1999 年），頁 441～477。
〔註8〕　何海燕：〈從《四庫全書總目》看清初《詩經》研究之狀況──兼談《總目》
　　　　　治《詩》思想對清中後期《詩經》影響〉，《湖北大學學報》第三十二卷第三
　　　　　期，2005 年 5 月，頁 342～345。
〔註9〕　郭丹：〈《四庫全書總目》中的《詩經》批評〉，《福建師範大學學報》第一一
　　　　　七期，2002 年 4 月，頁 75～80。

辨章學術，以精銳的眼光把握了中國學術的發展演變，其精神不可避免的對清代中後期的學術思想產生深遠的影響。考察其中《詩》類部份，既能理清清初百餘年《詩經》研究的發展脈絡，又能捕捉到《詩經》研究思想對清中後期《詩經》研究產生的影響。

本文作者認為從《四庫全書總目》來看，清初百餘年間的《詩經》研究總體可分為三家：以朱子《集傳》為宗的宋學派、以毛鄭為宗的漢學派以及漢宋兼採派。並概括此一時期的詩學為：推求詩意與訓詁名物共存，臆說與考證兼有，沒有學術價值的科舉用書依然有市場。

《四庫全書總目》中《詩》類所表現出的編撰者學術思想主要展現在三方面：復古與徵實、經學正宗思想、反對以門戶說《詩》，提倡不拘一家之言。

乾嘉以降，《詩經》研究呈現出重訓詁考據而輕義理、重古義古說而惟取漢唐舊說的總體傾向，《詩經》的文字、音韻、訓詁等語言學方面的研究空前發展，名物制度的考證也趨於完備，然而《詩經》的文學研究及對詩旨的探索卻戛然停止，這無疑與《四庫全書總目》的研究導向有莫大關係。

乾嘉以降的治《詩》者，固然宗漢學，然並不拘守門戶之見，而是重考據，不主一家之說，與《四庫全書總目》的治《詩》精神一脈相傳。同樣，清代後期《詩經》今文學派的興起，也與《四庫全書總目》一直堅持追溯古義說《詩》，於古說無據者，則納入以意說《詩》之範疇，因此西漢的三家《詩》也納入其說《詩》的範圍。另外《四庫全書總目》對三家《詩》輯佚工作的重視也在一定程度上促成了《詩經》今文經學的興盛。

3. 郭丹：〈《四庫全書總目》中的《詩經》批評〉

郭丹認為《四庫全書總目》經部詩類與詩類存目對所收《詩經》研究著作一百四十七部所進行的提要，是對於兩漢至清乾隆時期《詩經》研究的特徵進行總結，尤其對宋、明兩代的研究進行了批評。在批評思想上，《四庫全書總目》堅持漢學正統的觀念，堅持「發乎情，止乎禮義」的批評原則，反對明代竟陵派詩學理論對《詩經》研究的影響，推崇以意逆志的批評方法。郭丹以時代為脈絡，概論《四庫全書總目》對各著錄、存目的評語，並從評語中窺見《四庫全書總目》對《詩經》的批評。

第三節　研究章節安排

本文共分六章，各章大要如下：

第一章　緒　論

本章分爲三節，分別爲「研究動機與目的」、「研究範圍、方法與文獻檢討」、「研究章節安排」。除了說明研究動機與目的外，並限定研究範圍、回顧前人的研究成果，以及簡述各章節的內容。

第二章　《詩經》學爭議問題

本論文主要在探究《四庫全書》的《詩》學觀點，而關於《詩經》的學術研究焦點，唐代以前大致沒有爭議，宋代以後因爲對《詩序》的懷疑，進而改變對《詩經》的研究方向，終至《詩經》學研究的漢宋之爭，因此欲探究《四庫全書》的《詩經》學觀點必先明瞭《詩經》學爭議的緣由，再對照《四庫全書》對這些爭議的看法，以彰明《四庫全書》的《詩經》學觀點，故本文在第二章將先探究《詩經》學上的爭議。

第三章　《四庫全書》之編修背景

《四庫全書》的《詩》學觀點，必受《四庫全書》的編修目的、當代的社會風氣、學術思潮等影響，故本文第三章將探討《四庫全書》的編修背景。

第四章　《四庫全書總目》經部詩類的《詩》學觀

《四庫全書》在面對《詩經》學上的爭議以及當時學風等因素而形成的獨特《詩經》學觀點，可能表現在由紀昀主導編纂的《四庫全書總目》之中，而且正如楊晉龍先生所說：

> 《四庫全書》只是事實的呈現，所以呈現的原因，必待《四庫全書總目》說明才能清楚，而且《四庫全書》是就舊存而刪改，《四庫全書總目》則是原創，比較能見其所以然的緣由。〔註10〕

所以本文將《四庫全書總目》獨立出《四庫全書》之外，於第四章先行探討《四庫全書總目》的《詩經》學觀點，以作爲探究《四庫全書》的《詩》學觀點的基礎。

第五章　《四庫全書》著錄的《詩經》學觀點

本章擬從《四庫全書》著錄之書探討《四庫全書》的《詩》學觀點。在經部詩類所收著錄中除《詩序》外的第一部著錄即是《毛詩注疏》，在經部詩

〔註10〕楊晉龍：〈「四庫學」研究的反思〉，《中國文哲研究集刊》（1994 年第四期），頁 351。

類著錄中，唯有此書四庫館臣在各卷之後皆有考證，這些考證應是四庫館臣對《詩經》所發表的看法，代表著《四庫全書》的《詩經》學觀點，因此筆者將從《毛詩注疏》各卷後的考證來探討《四庫全書》著錄的《詩經》學觀點。

第六章　結　論

總結本論文，歸納出《四庫全書》的《詩經》學觀點，並論述其價值與缺失。

第二章　《詩經》學爭議問題

　　《四庫全書》將《詩經》歸於經部之中，因此對於《詩經》的理解應與經部總序的說法是一致的，《四庫全書總目》經部總序曰：

　　　　自漢京以後，垂二千年，儒者言波，學凡六變。……要其歸宿，則
　　　　不過漢學、宋學兩家。〔註1〕

《四庫全書》認爲儒學的爭議、變革總括來說就是漢、宋兩派的爭議，而這樣的爭議在《詩經》中又特別明顯，因爲《詩經》易讀而難懂，所以爭議尤多。

　　關於《詩經》的學術研究焦點，唐代以前大致關注的焦點在於對《詩經》字句的訓詁，而對於詩篇主旨的認定主要是依著《詩序》的說法，這樣的情況一直到了宋代以後才有了重大的轉變。宋代因爲疑古之風興盛，因此對《詩序》的說法，慢慢開始有學者提出了懷疑，進而改變對《詩經》的研究方向，終至引發《詩經》學研究的漢、宋之爭。

　　漢代的《詩經》學有齊、魯、韓、毛四家，但除了《毛詩》之外的三家皆已亡軼，因此一般所謂的漢學派說的是《毛傳》、《鄭箋》、《孔疏》等注疏《毛詩》的著作。而宋學派因爲朱熹的《詩集傳》在元朝延佑年間以後成爲科考的定本，取得無上的地位，所以朱熹對於《毛詩》的說法便成爲宋學派的代表。

　　比較漢、宋學派對於《詩經》研究的爭議，大致可以分爲四點：一、對《詩經》文本的詮釋方法的不同；二、對文本性質的認識不同；三、對「賦、

〔註1〕　清・永瑢、紀昀等撰：《總目》，《景印文淵閣四庫全書》第一冊（臺北：臺灣
　　　　商務印書館，1983 年），頁 53。

比、興」之「興」認識的不同；四、在《詩》之用上的不同。本章即從此四方面加以探究。

第一節　《詩經》文本的詮釋方法

　　漢、宋經學之爭的關鍵在於對於《詩經》文本的詮釋方法是否依照《詩序》。而是否尊《序》解詩的關鍵在於對《詩序》是否合於詩旨的認定。漢學派以為《詩序》出於聖人，其對詩旨的闡釋自是正確無疑，故主張依《序》說詩；宋學派則認為《詩序》不合詩旨之處甚多，因此懷疑非聖人所傳，故不主張依《序》說詩，而於文本自身求詩本義。

一、漢學派的主張

　　《詩經》是中國最早的詩歌總集，自漢至三國、六朝，以迄於有唐之世，無論是教《詩》者或習《詩》者，無不依據《詩序》來了解各首詩的詩旨，這是因為學者認為《詩序》乃是子夏所做，子夏是孔子親授的學生，有了聖人孔子的保證，《詩序》的可信度自然無庸置疑。所以自西漢毛亨作《毛詩訓詁傳》、東漢鄭玄作《毛傳鄭箋》、唐孔穎達所作的《毛詩正義》，這三部關於《毛詩》的注釋著作都是結合《詩序》來發明詩義。

　　毛亨的《毛詩訓詁傳》在解說詩義時，常結合《詩序》立說，如〈周南・關雎・序〉云：

　　　　〈關雎〉，后妃之德也，風之始也，所以風天下而正夫婦也，故用之
　　　　鄉人焉，用之邦國焉。〔註2〕

《毛傳》云：

　　　　后妃說樂君子之德，無不和諧，又不淫其色，慎固幽深，若雎鳩之
　　　　有別焉，然後可以風化天下。夫婦有別，則父子親，父子親則君臣
　　　　敬，君臣敬則朝廷正，朝廷正則王化成。〔註3〕

兩相對照，《毛傳》明顯是針對《詩序》之言進一步闡揚。《詩序》僅說「后妃之德」，《毛傳》則進一步說「后妃說樂君子之德」，將后妃之德擴充到君子

〔註2〕漢・毛亨傳、鄭玄箋，唐・孔穎達疏：《毛詩注疏》，《景印文淵閣四庫全書》
　　　　第六十九冊（臺北：臺灣商務印書館，1983 年），頁 115～116。
〔註3〕漢・毛亨傳、鄭玄箋，唐・孔穎達疏：《毛詩注疏》，《景印文淵閣四庫全書》
　　　　第六十九冊，頁 127。

之德。而《詩序》只說「正夫婦」，《毛傳》則進一步擴充到五倫。可見《毛傳》中對詩篇的解說常是對《詩序》的闡揚。

《毛傳》之後的《鄭箋》不但對《毛傳》作注釋，也對《詩序》作注。如〈周南・芣苢・序〉：

> 〈芣苢〉，后妃之美也。和平則婦人樂有子矣。〔註4〕

鄭玄在《序》文下緊接著作注云：

> 天下和、政教平也。〔註5〕

《毛傳》對於《詩序》的處理方式是將各篇的《序》文置於各詩之首，而《鄭箋》則是對《毛傳》未加注釋的《詩序》加以解釋，這同時也是對《詩序》研究的開始。

到了唐代，孔穎達奉詔而作《毛詩正義》，更是進一步昭示《毛詩》的地位，代表《毛詩》已經堂而皇之邁入殿堂之上了。孔氏注《毛詩》乃是以《毛傳》和《鄭箋》為依據，而根據魏晉南北朝以來新產生的「義疏體」的注釋方法，除了要對經文本身加以解釋以外，對於《毛傳》、《鄭箋》也要疏證，以求「疏通以證明之」，這是因為《毛傳》的訓釋簡略，《鄭箋》的解說有時也不易明瞭，因此《正義》必須對《毛傳》、《鄭箋》加以疏通證明，才能方便當時的學習者。所以《正義》對《詩序》的註釋常是在《鄭箋》的基礎上進一步闡釋的，如〈大雅・鳧鷖・序〉：

> 〈鳧鷖〉，守成也。大平之君子能持盈守成，神祇祖考安樂之也。

> 〔註6〕

《鄭箋》：

> 君子，斥成王也。言君子者，太平之時則皆然，非獨成王也。〔註7〕

《鄭箋》對於《詩序》雖有註釋，卻非常簡略，因此《正義》對於《鄭箋》疏通證明：

> 作〈鳧鷖〉詩者，言保守成功，不使失墜也。致太平之君子成王能

〔註4〕 漢・毛亨傳、鄭玄箋，唐・孔穎達疏：《毛詩注疏》，《景印文淵閣四庫全書》第六十九冊，頁144。

〔註5〕 漢・毛亨傳、鄭玄箋，唐・孔穎達疏：《毛詩注疏》，《景印文淵閣四庫全書》第六十九冊，頁144。

〔註6〕 漢・毛亨傳、鄭玄箋，唐・孔穎達疏：《毛詩注疏》，《景印文淵閣四庫全書》第六十九冊，頁774。

〔註7〕 漢・毛亨傳、鄭玄箋，唐・孔穎達疏：《毛詩注疏》，《景印文淵閣四庫全書》第六十九冊，頁774。

執持其盈滿守掌其成功，則神祇祖考皆安寧而愛樂之矣，故作此詩
以歌其事也。王者之馭天下，太平是功之所極。物極則反，或將喪
之。成之既難，守亦不易，故所以美其能守之也。〔註8〕

兩相對照，可以明顯看出《正義》乃是對《鄭箋》進一步說明。而《正義》
對《毛傳》、《鄭箋》、《詩序》的研究註解方式也成爲後來漢學派研究《詩經》
的典範。大致上來說，漢學派對於《詩經》的研究多是在對於經文的訓詁以
及對《詩序》的進一步闡釋。對於漢學派而言，《詩序》和《詩經》的經文本
身有著同樣的地位，換言之，想要明瞭經文的意義，必須透過《詩序》。

二、宋學派的主張

對於《詩經》詩義的解說方式，從《毛傳》開始一直是以《詩序》爲基
礎，這樣的說法一直到唐代成伯璵才提出異議，《四庫全書・毛詩指說》提
要：

定《詩序》首句爲子夏所傳，其下爲毛萇所續，實伯璵此書發其端，
則決別疑似，於說詩亦深有功矣。〔註9〕

成伯璵雖然對《詩序》有些許的質疑，但是大抵還是認爲首句爲聖人所傳，
其解說詩旨也是依著《詩序》。但是到了北宋仁宗慶曆年間開始，在當時社會
改革和復興儒學浪潮的衝擊下，儒學家們基於對漢、唐繁瑣學風的反動，便
主張拋棄傳注，直尋經義，形成一股疑經惑傳的經學思潮。這股思潮表現在
《詩經》學方面，主要是突破《詩序》、《毛傳》、《鄭箋》以及《孔疏》等漢
學權威的束縛，而其中又以《詩序》爲核心。宋儒認爲以《詩序》爲重心的
釋《詩》方式，往往無法清楚認識眞正的詩旨爲何，所以要脫離《詩序》去
解《詩》，才可以了解眞正的詩旨。第一個對《詩序》提出質疑的是劉敞。他
在《七經小傳》中的《詩經小傳》中針對《詩序》所論詩旨及其風雅正變說
均提出異議。如〈詩經・周南・卷耳・序〉曰：

〈卷耳〉，后妃之志也，又當輔佐君子，求賢審官，知臣下之勤勞。
內有進賢之志，而無險詖私謁之心，朝夕思念至於憂勤也。〔註10〕

〔註8〕漢・毛亨傳、鄭玄箋，唐・孔穎達疏：《毛詩注疏》，《景印文淵閣四庫全書》
第六十九冊，頁774。

〔註9〕清・永瑢、紀昀等撰：《總目》，《景印文淵閣四庫全書》第一冊，頁325。

〔註10〕漢・毛亨傳、鄭玄箋，唐・孔穎達疏：《毛詩注疏》，《景印文淵閣四庫全書》
第六十九冊，頁135。

對於《詩序》對詩篇的闡發，劉敞提出了他的看法：

〈卷耳·序〉稱后妃又當輔佐君子，求賢審官，內有進賢之志，無
至於憂勤。吾於此義，殊為不曉。后妃但主內事，所執陰教，善不
出閨壺之中，業不過筵饋之事，何得知天下之賢而思進之乎？假令
實可不害，武王豈責紂為牝雞無晨，周公作《易》何言「在中饋無
攸遂」乎？假令后妃思念進賢為社稷計，亦何至朝夕憂勤乎？要之
后妃本不與外事，自無緣知賢者不肖主名，若謂后妃賢當並治其國
者，是開後世母后之亂，呂、武所以亂天下也。若爾又何以號為正
風教化萬世乎！且令自古婦人欲干預政事，故引此詩為正，初雖以
進賢審官為號，已而晨鳴便無可奈何矣。驗大姒、大任等亦但治內
事，無求賢審官之美，審知此《詩序》之誤也。蓋后妃於君子有夙
夜警戒相成之道，此詩言后妃警戒人君，使求賢審官之意耳，不謂
后妃已自求賢審官也。〔註11〕

劉敞認為后妃不該干預朝政，因此認為《詩序》以為〈卷耳〉是「后妃求賢
審官」之說為非。他以為〈卷耳〉一詩所要呈現的是后妃勸誡國君應該知賢
舉才，而非如《詩序》所言為歌詠后妃本身知賢舉才之作。

之後的歐陽脩更是公開而集中的言《詩序》之非。歐陽脩從《詩序》的
作者非子夏這一觀點來論說《詩序》之非。《詩本義·序問》：

或曰：「詩之《序》卜商作乎？衛宏作乎？非二人之作，則作者其誰
乎？」應之曰：「《書》、《春秋》皆有《序》而著其姓氏，故可知其
作者。《詩》之《序》不著其姓氏，安得而知乎？雖然，非子夏之作，
則可以知也。」曰：「何以知之？」應之曰：「子夏親受學於孔子，
宜其得《詩》之大旨，其言〈風〉、〈雅〉有正變，而論〈關雎〉、〈鵲
巢〉繫之周公、召公。使子夏而序詩，不為此言也。」〔註12〕

歐陽脩這段話主要是在說明《詩序》未曾著錄作者的姓名，所以真正的作者
已經無法得知，但如果說《詩序》為子夏所作，則必不可信，因為《詩序》
釋《詩》並未說出《詩》的真正旨意。歐陽脩在此以《詩序》的作者非子夏
而進一步否定了《詩序》解《詩》的權威性。自歐陽脩而後，有更多學者如

〔註11〕 宋·劉敞：《公是七經小傳》卷上，《景印文淵閣四庫全書》第一八三冊，頁9
～10。

〔註12〕 宋·歐陽脩：《詩本義》，《景印文淵閣四庫全書》第七十冊（臺北：臺灣商務
印書館，1983年），頁293～294。

蘇轍等，陸續地對《詩序》的作者有所討論。蘇轍以爲《詩序》小序反覆繁重，類非一人之辭，疑爲毛公之學，衛宏所集錄。因此惟存其一言，以下餘文，悉從刪汰。鄭樵則主張《詩序》乃村野妄人所作。直至朱子，尤其對《詩序》作者爲子夏的說法，深不以爲然，朱子的說法如下：

> 《詩序》之作，說者不同，或以爲孔子，或以爲子夏，或以爲國史，皆無明文可考。唯《後漢書・儒林傳》以爲衛宏作《毛詩序》，今傳於世，則《序》乃宏作明矣。然鄭氏又以爲諸《序》本自合爲一編，毛公始分以寘諸篇之首，則是毛公之前，其傳已久，宏特增廣而潤色之耳。故近世諸儒多以《序》之首句爲毛公所分置，而其下推說云云者爲後人所益，理或有之。但今考其首句，則已有不得詩人之本意而肆爲妄說者矣，況沿襲云云之誤哉。然計其初，猶必自謂出於臆度之私，非經本文，故且自爲一編，別附經後。又以尚有齊、魯、韓氏之說並傳於世，故讀者亦有以知其出於後人之手，不盡信也。及至毛公引以入經，乃不綴篇後而超冠篇端，不爲注文而直做經字，不爲疑辭而遂爲決辭，其後三家之傳又絕，而毛說孤行，則其牴牾之迹無復可見。故此《序》者遂若詩人先所命題，而詩文反爲因《序》以作。於是讀者轉相尊信，無敢擬議。至於有所不通，則必爲之委曲遷就，穿鑿而附合之，寧使《經》之本文繚戾破碎，不成文理，而終不忍明以《小序》爲出於漢儒也。愚之病此久矣，然猶以其所從來也遠，其間容或眞有傳授證驗而不可廢者，故既頗采以附《傳》中，而復并爲一編，以還其舊，因以論其得失云。〔註13〕

朱子以爲《詩序》乃是衛宏根據前人所傳，加以潤色而成，是後世漢儒所作，非聖人所傳，是毛公將之分置各篇之首。而且《詩序》中有很多不合詩人之本義處，後人因爲以爲《詩序》是聖人所作，因此依《詩序》說詩，乃至穿鑿遷就，因此認爲應該涵泳文本自身，求詩本義，進而發展出以詩說《詩》的釋詩方法。

但研究《毛傳》者可以清楚的發現，《毛傳》是依著《詩序》來說詩的，因此幾乎可以斷定《詩序》至少絕不晚於《毛傳》，所以很多宋學派的說法也

〔註13〕宋・朱熹著，郭齊，尹波點校：《朱熹集・朱熹遺集》第九冊（成都：四川教育，1996年），卷三，頁5687～5688。

就不攻自破。但也因為朱子所作的《詩集傳》在元、明兩代皆為科考的定本，所以朱子的說法對後世的影響甚深，追隨者亦不在少數，因此對於文本的詮釋方法，漢、宋兩派之間一直以來皆未有共識，也爭吵不休。

第二節　《詩經》文本性質的認識

一、漢學派的主張

漢學派認為《詩經》是政治美刺詩，因此漢代以來，在依《詩序》解詩的系統中，《詩》教一直寄託在《詩序》中，《詩大序》中的「上以風化下，下以風刺上，主文而譎諫，言之者無罪，聞之者足以戒」〔註14〕，不但可與《論語・陽貨》中的「詩可以興，可以觀，可以群，可以怨，邇之事父，遠之事君」〔註15〕相互輝映，同時也代表著《詩經》的教化觀念，聖人欲以《詩經》的詩篇達到政治諷諫的目的，並反映出當時政治的興衰。

《詩大序》所表達的理想目標，是以《詩經》來進行「正得失、經夫婦、成孝敬、厚人倫、美教化、移風俗」的政治和倫理道德教育工作。而《詩小序》則以美、刺的手段進行教化，所美之內容多為古代的善行美跡，使人對這些善行美跡能夠產生景慕之心，進而學習效法，因此也就達到了「風行教化」的目的。而刺詩是反面的懲戒勸導，揭露了其人的醜行惡跡，希望讀者能藉此對自己的舉止行為有所警戒、反省，所以在漢學派的眼中《詩序》中的美刺就是《詩經》的教化方法。

二、宋學派的主張

宋學派不再只是將《詩經》定位於政治美刺詩，而是以文學的角度來觀察《詩經》，因此認為《詩經》中有相當數量的詩篇只是抒情詩，甚至有些學者不存在所謂「美、刺」的用心，因此宋學派的學者在注釋《詩經》中運用了文學的觀點來解釋詩篇。歐陽脩〈詩本義・出車〉：

> 詩文雖簡易，然能曲盡人事，而古今人情一也。求詩義者，以人情求之，則不遠矣。然學者常至於迂遠，遂失其本義。〔註16〕

〔註14〕《詩序》，《景印文淵閣四庫全書》第六十九冊，頁4。

〔註15〕魏・何晏集解，宋・邢昺疏：《論語注疏》，《景印文淵閣四庫全書》第一九五冊（臺北：臺灣商務印書館，1983年），頁689。

〔註16〕宋・歐陽脩：《詩本義》卷六，《景印文淵閣四庫全書》第七十冊，頁222。

「情」是文學的最基本特徵，歐陽脩對《詩經》人情的關注，正說明他欲從文學角度探求《詩經》的本義。隨後的鄭樵在《詩辨妄》中討論〈芣苢〉一詩也說：

> 《芣苢》之作，興採之也，如後人之採菱則爲採菱之詩，採藕則爲採藕之詩，以述一時所採之興爾，何它義哉！〔註17〕

鄭樵認爲〈芣苢〉是一首歌頌勞動的讚歌，別無他義，這種說法和《詩序》的政治道德附會，以美刺說詩自是不同。朱子對於《詩序》以美刺觀點說詩，尤不以爲然，朱子認爲：

> 其（《詩序》）爲說，必使《詩》無一篇不爲美刺時君國政，固已不切於情性之自然，而又拘於時世之先後，其或《詩》、《傳》所載，當此之時，偶無賢君美諡，則雖有詞之美者，亦例以爲陳古而刺今。是使讀者疑於當時之人，絕無善則稱君，過則稱己之意；而一不得志，則扼腕切齒，嘻笑冷語以懟其上者，所在而成群。是其輕躁險薄，尤有害於溫柔敦厚之教，故予不可以不辨。〔註18〕

朱子以爲《詩序》爲使篇篇皆爲美刺，因而多穿鑿之說，曲解詩文之意，並且誤導讀者，失去聖人「溫柔敦厚」的詩教之旨，因此不得不對美刺之說加以駁斥。

朱子注重的是《詩經》文學特色的闡釋。在《詩集傳》序中，他說：

> 凡詩之所謂風者，多出於里巷歌謠之作，所謂男女相與咏歌，各言其情者也。〔註19〕

朱子認爲這些詩的本質是男女間的抒情詩，是人性情的眞實呈現，因此一切的情感皆有可能呈現，朱子說：

> 或有問於予曰：「詩何爲而作也？」予應之曰：「人生而靜，天之性也，感於物而動，性之欲也；夫既有欲矣，則不能無思，既有思矣，則不能無言，既有言矣，則言之所不能盡，而發於咨嗟詠歎之餘者，必有自然之音響節族而不能已焉；此詩之所以作也。」「詩者，人心之感物而形於言之餘也。心之所感有邪正，故言之所形有

〔註17〕宋・鄭樵著，顧頡剛輯點：《詩辨妄》（北平：樸社，1933年），總說頁4。

〔註18〕宋・朱熹：〈詩序辨說・邶風・柏舟〉，《景印文淵閣四庫全書》第六十九冊（臺北：臺灣商務印書館，1983年），頁10。

〔註19〕宋・朱熹：《詩集傳》，《景印文淵閣四庫全書》第七十二冊（臺北：臺灣商務印書館，1983年），頁748。

是非。」〔註20〕

朱子以為詩作本乎人性，人性有善惡，情感亦有邪正之分，由此推之，《詩三百》在理論上當然也可以有「淫奔」之詩。

關於《詩經》中的淫詩問題，可追溯至孔子說「鄭聲淫」一語。孔子於《論語・衛靈公》：

> 行夏之時，乘殷之輅，服周之冕，樂則《韶舞》。放鄭聲，遠佞人。
>
> 鄭聲淫，佞人殆。〔註21〕

孔子未明白解釋「鄭聲淫」的意思，後世學者對此語的說法則各持己見。東漢的許慎認為「鄭聲淫」即為「鄭詩淫」，許慎解釋「淫」為淫靡、淫邪，許慎說在《五經異義》中引《魯論》說：

> 鄭國之為俗，有溱、洧之水，男女聚會，謳歌相感，故云「鄭聲淫」。〔註22〕

又曰：

> 謹案：今鄭詩二十篇，說婦人者十九，故鄭聲淫。〔註23〕

許慎將「鄭聲」與《詩經》中的《鄭風》等同視之，並認為「鄭聲」之所以淫，是因為鄭詩二十一篇說婦人者十九，這樣就把「鄭聲淫」與《鄭風》中的愛情詩聯繫在一起。班固亦從地理風俗闡釋「鄭聲淫」，並以《詩經・鄭風》所在之詩篇為例，《白虎通義・禮樂篇》：

> 樂尚雅，雅者古正也。所以遠鄭聲也。孔子曰：鄭聲淫，何？鄭國土地民人，山居谷浴，男女錯雜，為鄭聲以相悅懌，故邪僻，聲皆淫色之聲也。〔註24〕

又《漢書・地理志》：

> （鄭國）土陝而險，山居谷汲，男女亟聚會，故其俗淫。《鄭詩》曰：「出其東門，有女如雲。」又曰：「溱與洧，方渙渙兮，士與

〔註20〕宋・朱熹：《詩集傳》，《景印文淵閣四庫全書》第七十二冊，頁748。

〔註21〕魏・何晏集解，宋・邢昺疏：《論語注疏》，《景印文淵閣四庫全書》第一九五冊，頁671。

〔註22〕漢・許慎異義，漢・鄭玄駁：《駁五經異義補遺・鄭聲淫》，《景印文淵閣四庫全書》第一八二冊（臺北：臺灣商務印書館，1983年），頁321。

〔註23〕漢・許慎異義，漢・鄭玄駁：《駁五經異義補遺・鄭聲淫》第一八二冊，頁321。

〔註24〕東漢・班固：《白虎通義》卷上，《景印文淵閣四庫全書》第八五〇冊（臺北：臺灣商務印書館，1983年），頁13。

女，方秉菅兮。」、「恂盱且樂，惟士與女，伊其相謔。」此其風
也。〔註25〕

班固以爲「鄭聲」是鄭國的民歌，它表現的內容是男女的情欲，並以此來闡
釋孔子所說的「鄭聲淫」。班固雖未明確指出鄭聲即《鄭風》，但從其所引之
詩篇爲《鄭風》中的篇章，可見班固亦是將鄭聲視爲《鄭風》。繼許慎、班固
之後，釋鄭聲爲《鄭風》者不乏其人，至朱子更是蔚爲大觀。

朱子廢《詩序》，從文學角度解釋《詩經》，因而認爲《詩經》中的里巷
歌謠有許多「男女相與咏歌各言其情」的情歌，但是朱子又無法擺脫禮樂教
化的束縛，將這些情詩斥爲「淫奔之詩」、「淫奔期會之詩」。而這些淫詩自然
就不是政治美刺詩，其創作的目的也不是詩人爲勸戒而作，朱子說：

> 詩之言有善惡，而讀者足以爲勸戒，非謂詩人爲勸戒而作也。但其
> 言或顯或晦，或偏或全，不若此句（思無邪）之直截而該括而無遺
> 耳。〔註26〕

朱子認爲這一類的詩，並非是詩人爲勸誡而作的，而是讀者讀了詩之後自身
的體悟而引以爲戒的，因此對於《詩序》以爲是用以美刺的說法，朱子自然
加以辯駁。如〈鄘風·桑中〉，朱子說：「此淫奔者自作，《序》之首句以爲刺
奔，誤矣。」朱子除了反駁《詩序》之說，還明確說出這些淫詩的作者是淫
奔者自己，認爲是「彼之自狀其醜者」〔註27〕。這和漢學派的學者在界定這
類詩作的作者時有很大的差異。漢學派以爲淫詩的作者是國史一類的人，國
史作淫詩是事件的局外人，是以第三者的角度來敘述這件事，他的目的是抨
擊淫亂之事，以及當時的社會背景，並作爲後世的警戒。而朱子以爲是淫者
自歌其事、自抒其情，這就是一般意義上的抒情詩。

不單是淫詩，很多詩篇，朱子都認爲是抒情詩而非政治美刺詩。如《邶
風·柏舟》篇，朱子認爲是「婦人不得於其夫，故以柏舟自比⋯⋯《列女傳》
以此爲婦人之詩，今考⋯⋯」〔註28〕從辭氣的角度確認該篇是婦人自抒其情，

〔註25〕東漢·班固：《漢書·地理志》卷二十八下，《景印文淵閣四庫全書》第二四
　　　　九冊（臺北：臺灣商務印書館，1983 年），頁 774。「灌灌」是《齊詩》，《魯
　　　　詩》作「渙渙」。

〔註26〕宋·朱熹著，郭齊，尹波點校：《朱熹集·詩傳遺說》，卷三，頁 13b，總頁
　　　　538。

〔註27〕宋·朱熹著，郭齊，尹波點校：《朱熹集》第六冊，卷七十，頁 3650～3651。

〔註28〕宋·朱熹：《詩集傳》，《景印文淵閣四庫全書》第七十二冊，頁 758。

來駁斥《詩序》認定其爲刺詩。

第三節　對「興」義的認識不同

「詩有六義焉：一曰風，二曰賦，三曰比，四曰興，五曰雅，六曰頌。」
〔註29〕其中「賦比興是詩之所用，風雅頌是詩之成形，用彼三事，成此三事，
是故同稱爲義。」〔註30〕賦爲「以白描之方式鋪陳其事。」〔註31〕比爲「以
比喻之方式比況事物。」〔註32〕目前已成定論；惟「興」之義爲何，學者至
今仍眾說紛紜。

然「興」於《詩》之重要尤甚，毛公獨標興體，且數量佔全經三分之一
強，可徵「興」於《詩經》之重要性。林師葉連以爲：「興義之影響，甚鉅甚
廣。《禮記·經解》曰：『溫柔敦厚，《詩》教也』，〈學記〉曰：『不學博依，
不能安詩』，孔子曰：『詩可以興』，實皆與隱喻息息相關。創作方面，屈騷以
降，無任何時代不受興義之衣被——但多日用興義而不自知。」〔註33〕

在眾家說法中，漢學派大致認爲《詩經》以興來比附政治與道德；宋學
派則認爲興只是一種作詩技巧，無關比附。以下概述兩派之說：

一、漢學派的主張

《毛傳》「獨標興體」，但卻未明確說出何爲「興」？但是從《毛傳》標
示「興」體的位置可知其端倪。

《毛傳》一般在於首章的第二句之下標示「興」，可見《毛傳》認爲此二
句即有興義。另外，在有些篇章中，《毛傳》對「興」義也加以解說，如在
〈關雎〉篇中，《毛傳》在「興也」之後，有這樣一節：「雎鳩，王雎也，鳥
摯而有別……后妃說樂君子之德，無不和諧，又不淫其色，慎固幽深，若雎
鳩之有別焉。」這是單就此兩句取義，認爲「言在此而意在彼」，表面上寫

〔註29〕漢·毛亨傳，鄭玄箋，唐·孔穎達疏：《毛詩注疏》，《景印文淵閣四庫全書》
　　　　第六十九冊，頁 119～120。
〔註30〕漢·毛亨傳、鄭玄箋、唐·孔穎達疏：《毛詩注疏》，《景印文淵閣四庫全書》
　　　　第六十九冊，頁 120。
〔註31〕林葉連：〈論《詩經》之興義及其影響〉，《詩經論文》（臺北：臺灣學生書局，
　　　　1997 年 3 月增訂版），頁 88。
〔註32〕林葉連：〈論《詩經》之興義及其影響〉，《詩經論文》，頁 88。
〔註33〕林葉連：〈論《詩經》之興義及其影響〉，《詩經論文》，頁 166。

「雎鳩」，實際上則用來比喻「后妃之德」。因爲在「摯而有別」這一點有相似性，所以《毛傳》用「雎鳩」來比附「后妃之德」。大致上《毛傳》對於「興」的取義，往往是基於兩者之間的某種相似點，而且必定落到道德或政治的比附，這也就是《詩大序》中的「上以風化下，下以風刺上，主文而譎諫，言之者無罪，聞之者足以戒」最好的方式。

《毛傳》之後的《正義》認爲「比、興」有這樣的差別，以爲「比顯而興隱」，既然是隱晦不明，因此必須進一步發揮解釋，而這樣的發揮在宋學派眼裡看來卻是穿鑿附會。

因此，我們可以歸結出：在漢學派的認知中，「興」是以類取喻的方法，目的在賦予《詩經》道德或政治上的意義，這和漢學派認爲《詩經》是政治美刺詩這個想法是一致的。

二、宋學派的主張

朱子以賦、比、興爲詩歌的表現方法。他不同於《毛傳》將「興」標在幾句（多是兩句）之後，而是把「興」標在各章章末，因爲他將「興」定義爲一種修辭技巧，必須要透過全篇才能理解。在《詩集傳·卷一》〈周南·關雎〉首章末，朱子云：

> 興者，先言他物以引起所詠之詞也。〔註34〕

又於《語類》卷八十云：

> 興，起也，引物以起吾意。〔註35〕

> 本要言其事，而虛用兩句鉤起，因而接續去者，興也。〔註36〕

> 興是借彼一物，以引起此事，而其事常在下句。〔註37〕

「興」字的本意是引起，故「賦比興」之興便是先言「他物」而引起「所詠之詞」、「吾意」的作法。「他物」的作用是「接續去者」——引起下文，故曰「虛用兩句鉤起」，全詩的主旨在於下文，故曰「其事常在下句」。

朱子將興詩結構分爲兩部份：「他物」——興的事物、「所詠之詞」——引起的主題。但這兩者間有著怎樣的關聯呢？《語類》卷八十云：

> 如雎鳩是摯而有別之物，荇菜是潔淨和柔之物，引此起興，猶不甚

〔註34〕宋·朱熹：《詩集傳》，《景印文淵閣四庫全書》第七十二冊，頁750。
〔註35〕黎靖德編：《朱子語類》（北京：中華書局，1986年），卷八十，頁2067。
〔註36〕黎靖德編：《朱子語類》，卷八十，頁2067。
〔註37〕黎靖德編：《朱子語類》，卷八十，頁2067。

遠；其他亦有全不相類，只借他物而引起吾意者，雖皆是興，與〈關
雎〉又略不同也。〔註38〕

這裡指出，興詩亦有兩類：一是「興的事物」與「引起的主題」在意蘊上有
某種程度的關聯，即朱子「引此起興，猶不甚遠」一類，如〈周南‧關雎〉
首章末云：「興也。……言彼關關然之雎鳩，則相與和鳴於河洲之上矣。此窈
窕之淑女，則豈非君子之善匹乎？言其相與樂而恭敬，亦若雎鳩之情摯而有
別也。」〔註39〕朱子認爲：此詩和鳴之雎鳩與下文之淑女君子，有著某種意
義上的關聯。這是興詩的第一種類型。另一類是「興的事物」與「引起的主
題」在意義上沒有任何關聯，如〈召南‧小星〉首章末云：「興也。……蓋眾
妾進御於君，不敢當夕，見星而往，見星而還，故因所見以起興。其於義無
所取，特取在東、在公兩字之相應耳。」〔註40〕朱子認爲：此章詩前後文只
有聲韻上的相應，沒有意義上的關係。這是興詩的第二種類型。

　　無意義的「興」是朱子等宋學派對「興」義說法的一大突破，它不同於
漢學派以「興」比附道德的意義，而是將「興」視爲一種單純的寫作技巧，
以文學的觀點來解釋「興」，這也和宋學派將《詩經》視爲文學作品的抒情詩
的看法是一致的。

第四節　《詩》之用上的不同

一、漢學派的主張

　　漢學派把《詩經》視爲「政治美刺詩」，以禮說《詩》，因此在發揮《詩
經》教化作用時，其著眼點特別重視對個人行爲的外在性規範。

　　在漢朝《詩經》學中，今文經學家更重《詩》之用。西漢今文經講究通
經致用，他們的具體作法就是將《詩經》當諫書。《漢書‧昌邑王傳》中記載
昌邑王郎中令龔遂事〔註41〕，《漢書‧儒林傳》載昌邑王師王式事〔註42〕，都

〔註38〕黎靖德編：《朱子語類》，卷八十，頁2068。
〔註39〕宋‧朱熹：《詩集傳》，《景印文淵閣四庫全書》第七十二冊，頁750。
〔註40〕宋‧朱熹：《詩集傳》，《景印文淵閣四庫全書》第七十二冊，頁756。
〔註41〕東漢‧班固：《漢書》，《景印文淵閣四庫全書》第二五〇冊（臺北：臺灣商務
　　　　印書館，1983年），卷六十三，頁457。
〔註42〕東漢‧班固：《漢書》，《景印文淵閣四庫全書》第二五〇冊（臺北：臺灣商務
　　　　印書館，1983年），卷八十八，頁251。

說明習《詩》是當時王室的日課，而且時人都認同以《詩》作諫書這一個觀念。《漢書‧匡衡傳》亦載匡衡好引《詩》以諫。漢成帝即位，匡衡「上疏戒妃匹，勸經學威儀之則」，曰：

> 臣又聞之師曰：「妃匹之際，生民之始，萬福之源。」婚姻之禮正，然後品物遂而天命全。孔子論《詩》以《關雎》爲始，言太上者民之父母，后夫人之行不侔乎天地，則無以奉神靈之統而理萬物之宜。故《詩》曰：「窈窕淑女，君子好逑」言能致其貞淑，不貳其操，情欲之感無介乎容儀，宴私之意不形乎動靜，夫然後配至尊而爲宗廟主。此綱紀之首，王教之端也。自上世以來，三代興廢，未有不由此者也。願陛下覽得失盛衰之效以定大基，采有德，戒聲色，近嚴敬，遠技能。〔註43〕

匡衡之論點頗似《關雎》篇〈小序〉，用以勸諫國君以此爲擇偶標準。

從「婚姻之禮正，然後品物遂而天命全」一句，顯示漢儒以「禮」說詩的本色。儒家重禮，在儒家的眼中，時人認同並遵守的行爲規範就是「禮」，合於這些行爲規範的便是「守禮」，違背的就是「背禮」。因此，不獨婚姻，漢儒對於任何行爲都可以「禮」來規範，所以也能在很廣闊的範圍內以禮說詩。漢儒認爲《詩經》是美刺之作，所言又皆王侯宮室之事，因此以禮說《詩》，從《詩經》中演繹出貴族的行爲標準，並反過來要求當時的統治者遵從這樣的規範。這就是漢儒將《詩經》當成諫書的原因。

《詩序》中的美刺也是由以禮說《詩》而來，統治者的行爲若是合於「禮」，便以詩「美」之，若不合於「禮」，便以詩「刺」之。但是毛公在《詩》之用卻似乎僅止於此，史傳上無毛公以《詩經》作爲諫書的美談。以毛公爲代表的古文經其學術成就多半在於學術本身，與時政的關係遠不如今文經學家密切，因此東漢以後的《詩經》學也多以章句訓詁爲主。

二、宋學派的主張

北宋仁宗慶曆年間的學術改革風氣中，漢、唐的重章句訓詁、繁瑣學風都是儒學家極欲改變風氣，朱子也對《詩》的教化作用提出了新的說法，朱子云：

〔註43〕東漢‧班固：《漢書‧儒林傳》，《景印文淵閣四庫全書》第二五〇冊（臺北：臺灣商務印書館，1983年），卷八十一，頁733。

> 詩者，人心之感物而形於言之餘也。心之所感有邪正，故言之所形
> 有是非。惟聖人在上，則其所感者無不正，而其言皆足以爲教。其
> 或感之之雜，而所發不能無可擇者，則上之人必思所以自反，而因
> 有以勸懲之，是亦所以爲教也。〔註44〕

此處指出，只要聖人在上，詩歌表現的一定是正面的意義，自然可以發揮教
化的作用；若是時有治亂，詩歌呈現駁雜不一的情形，在上者也可以藉此以
自我反省，這是另一種教化的方式。對於居上位者或在下者，《詩》都可以發
揮一定的教育功能。

　　朱子認爲，以詩爲教的現象，在孔子以前的時代便已存在，《詩集傳・
序》：

> 昔周盛時，上自郊廟朝廷，而下達於鄉黨閭巷，其言粹然無不出於
> 正者，聖人固已協之聲律，而用之鄉人，用之邦國，以化天下。至
> 於列國之詩，則天子巡守，亦必陳而觀之，以行黜陟之典。降自昭
> 穆而後，寖以陵夷；至於東遷，而遂廢不講矣。〔註45〕

西周時，聖人已經運用詩歌的教育功能而風化天下，天子也觀各國之詩作爲
施政的參考；不過，東遷之後，詩歌的這種教化功能已不爲人重視了。所以，
詩固然可以爲教，但還須有聖人帶動的力量以爲支持。

　　孔子之前，詩教曾經風行過，也曾經沒落過；而真正賦予詩教以永恆意
義，不得不歸功於孔子。《詩集傳・序》：

> 孔子生於其時，既不得位，無以行勸懲黜陟之政，於是特舉其籍而
> 討論之，去其重複，正其紛亂，而其善之不足以爲法，惡之不足以
> 爲戒者，則亦刊而去之，以從簡約，以示久遠，使夫學者即是而有
> 以考其得失，善者師之，而惡者改焉。是以其政雖不足以行於一時，
> 而其教實被於萬世，是則《詩》之所以爲教者然也。〔註46〕

朱子認爲，孔子不得其位，無法憑藉政治的力量施行教化，於是特別標舉詩
歌的教育功能，並對詩歌內容加以整理。朱子相信孔子對《詩經》作過整理
選錄的工作。選錄的標準是「善足以爲法」、「惡足以爲戒」，希望能夠達到
「善者師之」、「惡者改焉」的目的。《詩》勸善懲惡的功能之所以確立，並且

〔註44〕宋・朱熹：《詩經集傳・原序》，《景印文淵閣四庫全書》第七十二冊，頁748。
〔註45〕宋・朱熹：《詩經集傳・原序》，《景印文淵閣四庫全書》第七十二冊，頁748。
〔註46〕宋・朱熹：《詩經集傳・原序》，《景印文淵閣四庫全書》第七十二冊，頁748。

能施行於後代萬世，孔子是決定性的因素。

朱子之經學與理學是一致的，因此討論《詩》教主要著重道德心性層面發揮，政治意味較低。《詩集傳・序》：

> 此《詩》之爲經，所以人事浹於下，天道備於上，而無一理之不具也。〔註47〕

意思是說：《詩》下切合人事日用，上關乎天道流行，成爲涵容萬理的聖經。朱子〈詩集傳・召南・騶虞〉篇末云：

> 蓋意誠心正之功，不息而久，則其熏烝透徹，融液周篇，自有不能已者，非智力之私所能及也。〔註48〕

《詩》教並非知識性的開導，故曰「非智力之私所能及」，而是在於道德上的提昇，所謂「意誠心正之功」。

誠意、正心屬於個人內在修養，還須推而及外，〈詩集傳・召南〉末云：

> 程子曰：天下之治，正家爲先，天下之家正，則天下治矣。二〈南〉，正家之道也。陳后妃夫人大夫妻之德，推之士庶人之家一也。故使邦國至於鄉黨皆用之。自朝廷至於委巷，莫不謳吟諷誦，所以風化天下。〔註49〕

《詩集傳・卷七》〈陳風〉末云：

> 正〈風〉之所以爲正者，舉其正者以勸之也。變〈風〉之所以爲變者，舉其不正者以戒之也。道之升降，時之治亂，俗之汙隆，民之死生，於是乎在。〔註50〕

朱子相信，儒家所提倡的誠正修齊治平之道，可以經由《詩》教而發揚，正者可以勸善，不正者如淫詩則可以爲戒。世道、時局、風俗、民生興衰之理，都在《詩》中，《詩》教之重要，由此可見。

朱子認爲，發掘聖人勸善懲惡的用心，必須掌握「思無邪」的原則。《詩集傳・卷二十》〈魯頌・駉〉第四章章末云：

> 孔子曰：「《詩》三百，一言以蔽之，曰：『思無邪』」。蓋《詩》之言美惡不同，或勸或懲，皆有以使人得其情性之正。……學者誠能深味其言而審於念慮之間，必使無所思而不出於正，則日用云爲，莫

〔註47〕宋・朱熹：《詩經集傳・原序》，《景印文淵閣四庫全書》第七十二冊，頁749。
〔註48〕宋・朱熹：《詩經集傳》，《景印文淵閣四庫全書》第七十二冊，頁758。
〔註49〕宋・朱熹：《詩經集傳》，《景印文淵閣四庫全書》第七十二冊，頁758。
〔註50〕宋・朱熹：《詩經集傳》，《景印文淵閣四庫全書》第七十二冊，頁800～801。

　　非天理之流行矣。〔註51〕

朱子以爲能把握「思無邪」的原則，領略聖人之心，《詩》便能發揮「使人得其情性之正」的功能，積日功深，即日常行爲上便能達到天人合德，這是《詩》教的終極目的。由此可見，《詩》教的保證來自孔子，而完成於讀者，這兩者是實現《詩》教重要而缺一不可的因素。這和漢學派的以禮說《詩》、重外在約束的方法不同，宋學派重視的勸善懲惡是一種內省的功夫，屬於內在的修養。

　　漢宋兩派對於《詩經》學的爭議，從對文本的詮釋、對文本的性質認定、對「興」義的解讀以及對《詩經》的實際用途等方面皆有不同的論點及看法，仔細分析漢宋兩派的說法，大致上可以簡單區分成以下兩點：一是對《詩序》的認定，因爲對《詩序》眞僞的認定影響了對文本的詮釋。另外一點則是《詩經》究竟是政治美刺詩或文學抒情詩？對文本性質的認定，同時也影響了對「興」義的解讀，以及《詩經》實際用途等理解的差異。

　　《四庫全書》在經部總序中，明白昭示著對於漢宋學之爭的關注，因此在董理出漢宋學之間的爭議所在之後，將進一步探究《四庫全書》對於這些爭義的實際看法。

〔註51〕宋・朱熹：《詩經集傳》，《景印文淵閣四庫全書》第七十二冊，頁899。

第三章　《四庫全書》之編修背景

　　《四庫全書》的修纂是中國政治、文化史上的大事，因其是一部官修叢書，在修纂過程中無可避免的受到清高宗策劃和干預的種種影響。而修纂過程中發生了多起文字獄，導致部分書籍被焚燬，部分收錄之書籍內容亦遭修改刪正，加以反滿民族情緒等原因，對於《四庫全書》編修背景的研究多將其研究著眼於政治上的影響，如任松如認為編纂《四庫全書》之原因只是因為乾隆帝一人之私意〔註1〕；郭伯恭認為纂修《四庫全書》是落實「寓禁於徵」此一政治目的〔註2〕等，這些說法多為大家所接受。直至近年開始有研究者對於這種過度政治化的研究態度提出不同看法，如張杰即認為這種政治作用的說法「失之武斷」〔註3〕，也有較多的研究者轉而注意其文化方面的意義，如吳哲夫認為乾隆編書除政治的作用外，應還有文化的意義〔註4〕，楊晉龍認為《四庫全書》遭到刪改乃是乾隆帝基於「教化子民」的想法而做出的修正。〔註5〕

〔註1〕任松如：《四庫全書問答》（上海：上海書店，1992年影印，1935年啟智書局出版），頁23、69。

〔註2〕郭伯恭：《四庫全書纂修考》（上海：上海書店，國立北平研究院史學研究會1937年出版），頁15。

〔註3〕張杰：〈四庫全書與文字獄〉，《清史研究》第一期（1997年3月），頁45～54。

〔註4〕吳哲夫：〈四庫全書修纂動機的探討〉，《故宮文物月刊》（臺北：國立故宮博物院，第七卷第四期，1989年7月），頁62～71。

〔註5〕楊晉龍：〈四庫全書訂正析論：原因與批判的探求〉，《兩岸四庫學——第一屆中國文獻學學術研討會》（臺北：淡江大學中國文學系主編，1998年9月），頁337～374。

本章擬整理析論此兩方面說法，期能從編修背景窺見《四庫全書》的《詩》學觀點。

第一節　編修《四庫全書》的政治背景

探討《四庫全書》編修的政治背景，首先要注意的即是推動修纂《四庫全書》最重要的推手——清高宗的意識型態，清高宗貴為皇帝，他對《四庫全書》的期望必會如實的被呈現，即使有所更改，也不會離高宗的初衷甚遠，畢竟在一個君主專政的時代裡，皇帝握有至高無上的權威，這是不容置疑的。除了清高宗的意識型態外，就是編修《四庫全書》實質的政治目的，本節擬就此兩方面為文探討，並從而歸納出在此背景下修纂之《四庫全書》所表現的《詩》學觀。

一、清高宗的意識型態

清高宗的意識型態主要取決於兩方面：一是其自幼所受的教育；一是當時的學術氛圍。高宗貴為皇帝，所受的教育應有帝王家為培育統治人才而有的家學傳統，但是，即便是高不可攀的皇室，依然無法避免受到社會學術思潮的改變，因此高宗的學術思想在受到社會學術思潮的影響之後所發生的轉變，對於《四庫全書》的編纂也發揮相當的作用。以下分別就帝王家的學養、高宗的學術思想兩方面逐步架構出清高宗的意識型態。

（一）帝王家的學養

明末清初因為經過戰火洗禮，學術思想上呈現出反對封建專制主義、高揚民族思想；反對宋明理學，提倡經世致用的實學的學術氛圍，形成中國歷史上另一個學術爭鳴的局面。清初政權剛建立之時，面對思想文化界這種複雜的形勢，清朝統治者在統治政權初步穩定之後，開始調整和選擇思想文化政策。

在儒家思想中，清代的君王選擇了理學來凝聚知識份子及社會的共識，以確保統治政權的長治久安。從順治皇帝開始，崇孔尊朱，提倡理學，以儒家思想作為學術的正統思想，成為清代帝王家的學術思想傳統。

順治皇帝在政權初立之時，即遣官祭孔，襲封孔子六十五代孫孔允植為衍聖公，兼太子太傅，先後改立孔子牌位為「大成至聖文宣先師」和「至聖先師」，表現出尊孔重儒的傾向，並恢復一度中斷的科舉考試，通過傳統的選

才方式網羅漢族知識份子。

　　康熙皇帝繼承了順治崇儒重道的傳統，特別推崇程朱理學，他認爲「二帝三王之治本於道，二帝三王之道本於心，辨析心性之理，而羽翼六經，發揮聖道者，莫詳於有宋諸儒。」〔註6〕並明確指出：「宋儒朱子，注釋群經，闡發道理，凡所著作及編纂之書，皆明白精確，歸於大中至正，經今五百餘年，學者無敢疵議。朕以爲孔孟之後，有裨斯文者，朱子之功，最爲弘鉅。」〔註7〕爲抬高朱子的地位，康熙特別諭令把朱子從原列孔廟先賢之位抬出，升於大成殿十哲之次，使其成爲第十一哲。

　　雍正在位期間，也強調孔子是「道高德厚，爲萬世師表」，下令追封孔子先世爲王，專諭避孔子名諱，大大提高孔子祀典規格。此外雍正帝重視維護社會秩序和教化普通百姓。一方面整飭地方秩序，打擊盜賊，維持治安，嚴禁賭博、械鬥等社會惡習。另一方面，化導民眾，端正人心。他認爲：「導民以敬愛，則忠順可移；訓民以敬恭，則詬誶不作。誘掖有術，不難引中人而納於君子之途。」〔註8〕同時大力強化傳統倫理道德，推崇孝道，宣揚《孝經》，借以「化民成俗，立教明倫，使天下之人，爲臣皆知忠，爲子皆知孝」〔註9〕，整飭社會風氣。

　　乾隆繼位爲帝，曾五次前往山東曲阜孔子故里，把清前期的崇孔活動推至高潮。他明確表示：國家崇儒重道，尊禮先師，朕躬旨闕里，釋奠廟堂，式觀車服禮器，用慰仰止之思〔註10〕。並將科舉考試的內容規定爲儒家的《四書》、《五經》，以程朱理學作爲士子解經立說的標準，下令選錄明清諸大家有關《四書》的時文，輯成《欽定四書文》一編，廣爲頒發，以爲士子科舉考試的程式。從康熙獨尊理學，到雍正、乾隆對儒學綱常名教和倫理觀念的強化都昭示著以程朱理學爲代表的儒家成爲清代的正統思想和官方學術。

　　雖然程朱理學是清代官方學術，但這並不表示其它的儒家學術完全遭到清初帝王的排斥，只能說清初的帝王刻意提升程朱理學的地位。錢穆晚年講

〔註6〕清・康熙：《性理大全序》，《聖祖仁皇帝御製文集》，第一集卷十九，《景印文淵閣四庫全書》第一二九八冊（臺北：臺灣商務印書館，1983年），頁184。

〔註7〕清・慶桂等編：《清聖祖實錄》，《清實錄》，卷二四九《康熙五十一年二月丁巳》（北京：中華書局，1986年），頁15。

〔註8〕清・慶桂等編：《清世祖實錄》，《清實錄》，卷一二九，頁877。

〔註9〕清・慶桂等編：《清世祖實錄》，《清實錄》，卷一二八，頁876。

〔註10〕清・慶桂等編：《清高宗實錄》，《清實錄》，卷三〇九，《乾隆十三年二月庚辰》，頁3。

中國經學史，就曾強調清初的經學研究取向是「漢宋兼采」〔註11〕，他根據御纂的《書經傳說匯纂》、《春秋傳說匯纂》、《詩經傳說匯纂》、《周易折衷》等帝王經學著述中的學術思想，認為順治、康熙、雍正三代那時候的人不分漢學、宋學的，只是比較看重宋學，不過也兼采漢學，因此錢穆以為當時的「尊朱」是兼采之下的傾向，不是門戶之私的獨尊。〔註12〕

（二）清高宗的思想內涵

在其父祖選擇以儒學做為國家的基本思想，並基於統治國家的需求，以程朱理學為官方的學術思想標準，因此清高宗的思想內涵也深受儒家，特別是程朱一派學說思想的影響。本小節探討清高宗的學術思想內涵，將從清高宗自小所接受的傳統儒家教育，以及對於程朱理學的態度兩方面探討。

1. 傳統的儒家教育

清高宗自小修習儒家基本課程，其所接受的儒家思想是根深蒂固的，在清高宗自著的《樂善堂文集・庚戌年序》中嘗自稱：

> 余生九年始讀書，十有四歲學屬文，今年二十矣，其間朝夕從事者，四書五經、性理綱目、大學衍義、古文淵鑑等書。講論至再至三，顧質魯識昧，日取先聖賢所言者，以內治其身心，又以身心所得者，措之於文，均之有未逮也。受皇父深恩，時聆訓誨，至諄且詳，又為之擇賢師傅，以受業解惑，切磋琢磨，從容於藏修息游之中，得以饜飫詩書之味，而窮理之未至，克己之未力，性情涵養之未醇。中夜以思，惕然！〔註13〕

自小深刻的儒家教育，讓清高宗以「書生」自許，在他二十五歲（雍正十三年，西元1735年）時就曾說自己：「自幼讀書宮中，講誦二十年，未嘗少輟，實一書生也」〔註14〕。身為一個傳統書生必然知道保存典籍的重要，吳哲夫先生曾指出：

> 蓋高宗早已沈浸於博大精深的華夏文化傳統思想領域之中，為優美的炎黃文明所同化，故其所立意修纂《四庫全書》的舉動，實可視

〔註11〕錢穆：《經學大要》第二十九講（臺北：蘭台出版社，2000年），頁543。

〔註12〕錢穆：《經學大要》第三十一講（臺北：蘭台出版社，2000年），頁571。

〔註13〕清高宗：《御製樂善堂全集定本》，《景印文淵閣四庫全書》第一三〇〇冊（臺北：臺灣商務印書館，1983年），頁237。

〔註14〕清・慶桂等編：《清高宗實錄》，《清實錄》第十冊，卷一三六，頁961。

爲一位傳統知識分子，肩負起文化薪火遞傳的責任感。〔註15〕

傳統的儒家教育對清高宗有引領思想的作用，清高宗的所作所爲在有意無意間都受到儒家思想的影響，當然這也包括他極爲重視的《四庫全書》。

2. 對朱子學的愛好和推崇

程朱理學在經過清初多位皇帝的提倡，不但成爲清代正統思想和官方學術，同時也深植清高宗的心中，成爲清高宗表現出最明顯的思想內涵。例如完成於二十五歲（1734）以前的一首詩，就可以看出端倪，詩云：

> 堯舜傳心學，危微十六字，禹湯繼其傳，執中與禮義，文王躬疊疊不已功常粹。唐虞三代初，大道中天麗，比屋皆可封，無煩別義利。《詩》亡《春秋》作，風薄俗亦僞，惟時王道衰，人人騁私智：天生我仲尼，金聲振洙泗，刪《詩》定禮樂，堯舜功不啻。一自泰山頹，彌天布妖慧，楊墨逞邪說，申韓建私議，鄒嶧乃揚徽，奮然闢險詖。戰國逮嬴秦，道蝕斯文墜，祖龍輕狂兒，輒敢燔典志，劉季提三尺，儒風豈云熾；武帝始求賢，董子明正誼，〈三策〉醇乎醇，天人理咸備。昌黎稱聞道，猶未嚌其胾。自漢迄宋初，道昏人如醉，偉哉無極翁，粹然秉道幟，朱子集其成，經天復行地。緬維千載心，授受本同契。絕續遞相衍，斯文統緒寄。午運數恰中，自協唐虞治。作君兼作師，吉士踵相繼。〔註16〕

儘管《尙書》中的危微十六字已被考證爲僞書，但是清高宗在此詩中依然表現出對於程朱一派所建構「道統說」的接受和承認，並推崇朱子集大成之功。

而完成於乾隆四十八年的〈題宋版周易程傳〉云：

> 卜筮書違秦火殃，大程平正《傳》言常；周張朱戒三賢卓，凶悔吝中一吉當。開物無爲自成務，抑陰有道在扶陽；幽明通以性命順，內聖由來貫外王。〔註17〕

詩中讚揚程氏之作「平正」，並說其《易傳》所言乃有用之常道，另外詩中「性命順」、「內聖貫外王」的概念，亦爲程朱體系之理念。從這兩首詩作可以清

〔註15〕吳哲夫，《四庫全書纂修之研究》（臺北：國立故宮博物院，1990年6月），頁256。

〔註16〕清高宗：《御製樂善堂全集定本》，《景印文淵閣四庫全書》第一三〇〇冊，頁437～438。

〔註17〕清高宗：《御製詩四集》，《景印文淵閣四庫全書》第一三〇八冊，頁788。

楚的察覺清高宗對於程朱理學的肯定和認同。

大陸學者戴逸的研究也認為乾隆皇帝所以「在許多文章中講論內聖外王之學，發揮修身、齊家、治國、平天下的道理，標榜仁義道德」等道理，實在是乾隆帝「服膺宋儒，尤其推崇朱子」、「崇奉程朱理學」的結果〔註18〕。此外乾隆也自稱「《朱子全書》未嘗釋手」〔註19〕，這些說法都可以看出清高宗對於朱子學的愛好與推崇。

3. 清高宗思想的轉變

清高宗早年對於程朱理學相當的推崇，然而這樣的推崇卻在《四庫全書》開館後有了些許的轉變，夏長樸先生在《乾隆皇帝與漢宋之學》一文中，曾舉出以下幾則例子說明清高宗對朱子的批評：

（1）《復古說》

《詩經‧大雅‧既醉》：「令終有俶，公尸嘉告」，朱子《集傳》云：「公尸，君子尸也。周稱王，而但曰公尸，蓋因其舊。如秦已稱皇帝，而其男女猶稱公子、公主也」〔註20〕，但清高宗卻對此一說法極不贊同：

> 夫所謂國之大政者，井田、封建及公尸之說是也。井田之說，董仲舒已知其難；封建之說，柳宗元論之最悉。且自秦漢至今，卒無行者，其或行之，無不立敗（見漢與明），茲不贅論。若夫公尸之說，最為失義，非正道，自周末已不行。徒以其類於孝，竟無人敢議及。而朱子方以為氣與質合，散者復聚，乃為數之至。彼明理氣之人也，亦為是謬論，間彼曾行之乎？否乎？……漢之賈、董，唐之韓、柳，宋之歐、蘇，皆明理之人，善於論古，而皆未言及此。〔註21〕

清高宗批評朱子此說「為是謬論」，這樣的批評無疑是嚴厲的，與之前的「服膺宋儒，尤其推崇朱子」相較，明顯可以看出清高宗對於朱子的尊敬大不如前。

（2）《題毛公祠》

> 野物籠喬樹，毛公故里云。其傍行館築，恰稱駐車欣。設匪光斯價，

〔註18〕戴逸：《乾隆帝及其時代》（北京：中國人民大學出版社，1992年），頁86～87、404～406。

〔註19〕清‧慶桂等編：《清高宗實錄》，《清實錄》第十冊，卷一四六，頁1094～1095。

〔註20〕宋‧朱熹：《詩經集傳》，《景印文淵閣四庫全書》第七十二冊，頁871。

〔註21〕清高宗：《御製文三集》，《景印文淵閣四庫全書》第一三○一冊，頁592～593。

於何尊所聞。新安別立傳，得失半相分。

> 自注：「《毛傳》、《詩序》，自漢相傳，至唐、宋諸儒俱無異詞。惟朱
> 子作《詩經集傳》，以為毛萇始引《詩序》入經，齊魯韓三家之《傳》
> 絕，而毛說孤行，讀者傳相尊信，無敢擬議，有所不通，則為之委
> 屈遷就云云。於是別立解說，如《鄭風》則自《緇衣》以下，為六
> 篇與舊說相仿，餘十五篇悉以淫奔斥之。蓋泥於『鄭聲淫』之一語，
> 以致拘而過當，遂與漢、唐諸儒歷傳舊說顯相抵牾，亦不得云有得
> 無失也。」〔註22〕

清高宗認為朱子因孔子曾說「鄭聲淫」，而將《鄭風》大部分的詩斥為「淫詩」，
這樣的說法太過拘泥，並不恰當，可見清高宗對於朱子的「淫詩」說並不完
全贊同。同時，清高宗也批評朱子別立解說，與舊傳相抵觸，雖然有所新得，
卻也有所缺失。

清高宗對於朱子的負面批評尚不僅如此，本文僅節錄兩則與《詩經》有
關之文字用以說明清高宗後期對於經書的理解和朱子並非全然相同。

除了對於朱子的學說產生懷疑之外，乾隆皇帝也轉向推崇漢代大儒董仲
舒。在乾隆七年二月的經筵上，乾隆說：

> 夫萬民之心，一大君之心也。董子曰：「君心正而天下莫不歸於正。」
> 蓋得絜矩之本。〔註23〕

乾隆皇帝尊稱董仲舒為「董子」，表達對董仲舒的敬重之情，但是並用董仲舒
的「一元」論，統括朱子的理氣論，於宣講時說：

> 故氣成形而理成性。苟無其氣，不可以成形。苟無其理，不可以成
> 性。而其氣其理，總一元為之樞紐。「大哉乾元，萬物資始，乃統天」，
> 夫子蓋明示之矣。〔註24〕

而代表聽講的儒臣發言的張廷玉說：

> 皇上明君民一體之情，闡天人同符之理，洞悉治要，直揚本原，廣
> 大精微，發千古所未發。臣不勝欽服。〔註25〕

張廷玉說皇帝闡發「天人同符之理」，這正是董仲舒的根本思想。用董仲舒的

〔註22〕清高宗：《御製詩五集》，《景印文淵閣四庫全書》第一三〇九冊，頁363。
〔註23〕清・慶桂等編：《清高宗實錄》，《清實錄》，卷一六一，頁25。
〔註24〕清・慶桂等編：《清高宗實錄》，《清實錄》，卷一六一，七年二月丁未，頁25。
〔註25〕清・慶桂等編：《清高宗實錄》，《清實錄》，卷八二八，三十四年二月巳未，
頁34。

學說統括朱子之說，似乎有董仲舒的「一元論」勝過朱子的「理氣論」之意。乾隆皇帝尊董的舉動，引發了儒生注意到了西漢儒者的經世情懷〔註26〕，同時也催生了清代的今文經學。

二、編纂《四庫全書》的政治目的

清高宗本身的意識型態雖然直接影響了四庫的開館，但是清高宗身爲史上難得的好國君，他斥鉅資開四庫館，絕非只是好大喜功，一定也有政治上的實用目的。整理前人所說，大致可以歸納爲以下兩點：

（一）寓禁於徵

清朝以外族入關，漢人對滿清的排斥不言而喻，清廷爲鞏固其政權，採取了高壓統治政策，也激起了廣大的漢族民眾及知識份子的反抗，在武裝反抗行動失敗後，仍然不願與滿清政權合作，他們或聚眾講學，或隱居著述，他們宣講民族思想、撰寫反清意識的著述。另一方面，時代的大變動，引發了知識份子的反省和思考，學術界的批判風氣高昂，萌芽於明末，以經世致用爲宗旨的實學思潮正是在此歷史背景下發展至高潮。這樣的學術發展顯然是對清朝的統治政權極爲不利。面對這些民族意識以及反清言論，清朝統治者一方面大力提倡程朱理學，企圖以此來統一思想；另一方面就是在學術文化領域實行文化專制和高壓政策，推行禁書和文字獄的極端措施，用以遏止和消除知識份子的民族思想和反清意識。

康熙年間就發生過禁書事件。雍正繼之，進一步禁書，清高宗也於乾隆三十九年（1774）公然下達禁書諭令：

> 應將可備採擇之書開單送館，其或字義觸礙者，亦當分別查出奏明，或封固進呈，請旨銷毀；或在外焚棄，將書名奏聞，方爲實力辦理。〔註27〕

乾隆此一舉動，把徵書活動逐漸轉向查禁違礙悖逆的書籍，要求僚屬檢查天下之藏書，遇有忌諱文字之書，先由訪得書的官吏開具書名及其應查禁的原

〔註26〕可從乾隆年間，儒臣呈交經筵講稿牽引時事，看出儒臣的「經世」思想。乾隆八年曾下諭訓斥說：朕令翰林科道輪講經史講解，原以闡發經義、考訂史學也。而年來諸臣所講，往往借經史以牽引時事……甚失朕降旨之本意。《高宗實錄》卷一八四，八年二月戊子，頁324。

〔註27〕張書才主編：〈乾隆三十九年八月五日諭〉，《纂修四庫全書檔案》（上海：古籍出版社，1997年7月），頁239～240。

因呈進，再由四庫館審訂，呈請清高宗通令全國追查。

　　乾隆於四庫館開館不久及公然下達禁書諭令，因此郭伯恭認爲乾隆皇帝纂修《四庫全書》是落實「寓禁於徵」此一政治目的〔註 28〕。身爲大清王朝統治者的清高宗，爲了鞏固其政權，因而下令徵書、開四庫館以利禁書，這也符合人情之常，因此筆者亦認同清高宗修纂《四庫全書》有刪除對清朝不利之文句的實質政治意義。

　　而《四庫全書》修纂時寓禁於徵的政治目的以及四庫館臣選書的公允性使得《四庫全書》著錄的完整性，受到嚴重的破壞，郭伯恭論《四庫全書》之缺失時即指出以下問題：以鈔本著錄，藉以鞭撻古人筆銷遺籍，禁毀書籍，改刪甚烈，故留誤字等問題。〔註 29〕

（二）教化百姓

　　爲編纂《四庫全書》而開始的徵書活動，除了有以郭伯恭爲代表的「寓禁於徵」此一說法外，還有以黃愛平爲代表的「保存文獻」的觀點。黃愛平認爲乾隆藉此匯聚天下書籍，使之「副在石渠，用儲乙覽」，以博稽古右文的美名〔註 30〕。然而清高宗自言：

> 予蒐四庫之書，非徒博右文之名，蓋如張子所云：「爲天地立心，爲
> 生民立道，爲往聖繼絕學，爲萬世開太平。」胥于是乎繫。〔註 31〕

可見，除了保存文獻外，清高宗亦有傳承文化，教化子民之心。事實上清高宗是歷史上難得一見的好學皇帝，他所受的教育是最完整最典型的儒家教育，關於高宗所受的漢化教育，前文已稍加提及，自幼學習儒家經典的清高宗自言：

> 《易》《書》《詩》自幼背讀成誦，《禮記》《春秋》則常而翻閱粗習，
> 不似三經之深沃也。〔註 32〕

清高宗對五經均能成誦，對於《尚書·泰誓》「元后，作民父母」、「天佑下民，

〔註 28〕郭伯恭：《四庫全書纂修考》（臺北：臺灣商務印書館，1984 年），頁 15。

〔註 29〕郭伯恭：《四庫全書纂修考》，頁 226～235。

〔註 30〕黃愛平：《四庫全書纂修研究》（北京：中國人民大學出版社，1989 年），頁 21。

〔註 31〕清高宗，《御製文二集》卷十三，《景印文淵閣四庫全書》第一三〇〇冊，頁 1。

〔註 32〕清高宗：《御製詩四集·題五經萃室岳珂宋版五經·禮記》「實異三經饜飫醇」句下〈自注〉，《景印文淵閣四庫全書》第一三〇八冊，頁 802。

作之君，作之師」等言語自然了然於胸，因此乾隆以「君父」、「君師」自居，自謂有教化子民的責任，在〈撿近稿偶誌〉詩中提到：

> 少小學爲文，韓蘇有卓型；別才及詩格，李杜眞前旌。立言人所志，
> 見道羌孰能；自讀宋儒者，始知朱與程。詔我爲學方，主敬與存誠；
> 空言信何補，要道在躬行。矧茲繼百王，君師任匪輕。〔註33〕

可見其以君師自任的胸懷。在乾隆四十二年（1777）效白居易《新樂府》詩中〈繚綾〉一詩更可見乾隆自認爲君師乃無可逃避之責任，他說：

> 反樸還淳豈不願，言易行難，君師之任將誰諉？將誰諉？唯有業業
> 兢兢、懷敬懷懃，欲以責人先責己。〔註34〕

既然以君師爲己任，在外在條件允許的情況下，編纂教化百姓子民的叢書乃勢之必然。

此外，曾聖益考察《四庫全書總目》著錄和存目的標準，也得出「認爲重實用重教化，爲傳統儒者之理想，亦是《四庫全書》編纂之主要精神。」〔註35〕蕭玲宜針對《四庫全書》收錄附圖書之研究也得出《四庫全書》著錄附圖書有「成教化助人倫的文化教育功能」的特色。〔註36〕

從清高宗的內在思想理路，及《四庫全書》實際著錄內涵的考察，都可以看出教化百姓是清高宗編纂《四庫全書》的原因之一。

第二節　學術文化背景

除了政治上的因素會實質的影響、干涉《四庫全書》的編修方向外，當時的學術風氣深入人心，館臣在這樣的學風之下潛移默化，不知不覺中也會受到影響進而影響到《四庫全書》的《詩》學觀。

一、清初的學術思想——漢學的發皇

明朝的滅亡讓整個學術思想界經歷了一次前所未有的深刻反省，很多學

〔註33〕清高宗：《御製詩初集》，《景印文淵閣四庫全書》第一三○二冊，頁433。

〔註34〕清高宗：《御製詩四集·用白居易新樂府成五十章並效其體·繚綾》，《景印文淵閣四庫全書》第一三○八冊，頁83。

〔註35〕曾聖益：《四庫總目經部類敘疏證及相關問題研究》（臺北：國立政治大學中國文學研究所碩士論文，1996年），頁246～247。

〔註36〕蕭玲宜：《四庫全書收錄附圖書之研究》（臺北：臺北市立師範學院，應用語言文學研究所碩士論文，2001年），頁370～372。

者都把明末空談心性的學風視爲誤國誤民的重要原因，黃宗羲指責「明人講學，襲語錄之糟粕，不以六經爲根柢，束書而從事於游談」〔註37〕。顧炎武抨擊理學家「不習六藝之文，不考百王之典，不綜當代之務，舉夫子論學論政之大端一切不問，而曰一貫、曰無言，以明心見性之空言，代修己治人之實學」，「導致股肱惰而萬事荒，爪牙亡而四國亂」。〔註38〕

顧炎武（1613～1682）在批判理學的基礎上提出「理學，經學也」〔註39〕，把經學視爲儒學的正統，後世理學不究心於《五經》，而沉溺於理學家的語錄，爲不知本，是禪學。後來全祖望把其主張概括爲「經學即理學」〔註40〕，大體道出顧炎武將理學置於經學的用心。

顧炎武在提倡經學的同時，也對諸經進行研究。他認爲：「《五經》得於秦火之餘，其中故不能無錯誤，學者不幸而生乎二千餘載之後，信古而闕疑，乃其分也。」〔註41〕所以他以務實的態度精研群經，不過分相信或懷疑經書，因此於群經皆能有所發明，如對於《詩》，他不同意今文家「王魯」說，也不信詩依年代先後之說。他把四詩解釋爲南、豳、雅、頌。至於孔子刪詩，不過是「選其辭，比其音，去其煩且濫者」。〔註42〕

大抵來說，顧炎武主張從歷史角度治經，認爲經學有其源流。並從考音、文字角度治經，以爲「讀九經自考文始，考文自知音始」〔註43〕，而且重視經世，反對單純的訓詁、考證。在他看來，經書是用以治人之書，他潛心研究古音學，也是爲使道德風俗有所轉變，把通經博古與經世結合起來。〔註44〕

其後，閻若璩繼承顧炎武的學術主張，明確指出：「疏於校讎，則多訛文脫字，而失聖人之本經；昧於音聲訓詁，則不識古人語言文字，而失聖人之

〔註37〕清・全祖望：《鮚埼亭集梨州先生神道碑文》（上海：上海書店，1989年），卷十一，頁9b。

〔註38〕清・顧炎武：《日知錄・夫子之言性與天道》，《景印文淵閣四庫全書》第八五八冊（臺北：臺灣商務印書館，1983年），卷七，頁542。

〔註39〕清・顧炎武：《顧亭林詩文集・與施愚山書》（北京：中華書局，1985年5月第二版），卷三，頁59。

〔註40〕清・全祖望：《鮚埼亭集・亭林先生神道碑》，卷十二，頁11。

〔註41〕清・顧炎武：《日知錄・豐熙僞尚書》，《景印文淵閣四庫全書》第八五八冊，卷二，頁443。

〔註42〕清・顧炎武：《日知錄・孔子刪詩》，卷三，頁447。

〔註43〕清・顧炎武：《顧亭林詩文集・答李子德》，卷四，頁73。

〔註44〕清・顧炎武：《顧亭林詩文集・初刻日知錄自序》，卷二，頁27。

眞意。」〔註45〕閻氏本人也以其在典制、輿地等方面的湛深研究,特別是對僞《古文尚書》的精審考辨,他就史籍所載《古文尚書》篇數、鄭玄《古文尚書》篇名,以及梅賾本《古文尚書》內容、文句等,引經據古,一一指出其矛盾之處,揭出東晉晚出本作爲依據,得出「此晚出於魏晉間之書,蓋不古不今,非伏非孔,而欲別爲一家之學者也」〔註46〕的結論。閻氏考證出《古文尚書》乃僞書,動搖了宋明理學的理論基礎,同時爲清初的經世實學思潮向清中葉的漢學轉變,鋪平了道路。

二、四庫開館時的學術思想——乾嘉學術思潮

(一)考據學風的興盛

乾隆三十七年,皇帝下詔徵求各地「發揮傳注,考覈典章,旁贊九流百家,有裨實用者」的古今圖書〔註47〕,朱筠在同年十一月尊旨覆奏的書單內容裡,所採集的近人著作,幾乎是以考證學者的著述爲主。朱筠稱其訪聞可採錄者,有安慶方氏父子方以智《通雅》、方中德《古事比》、方中履《古今釋疑》等書。及江永《禮經綱目》、《周禮疑義》、戴震《考工記圖》、《屈原賦注》,梅鼎祚《算學全書》等等〔註48〕。雖然後來依《四庫全書》纂修條例,當世之人的撰述概不錄入全書,戴震之書因此未得著錄全書之中〔註49〕。但從考證學術著作受到肯定可以想見當時考證學風的興盛。

乾嘉考據學派,學界大致有以下幾種看法:(1)章太炎分爲吳、皖兩派。他認爲:其成學著系統者,自乾隆朝始。一自吳,一自皖南。吳始惠棟,其學好博而尊聞;皖南始江永、戴震,綜形名,任裁斷。此其所異也〔註50〕。(2)梁啓超認爲惠、戴兩家,中分乾嘉學派,並將之區分爲四派:吳學以惠棟爲中心,以信古爲標誌,是「純漢學」。皖學以戴震爲中心,以求是爲標誌,

---

〔註45〕清・方東樹:《漢學商兌》卷中之下引閻若璩之語(臺北:藝文印書館,1974年),頁268。

〔註46〕清・閻若璩:《尚書古文疏證》,《景印文淵閣四庫全書》第六十六冊(臺北:臺灣商務印書館,1983年),卷二,頁180。

〔註47〕《辦理四庫全書檔案》,頁1。收入楊家駱著《四庫全書大辭典》(北京:中國書店,1987年),頁1845。

〔註48〕《辦理四庫全書檔案》,頁1845。

〔註49〕戴震:〈與段玉裁書(一)〉,收錄於胡適,《戴東原的哲學》(臺北:遠流,1992年),頁259。

〔註50〕章太炎:《檢論・清儒》(臺北:廣文書局,1970年),卷四,頁24。

是「考據學」。後來有揚州學派，代表人物是焦循和汪中等。浙東派爲全祖望和章學誠，後者貢獻在史學。〔註51〕

其中揚州學派與浙東學派爲後起之學，在《四庫全書》修書之後，對《四庫全書》的影響不大，因此本文將不探討之。

1. 吳　學

吳學創始人是惠棟（1697～1758）。惠棟治學有其家學淵源，以漢學爲宗，極力推尊漢代的經師經說，以爲「漢人通經有家法，故有五經師」，主張「古訓不可改也，經師不可廢也」。治經以古爲是，抱著「凡古必眞，凡漢皆好」的態度，因此有復古、泥古的特色。惠棟強調「經之義存乎訓，識字審音，乃知其義」〔註52〕，他認爲長期以來，人們治經不重視對經的古音古訓研究，使得經書中的文字句讀、名物典章制度不清楚，不辨經書眞僞，造成隨意釋經、改經，出現訛誤，因此惠棟等乾嘉學者主張從音韻訓詁入手解經，使以音韻、訓詁爲主的小學逐漸脫離經學，發展爲獨立學派。

惠棟在自己的學術研究中努力發掘、蒐輯、鉤稽漢儒經說，特別致力於爬梳、整理兩漢經師對《周易》的說解，先後輯爲《九經古義》、《易漢學》、《周易述》諸書，從而在清中葉的學術界明確打出漢學的旗幟，促成了一代學術發皇的嶄新局面。自此而後，由文字、音韻、訓詁、考據入手以尋求經書義理和聖人之道的學術主張，就成爲清代漢學有別於宋明理學的治學宗旨，得到了漢學家的普遍認同。

2. 皖　學

皖學導源於江永，成於戴震。皖學的創始者江永（1681～1762）其治學「長於步算鐘律聲韻，尤深於《禮》」〔註53〕，所著《禮經綱目》，仿朱子《儀禮經傳通解》體例，博考群經，以補朱子不足。他論聲韻分平上去三聲爲十三部，入聲八部，糾正顧炎武之疏。他的弟子有金榜、程瑤田、戴震等，其中戴震對後世影響最鉅。

戴震主張訓詁、考據與義理的結合，他說：

〔註51〕梁啓超：《中國近三百年學術史》（臺北：里仁書局，1995年），頁27。

〔註52〕清・惠棟：《松崖文鈔・九經古義述首》（臺北：藝文印書館，1974年），卷一，頁4。

〔註53〕清・江藩：《國朝漢學師承記・江永》（北京：中華書局，1983年），卷五，頁75。

經之至者道也，所以明道者其詞也，所成詞者為有能外小學文字者
也。由文字以通乎語言，由語言以通乎古聖賢之心志，譬之適堂壇
之必循其階，而不可以躐等。〔註54〕

為糾正一些漢學家只重考據的偏頗，戴震同時強調義理的重要性，認為「義
理者，文章、考核之源也。熟乎義理，而後能考核、能文章」〔註55〕。針對
漢學開始顯露出的泥古弊端，戴震還大力提倡實事求是的治學態度，重視邏
輯推斷和歸納方法，強調「信古而愚，愈於不知而作，但宜推求，勿為株守」
〔註56〕，治學應當「不以人蔽己，不以己自蔽」〔註57〕，做到「必徵之古而
靡不條貫，合諸道而不留於議，鉅細畢究，本末兼察」〔註58〕，以達「十分
之見」的境地。這就有力糾正了吳派學者泥古的弊病，促進了學術的發展。
因此梁啟超論清代學術，認為吳派學術只可謂之漢學，皖派學術才是真正意
義上的清學。

由於吳、皖兩派的先後崛起相承，互為師友，乾嘉漢學的發展也推向了
高峰。乾嘉漢學的治學範圍以經學為中心，在整理古籍方面的成就，首先反
映在對儒家經典的注疏整理方面。乾嘉學者幾乎將所有儒家的經典都重新加
以訓詁和箋釋，如《易》、《書》、《詩》、《禮》、《春秋》、《論語》、《孟子》、《爾
雅》等典籍，都有重要的考據之作。阮元的《皇清經解》和王先謙的《續皇
清經解》就是匯編清代學者訓釋儒家經書的成就，足以反映乾嘉學者治經方
面的成就。

在整理經書的過程中，為了釐清經書中的文字與音讀及訓釋，乾嘉學者
在文字學、音韻學、訓詁學方面特別下了工夫，古代流傳下來的這方面的相
關著作，如《爾雅》、《方言》、《廣雅》、《說文》、《廣韻》等，乾嘉學者都進
行了整理、注釋和研究，並產生了一批著名的學者和學術價值很高的著作，

〔註54〕 清·戴震撰：《戴東原文集·古經解鉤沉序》，安徽叢書第十六函，第四冊（臺
北：藝文出版社，1971年），頁2。

〔註55〕 清·戴震撰：《戴東原文集·段玉裁序》，安徽叢書第十六函，第一冊，頁
1。

〔註56〕 清·戴震撰：《戴東原文集·與王內翰鳳喈書》，安徽叢書第十六函，第二冊，
頁4。

〔註57〕 清·戴震撰：《戴東原文集·答鄭丈用牧書》，安徽叢書第十六函，第四冊，
頁10b。

〔註58〕 清·戴震撰：《戴東原文集·與姚孝廉姬傳書》，安徽叢書第十六函，第四
冊，頁9a。

其成就超過了歷史上任何朝代。〔註59〕

乾嘉漢學者在古籍整理方面的成就，還表現在校勘、輯佚、辨偽方面，他們利用校勘，把秦漢以來的大部分子書，諸如《荀子》、《墨子》、《老子》、《莊子》、《韓非子》、《管子》、《晏子春秋》……等書予以校訂。許多亡佚的文獻典籍，經過乾嘉學者的蒐集鉤沉，形成卷帙浩瀚的輯佚書，如《玉函山房輯佚書》、《全上古三代秦漢三國六朝文》，使得許多年久失傳的典籍重見天日。而許多偽書，或將作者張冠李戴，或年代混淆，乾嘉學者也以嚴正的態度，加以辨正，以確鑿的事實證明某些書乃為偽書，避免了以訛傳訛，以假亂真。

但是乾嘉學者壁壘森嚴的門戶之見也影響其發展。因為任何一個有特色、有成就、有生命力的學派，必然是兼收並蓄，吸收各家之長。但乾嘉學者在漢、宋之爭中，具有很深的門戶之見。多數乾嘉學者把漢宋學絕對對立，認為漢學重名物訓詁，不講心性義理；宋學則只講心性義理，不談名物訓詁。這就必然使乾嘉漢學的道路越走越窄，弊端叢生。

（二）今文經的復興

乾嘉漢學是在清初反思批判理學的思潮中發展起來的，清初諸儒對明朝理學空疏之風的針砭，使學風轉向樸實，開始對古代經傳注疏的發掘，使得漢學一時發皇，梁啓超曾用「家家許鄭，人人賈馬」〔註60〕來概括其盛況。在崇漢、以古為是的學風之下，東漢訓詁考據之學興盛一時。在這以古為是的學術思潮裡，一些學者從原本對魏晉以下經學的懷疑，進一步推展至東漢古文經學。在他們看來，既然崇古，東漢古文經學晚於西漢今文經學，今文比古文更古，不如尊信西漢今文經學，這樣他們便借崇古，由東漢而上推至西漢，進而倡導今文經學。

另外今文經具有經世的特點也是其復興的主要原因。乾嘉之際，正是清朝由興盛走向衰敗的開始，有識之士思圖補救，而乾嘉漢學以訓詁名物考證、章句注疏、佚文鈎輯為重，使學術陷於繁瑣破碎，泥古墨守的窠臼，忽視了會通與微言大義的探求，於世無益，因而轉向具有經世色彩的西漢今文經學，以此取代漢學，這既符合當時尊古之風，同時也適應時代的需要。

〔註59〕王俊義：〈乾嘉漢學論綱〉，《清代學術文化史論》（臺北：文津出版社，1999年），頁46～47。

〔註60〕梁啓超：《中國近三百年學術史》，頁66。

清代今文經學的復興，其倡始者，當推乾隆時期的莊存與。莊存與（1719～1788），字方耕，晚號養恬，江蘇武進（今常州市）人，乾隆十年（1745）一甲二名進士，授翰林院編修，歷任仕講仕讀、詹事府少詹事，官至內閣學士兼禮部侍郎。其間，曾入直南書房，並「直上書房爲師傅」，又多次擔任湖北、浙江鄉試及會試正、副考官，提督湖北、直隸、山東、河南學政，並參與編修《四庫全書》。乾隆五十一年（1786），以「年力就衰，予原品休致」，五十三年卒，年七十歲。

莊存與生逢清代漢學由發軔趨於極盛的時期，受當時學術風氣的影響，莊存與治學亦由漢學入手，他博通六藝，學貫群經，尤致力於《周禮》的研究，「病《周官》禮經六篇，《冬官司空》獨亡，以爲周家制度莫備於《周官》，《周官》式法根氐皆在《冬官》，《冬官》存，舉而措之天下無難也。欲爲《冬官》補亡，而闕失不可理，遂原本經籍，博採傳經諸子，爲《周官記》五卷」。其對後世影響最大之著作當推《春秋正辭》，此書根據明初趙汸《春秋屬辭》撰成，是清代今文經學的第一部著作〔註61〕。《春秋正辭》是一部旨在發掘《春秋》微言大義的著作。莊存與認爲《春秋》不只是一部「記事之史」，而是自成義例，蘊含「至聖之法」，他說：

> 《春秋》以辭成像，以像垂法，示天下後世以聖心之極。觀其辭，必以聖人之心存之。史不能究，游、夏不能主，是故善說《春秋》者，止諸至聖之法而已矣。〔註62〕

聖人通過撰《春秋》爲後世立法，爲闡釋《春秋》微言大義和聖人經世之志，莊存與在趙汸的基礎上，進一步將《春秋》之辭分爲九類，寫成《春秋正辭》一書。此書超越漢宋門戶之見，雖受宋元以來儒家影響，引二程語錄，但也有所不同。他不侷限東漢經學家訓詁考據，而是以今文經《公羊傳》爲本，雜採他說，闡發其中的微言大義。如「大一統」思想，歷來被視爲春秋公羊學的核心，莊存與也對此頗有論述，他說：

> 天無二日，士無二主，國無二王，家無二尊，以一統之也。〔註63〕

因此，他強調周天子的權威性，並對齊桓公、晉文公尊王攘夷之功給予積極

〔註61〕黃愛平：〈論乾嘉時期的今文經學〉，《清代學術文化史論》（臺北：文津出版社，1999年），頁245。

〔註62〕清・莊存與：《春秋正辭・春秋要指》（上海：上海古籍出版社，1995年），續修四庫全書第一四一冊，頁120。

〔註63〕清・莊存與：《春秋正辭・奉天辭》，續修四庫全書第一四一冊，卷一，頁5。

的肯定。莊存與在公羊學沈寂千年後重新闡發它，儘管其學在當時隱晦不彰，但是經過其子孫及弟子的推闡，今文經由隱而顯，活躍於學術乃至政治舞台。

第三節　編纂背景影響下所表現的《詩經》學觀點

一、政治背景影響下所呈現的《詩經》學觀點

（一）尊經崇儒、崇孔尊朱

清高宗是主導《四庫全書》編纂的主要人物，他的深度漢化必深深影響到《四庫全書》所收之書，前文提及高宗自小受四書五經等儒家經典的薰陶，高宗對儒家學術也深表認同，因此高宗強力干預下所編纂的《四庫全書》，其所收書籍表現出深刻的「尊經崇儒」思想也就不足爲奇，甚至是理所當然。這樣的想法也表現在《四庫全書》的分類上，《四庫全書》分經、史、子、集四類，《四庫全書總目》子部總敘：

> 自六經以外立說者，皆子書也。其初亦相淆，自《七略》區而列之，
> 名品乃定。〔註64〕

從先秦的諸子百家到漢武帝獨尊儒術，《四庫全書》認同自《七略》即開始的只以儒家經典爲「經」，其餘各家的只是「子書」。除了收錄六經外，儒家的十三經全部被列入經部中，連不在十三經行列中的〈中庸〉、〈大學〉也被收錄經部中，這一方面是因爲高宗的推崇朱子學，遂將朱子的《四書》列入經部，另一方面也是因爲館臣對儒家學術的推崇所致。這說明了傳統中以儒家爲學術主流的風氣，在《四庫全書》中依然被體現出來。

然而在儒家學術中，最爲清初王朝所重視的是程朱理學，其代表人物必然也受到同樣的注重，尤其是朱子，其地位被抬高爲「十一哲」，帝王既然對朱子如此推崇，因而朱子對於《詩經》學的觀點也必然在官方所纂修的《四庫全書》中被呈現。如漢宋學派爭議最劇的《詩序》問題，《四庫全書》在收錄時雖將《詩序》列於卷首，卻同時收錄朱子的《詩序辨說》，這顯示了在《四庫全書》中朱子的《詩序辨說》和傳統的《詩序》有著同等的地位。可見程朱一派在《四庫全書》中的《詩經》學地位。

〔註64〕清・永瑢、紀昀等撰：《總目》，《景印文淵閣四庫全書》第三冊，頁1。

（二）重視《詩》教

《四庫全書》的修纂有著乾隆皇帝教化子民的意圖，這一意圖，除了使四庫的館臣對於書籍進行刪改，銷毀不利清廷的文句之外，同時也使得《詩》教受到《四庫全書》的重視。

《四庫全書》對於《詩》教的看法，和漢學派的想法是一致的，以爲《詩》教寄託於《詩序》之中，尤其是以禮說《詩》的想法下而衍生出的「美刺」尤爲《四庫全書》所推崇。《四庫全書總目・禮記大全》：

> 《易》之理麗於象數，《書》之理麗於政事，《詩》之理麗於美刺，《春秋》之理麗於褒貶，《禮》之理麗於節文，皆不可以空言說，而《禮》爲尤甚。〔註65〕

《四庫全書》認爲《詩經》最爲珍貴之處即是其美刺說《詩》，可見其肯定《詩經》美刺的教化觀。

除此，《四庫全書》重視《詩經》的教化功能，也可從其對朱子「淫詩」說的接受得到印證。

朱子廢《詩序》，從文學角度解釋《詩經》，因而認爲《詩經》中的里巷歌謠有許多「男女相與咏歌各言其情」的情歌，但是朱子又無法擺脫禮樂教化的束縛，將這些情詩斥爲「淫奔之詩」、「淫奔期會之詩」。《四庫全書》雖然不贊成朱子之廢《詩序》，但是依然接受朱子對淫詩說的看法。

孔子曾說：「《詩》三百，一言以蔽之，曰：『思無邪。』」一般認爲孔子此言是說「詩人以無邪之思作詩」〔註66〕，但是朱子卻以爲是讀者「以無邪之思讀之」〔註67〕。朱子認爲《詩》中的淫詩正如《春秋》記亂事一樣，皆用以「見當時風俗事實之變，而垂鑒戒於後世」，朱子說：

> 或者又曰：「《詩》三百篇，皆〈雅〉樂也，祭祀朝聘之所用也；〈桑間〉、〈濮上〉之音，〈鄭〉、〈衛〉之樂也，世俗之所用也，〈雅〉、〈鄭〉不同部，其來尚矣。且夫子答顏淵之問，於〈鄭〉聲亟欲放而絕之，豈其刪《詩》乃錄淫奔者之詞，而使之合奏於〈雅〉樂之中乎？亦不然也！」〈雅〉者〈二雅〉是也，〈鄭〉者〈緇衣〉以下二十一篇

〔註65〕清・永瑢、紀昀等撰：《總目》，《景印文淵閣四庫全書》第一冊，頁438。

〔註66〕宋・呂祖謙撰：《呂氏家塾讀詩記・鄘風・桑中》，《景印文淵閣四庫全書》第七十三冊，卷五，頁390。

〔註67〕《朱熹傳》第六冊，卷七十，頁3650～3651。

是也，〈衛〉者〈邶〉、〈鄘〉、〈衛〉三十九篇是也，〈桑間〉，〈衛〉之一篇〈桑中〉之詩是也。〈二南〉、〈雅〉、〈頌〉，祭祀朝聘之所用也，〈鄭〉、〈衛〉、〈桑〉、〈濮〉，里巷俠邪之所歌也。夫子之於〈鄭〉、〈衛〉，蓋深絕其聲於樂以爲法，而嚴立其詞於詩以爲戒。如聖人固不語亂，而《春秋》所記，無非亂臣賊子之事，蓋不如是，無以見當時風俗事變之實，而垂鑒戒於後世，故不得已而存之，所謂道並行而不相悖者也。……曰：「然則《大序》所謂『止乎禮義』、夫子所謂『思無邪』者，又何謂邪？」曰：「《大序》指〈柏舟〉、〈綠衣〉、〈泉水〉、〈竹竿〉之屬而言，以爲多出於此耳，非謂篇篇皆然，而〈桑中〉之類，亦止乎禮義也。夫子之言，正爲有邪正美惡之雜，故特言此以明其皆可以懲惡勸善，而使人得性情之正耳。非以〈桑中〉之類，亦以無邪之思作之也。」〔註68〕

朱子認爲《詩》有邪正美惡之雜，但皆可以懲惡勸善，而使人得性情之正，因此並非所有的詩，都是以無邪之思所作。

《四庫全書總目》也對這樣的說法表示認同：

其論《鄭風》不盡淫詩，而聖人亦兼存淫詩以示戒，論亦持平。而謂鄭聲即鄭詩，力駁鄭樵之說，則殊不然。淫詩可存以示戒，未有以當放之淫聲，被之管弦，可以示戒者也。〔註69〕

《四庫全書》雖然不認同朱子等人所謂的鄭聲即《鄭詩》，也不認同朱子以爲是「淫者自述其狀」，但是卻接受朱子以爲淫詩是用以垂鑒後世君子，要負起教化人民的責任的想法。

在對於淫詩的看法中，一方面可以再次看出《四庫全書》對於朱子《詩經》學觀點的接受，一方面也可明顯體察出《四庫全書》對於《詩經》教化人民的注重，《詩經》中的任何作品在《四庫全書》的編修者看來都應蘊含著教化觀點，因爲編修《四庫全書》正是爲了教化子民，如果這些作品沒有教化的作用，那價值必大大減低，因此在可能的範圍內《四庫全書》的編修者都會盡力以教化的觀點解釋這些經典。

〔註68〕 朱熹：《詩序辨說・鄘風・桑中》卷上，《景印文淵閣四庫全書》第六十九冊（臺北：臺灣商務印書館，1983 年），頁 13～14。

〔註69〕 清・永瑢、紀昀等撰：《詩經箚記一卷》，《總目》，《景印文淵閣四庫全書》第三冊，頁 354。

二、社會文化背景影響下所呈現的《詩經》學觀點

（一）重漢學考據

《四庫全書》既是在考據之風盛行下所編修之叢書，重考據的漢學自然會受到館臣的留意。在凡例裡提及的著錄標準明確提及「今所錄者率以考證精核，辯論明確爲主」，這樣的想法也同樣表現在詩類的著錄之中，因此《四庫全書》的《詩》學觀亦表現出重考據的傾向，而《四庫全書》認爲考據是漢學家所專長的，因此在收錄書籍時，對於漢學派的著作多所青睞。《詩》類小序中明白昭示著這樣的說法：

> 至於鳥獸草木之名，訓詁聲音之學，皆事須考證，非可空談。今所
> 採輯，則尊漢學者居多焉。〔註70〕

《四庫全書》所收著錄中，根據筆者的統計，在詩類六十二部著錄中，大致可劃分爲尊漢、尊宋、漢宋兼采以及三家詩四部分，其中偏向漢學的著作就有二十九本，佔全部著錄的二分之一左右，可見小序所言不虛。

而《四庫全書》在篩選書籍該著錄或只存書目時，「訓詁有據」、「考證精核」往往是其評選的標準。如清錢澄之《田間詩學》「持論頗爲精核，而於名物訓詁，山川地理，言之尤詳。」；清毛奇齡《續詩傳鳥名》「引證賅洽，頗多有據」；明張次仲《待軒詩記》「援引詳明，詞多有據，在近代經解之中，猶爲典實」；清姜炳璋《詩序補義》「恪守先儒，語必有據」；宋嚴粲《詩緝》「考證尤爲精核。宋代說詩之家，與呂祖謙書並稱善本，其餘莫得而鼎立」；明馮應京《六家詩名物疏》「其徵引頗爲賅博，每條之末間附考證」；這些書因爲「訓詁有據」、「考證精核」而被選爲著錄，反之明陳子龍《詩問略》「率以意爲解，不必有據」；明沈守正《詩經說通》「持論多茫無考證」而被列爲存目，可見考證翔實，訓詁有據的書籍爲《四庫全書》所注重，這同時也說明了《四庫全書》是注重漢學考據的。

（二）重視《詩經》的古音韻

清朝的考據學興盛，考據學者皆強調通訓詁以明義理，而訓詁的根本法則應由小學入手，戴震說：

> 經之至者道也，所以明道者其詞也；所以成詞者，未有能外小學文

　　字者也。由文字以通乎語言，由語言以通乎古聖賢之心志；譬之適
　　堂壇之必循其階，而不可以躐等。是故鑿空之弊有二：其一，緣詞
　　生訓也；其一，守訛傳謬也。緣詞生訓者，所釋之意，非其本義。
　　守訛傳謬者，所據之經，併非其本經。〔註71〕

戴震強調唯有從小學，方可「明經達道」。這樣的想法，其實早在清初時，顧
炎武就有類似的想法。顧炎武認為後人疑改古經以就己意，皆由於不通古
音，更不知《詩經》即為古韻譜。而以致後來鋟版愈精，而其說愈鑿，皆由
此起〔註72〕。因此顧炎武說：

　　詩三百五篇，上自〈商頌〉，下逮陳靈以十五國之遠，千數百年之久，
　　而其音未嘗有異。帝舜之歌，皋陶之賡，箕子之陳，文王、周公之
　　繫無弗同者。故三百五篇，古人之音書也。〔註73〕

其所著《音學五書》，以為「知音之據」，奠定了清代古音學的基礎。其後江
永繼之，作《古韻標準》，條例更加精密，區分韻部，取證以《詩經》用韻為
主。這些關於《詩經》古音韻的著作都受到《四庫全書》纂修者的重視，因
而加以著錄。

　　由於乾嘉學者對於小學的重視，因而《四庫全書》將小學列入經部的最
後一個子目，認為小學的內容應該由訓詁、字書、韻書構成，同時特別注意
經典中的小學內容，尤其是《詩經》。乾嘉學者認為可以從《詩經》中整理歸
納出中國的古音韻，因此花了很多心力整理《詩經》的音韻，在《四庫全書》
中也可以看到這些受乾嘉學術影響的編修者對於《詩經》古音韻的重視，如
陳第的《毛詩古音考四卷》是《四庫全書》中難得受到讚揚的明代《詩經》
學著作〔註74〕。乾嘉學派重視「以經證經」考證方法，所以《詩經》的古音

〔註71〕清・戴震撰、余國慶點校：《東原文集・古經解鉤沈序》（合肥：黃山書社，
　　　　1995年10月），頁378。
〔註72〕清・顧炎武撰：《顧亭林詩文集・答李子德書》（臺北：世界書局，1988年），
　　　　頁69～73。
〔註73〕清・顧炎武撰：《顧亭林詩文集・音學五書序》，頁25。
〔註74〕《四庫全書總目》對於《毛詩古音考四卷》的提要：（福建巡撫採進本）明陳
　　　　第撰。第有《伏羲圖贊》，已著錄。言古韻者自吳棫；然《韻補》一書，厖雜
　　　　割裂，謬種流傳，古韻乃以益亂。國朝顧炎武作《詩本音》，江永作《古韻標
　　　　準》，以經證經，始廓清妄論。而開除先路，則此書實為首功。大旨以為：古
　　　　人之音原與今異，凡今所稱韻，皆即古人之本音，非隨意改讀，輾轉牽就。
　　　　如母必讀米，馬必讀姥，京必讀疆，福必讀偪之類，歷考諸篇，悉截然不紊。
　　　　又《左》、《國》、《易象》、《離騷》、《楚詞》、秦碑、漢賦，以至上古謠、箴銘、

韻考證理當受到重視。但是這些《詩經》學著作，只是以《詩經》爲材料，研究的是小學的學問，研究者的研究目的是以《詩經》推尋出上古的音韻，並非單純的作《詩經》研究，但是這樣的研究卻無意間也讓《詩經》中的許多音韻問題在有意無意間獲得解決。

（三）保留三家《詩》學觀點

漢代傳《詩》者有齊、魯、韓、毛四家，齊、魯、韓三家爲今文經，毛爲古文經。今文經三家自漢初即立於學官，終漢之世，皆爲《詩》之官學，而《毛傳》只在平帝元始中曾短暫列爲官學，因此漢代時三家《詩》較《毛傳》興盛。但自東漢末年鄭玄以經學宗師身分，總結鄭眾、賈逵、馬融等古文學經師的研究成果，並吸收魯、齊、韓三家之說，作《毛詩箋》而大行，自漢至唐，學者說《詩》，皆宗毛鄭，三家《詩》遂逐漸沒落，以致於亡佚。

惠棟於諸經，熟洽貫串，認爲訓詁、古字、古音，非經師不能辨。惠棟說：

> 漢人通經有家法，故有五經師。訓詁之學，皆師所口授，其後乃著竹帛。所以漢經師之說，立於學官，與經並行。五經出於屋壁，多古字古言，非經師不能辨。經之義存乎訓，識字審音，乃知其義。
>
> 是故古訓不可改也，經師不可廢也。〔註75〕

這說明治經和訓詁是分不開的，尤其是漢代經師所作的經說，自有其正確性。戴震亦認爲惠氏的此一治經理念是：「欲學者事於漢經師之訓故，以博稽三古

頌贊，往往多與《詩》合，可以互證。於是排比經文，參以群籍，定爲本證、旁證二條。本證者，《詩》自相證，以探古音之源；旁證者，他經所載以及秦漢以下去《風》、《雅》未遠者，以竟古音之委。鉤稽參驗，本末秩然，其用力可謂篤至。雖其中如素音爲蘇之類，不知古無四聲，不必又分平仄；家又音歌，華又音和之類，不知爲漢魏以下之轉韻，不可以通三百篇，皆爲未密。然所列四百四十四字，言必有徵，典必探本，視他家執今韻部分、妄以通轉古音者，相去蓋萬萬矣。初，第作此書，自焦竑以外，無人能通其說；故刊版旋佚。此本及《屈宋古音義》，皆建寧徐時作購得舊刻，復爲刊傳。雖卷帙無多，然欲求古韻之津梁。舍是無由也。認爲此書有「廓清妄論，開除先路之功」。另外關於《四庫全書》對於明代《詩經》學的評價，可參看楊晉龍：〈論《四庫全書總目》對明代詩經學的評價〉，《第四屆詩經國際學術研討會論文集》，頁 457～485。

〔註75〕惠棟：《九經古義‧序首》（臺北：臺灣商務印書館，1965 年 12 月），《叢書集成簡編》，頁 1。

典章制度，由是推求理義，確有據依。」〔註 76〕乾嘉時代的學者治經的理念是：欲研究儒家經典，必須先從漢人的經說開始，漢人經說若有亡佚，則竭力補缺輯佚，因此極爲重視輯佚漢人經說。

關於三家《詩》的輯佚工作始於宋代的王應麟，王應麟受朱子引三家《詩》駁斥《毛傳》、《詩序》之影響，因而興起輯佚三家《詩》的想法，其《詩考・自序》：

> 諸儒説《詩》，壹以毛、鄭爲宗，未有參考三家者。獨朱文公《集傳》，閎意眇指，卓然千載以上。言〈關雎〉，則取匡衡；〈柏舟〉，婦人之詩，則取劉向；笙詩，有聲無辭，則取《儀禮》；「上天甚神」，則取《戰國策》；「何以恤我」，則取《左氏傳》；〈抑戒〉，自儆，〈昊天有成命〉，道成王之德，則取《國語》；「陟降庭止」，則取《漢書注》；〈賓之初筵〉，飲酒悔過，則取《韓詩序》；「不可休思」、「是用不就」、「彼岨者岐」，皆以《韓詩》；「禹敷下土方」，又證諸《楚辭》。一洗末師專己守殘之陋，學者諷咏涵濡而自得之趎如也。文公語門人，《文選注》多《韓詩章句》，嘗欲寫出，應麟竊觀傳記所述，三家緒言尚多有之，罔羅遺軼，傅以《説文》、《爾雅》諸書，粹爲一編，以扶微學、廣異義，亦文公之意云爾，讀《集傳》者或有考於斯。〔註77〕

從這段話可以清楚的看出王應麟輯佚三家《詩》應是受到朱子的啓發，所以王應麟的三家《詩》學可以說是朱子《詩》學的延續。清初以朱子之說爲科考標準，因而注意王應麟的著作也是自然之事。

再者，清人講學非常重視漢學，理由之一即是「去古未遠，所言猶不甚失眞」，在節節復古的情況下，必然從推尊東漢的古文之學，轉而注意西漢今文經學，因爲「家家許、鄭，人人賈、馬」的古文經並不足以盡漢學，因此三家《詩》遺說開始爲清代學者所重視。

此外，前已論及，因乾隆皇帝推崇董仲舒，影響了今文經學的復甦，而隨後的莊存與更是大張今文經旗幟，加上社會經濟、學術思潮等各項條件的配合，使得沈寂千年的今文經復興，今文經的復興除了《春秋》學之外，對

〔註76〕清・戴震撰、胡錦賢點校：《戴氏雜錄・題惠定宇先生授經圖》（合肥：黃山書社，1995 年 10 月，《戴震全書》本），頁 505。

〔註77〕宋・王應麟：《詩考》，《景印文淵閣四庫全書》第七十五冊（臺北：臺灣商務印書館，1983 年），頁 598。

於《詩經》的研究也慢慢開始重視屬於今文經的三家《詩》，因而《四庫全書》中也收錄了三家《詩》的輯軼之書如王應麟《詩考》、馮應京《六家詩名物疏》、范家相《三家詩拾遺》等都是三家《詩》輯佚的重要代表作。《四庫全書》收錄這些作品對於三家《詩》的保存有相當大的貢獻。此外也說明了《四庫全書》的《詩》學觀點中保留了今文經學者的觀點。

第四章 《四庫全書總目》經部詩類的《詩經》學觀點

　　《四庫全書》除了蒐羅前代論著外，進而董理脈絡，歸納得失，這是《四庫全書》重要的貢獻之一，而《四庫全書總目》便是其中具體的成果。近代學者亦常以《四庫全書總目》的評價爲評論各書的依據，可見《四庫全書總目》評價的重要，本章擬分析《四庫全書總目》經部詩類對諸著錄、存目的評價。在細看經部詩類各書提要前，先分析經部總序，從中先確立《四庫全書總目》的基本經學態度，因爲《詩經》既爲經部之作品，必然也符合《四庫全書總目》對經學的觀點。

第一節 《四庫全書總目》對歷代經學的評價

　　《四庫全書總目》經部總序概括各代經注得失，作爲後人對歷代經學作品的基本認識，其言曰：

> 經稟聖裁，垂型萬世。刪定之旨，如日中天，無所容其贊述。所論次者，詁經之說而已。自漢京以後，垂二千年，儒者沿波，學凡六變：其初專門授受，遞稟師承，非惟詁訓相傳，莫敢同異，即篇章字句，亦恪守所聞，其學篤實謹嚴，及其弊也拘。王弼、王肅稍持異議，流風所扇，或信或疑，越孔、賈、啖、趙以及北宋孫復、劉敞等，各自論說，不相統攝，及其弊也雜。洛、閩繼起，道學大昌，擺落漢、唐，獨研義理，凡經師舊說，俱排斥以爲不足信，其學務別是非，及其弊也悍。（如王柏、吳澄攻駁經文，動輒刪改之類。）

學脈旁分，攀緣日眾，驅除異己，務定一尊，自宋末以逮明初，其學見異不遷，及其弊也黨。（如《論語集註》誤引包咸「夏瑚商璉」之説，張存中《四書通證》即闕此一條以諱其誤。又如王柏刪《國風》三十二篇，許謙疑之，吳師道反以爲非之類。）主持太過，勢有所偏，材辨聰明，激而橫決，自明正德、嘉靖以後，其學各抒心得，及其弊也肆。（如王守仁之末派皆以狂禪解經之類。）空談臆斷，考證必疏，於是博雅之儒，引古義以抵其隙，國初諸家，其學徵實不誣，及其弊也瑣。（如一字音訓動辨數百言之類。）要其歸宿，則不過漢學、宋學兩家，互爲勝負。夫漢學具有根柢，講學者以淺陋輕之，不足服漢儒也。宋學具有精微，讀書者以空疏薄之，亦不足服宋儒也。消融門户之見，而各取所長，則私心祛而公理出，公理出而經義明矣。蓋經者非他，即天下之公理而已。今參稽眾説，務取持平，各明去取之故，分爲十類：曰「易」，曰「書」，曰「詩」，曰「禮」，曰「春秋」，曰「孝經」，曰「五經總義」，曰「四書」，曰「樂」，曰「小學」。〔註1〕

經部總序認爲從漢代以後，學術的流變可分爲六次，館臣依著時代的先後，剖析六變的特色、得失，進而歸納出漢學、宋學的差異，以下就其六變分述經部總序之經學觀點。

一、經說流變情形

（一）兩漢——篤實嚴謹，其弊也拘

對於兩漢經學，《四庫全書總目》特別針對兩漢經學傳承的方式加以剖析，關注「專門授受，遞稟師承」的經傳制度。西漢武帝設立五經博士官，是由漢代當時研究先秦儒家經典的學者中找出學而有成受各界肯定者，將之設爲官學，並受俸祿及招收學生。然而先秦典籍眾多，因學而有成而設爲學官者亦眾，同一經典亦不只一位博士官，彼此間不只不成一派，甚且互相輕視及攻擊，因而形成漢代經學注重師法、家法，師法不同，家法有別。而在繼承師法，專守一經的情況下，經說是學有所承，字句篇章也是有其依據。學術經由博士授受，形成專門之學，自是外人難以涉入其中，只是專執拘滯，

〔註1〕清・永瑢、紀昀等撰：《總目》，《景印文淵閣四庫全書》第一冊，卷一，頁53。

缺乏會通，也是自然而然的結果，因此《四庫全書總目》稱其弊也「拘」。

劉歆在〈移讓太常博士書〉信中批評漢代今文學家的疏失時就曾說：

> 往者綴學之士不思廢絕之闕，苟因陋就寡，分文析字，煩言碎辭，
> 學者罷老且不能就其一藝。信口說而背傳記，是末師而非往古，至
> 於國家將有大事，若立辟雍封禪巡狩之儀，則幽冥而莫知其原。猶
> 欲保殘守缺，挾恐見破之私意，而無從善服義之公心，或懷妒嫉，
> 不考情實，雷同相從，隨聲是非，抑此三學，以《尚書》為備，謂
> 《左氏》為不傳《春秋》，豈不哀哉。〔註2〕

劉歆的批評不可否認有著今古文的意氣之爭，但也指出了漢代今文學墨守家
法「雷同相從，隨聲是非」的缺失，這也是《四庫全書總目》所說的「非惟
詁訓相傳，莫敢同異，即篇章字句，亦恪守所聞」，因此「篤實謹嚴，其弊也
拘」就成了《四庫全書總目》對漢代經學的主要觀點。

此外，《四庫全書總目》針對師法家法立說，乃是著重今文經學的傳承，
因此歷來所探討的《四庫全書總目》所提出的漢學、宋學之分，漢學除了東
漢的古文學外，應也包含著今文學，這也是值得注意之處。

（二）魏晉至北宋——不相統攝，其弊也雜

魏晉以降，原來博士專守之學已逐漸失去原有的權威，無法牢籠人心，
其中的原因包括東漢以來古文經的流傳，以及經師兼通諸經的風氣都說明師
法相承的典範已經逐漸崩解，民間經師傳授風氣既已形成，經學也轉而成為
獨自研求，各抒己見，不再受制於傳統經說的制約。《四庫全書總目》特別舉
出王弼、王肅解《詩》的態度，從中窺探學風的轉變，並說明其中各自論說，
不相統攝的傾向的發展過程：

> 魏王肅作《毛詩註》、《毛詩義駁》、《毛詩奏事》、《毛詩問難》諸書，
> 以申毛難鄭。歐陽修引其釋《衛風‧擊鼓》五章，謂鄭不如王（見
> 《詩本義》）。王基又作《毛詩駁》以申鄭難王，王應麟引其駁《芣
> 苢》一條，謂王不及鄭（見《困學紀聞》，亦載《經典釋文》）。晉孫
> 毓作《毛詩異同評》，復申王說。陳統作《難孫氏毛詩評》，又明鄭
> 義（並見《經典釋文》）。〔註3〕

〔註2〕 東漢‧班固等撰：《漢書》，《景印文淵閣四庫全書》第二五〇冊，頁89。
〔註3〕 清‧永瑢、紀昀等撰：《總目‧毛詩正義四十卷》，《景印文淵閣四庫全書》第
　　　　一冊，卷十五，頁323。

《毛詩正義》這一段提要可以清楚的看出「稍持異論」、「各自論說」的情形，經說至此不再是要求師承、講究家法的事業，而是強調各抒己見、獨立研經的結果。甚至擺脫傳注也是所在多有，《四庫全書總目》舉出啖助、趙匡、孫復、劉敞等人就有如此傾向：

> 蓋北宋以來，出新意解《春秋》者，自孫復與敞始。復啖、趙之餘波，幾於盡廢三傳。〔註4〕

雖然是針對《春秋》一經而發，卻也可以窺見當時各出己見，新意盡出，在缺乏統攝的情況下，確實經解紛雜，莫衷一是。《四庫全書總目》說明此一時期的經說情形特別著重於對比漢儒治經，進而提供宋儒經解來源的說明，凸顯魏晉時期既繼承漢儒經說，也開宋儒先河，強調其承先啟後的地位。

（三）宋代──務別是非，其弊也悍

宋代除了繼承魏晉以降各抒己意的學風，更進一步排斥舊說，不信前儒之言，《四庫全書總目》稱其「凡經師舊說，俱排斥以為不足信」，只是發展到了極致卻變為以經就己、疑傳改經的情形也就產生。《四庫全書總目》以王柏、吳澄為例證，說明理有所偏的情形。王柏作《書疑》、《詩疑》，不僅質疑古注，更補綴經文，改動《詩經》三十餘篇；至元吳澄《易纂言》、《書纂言》、《禮記纂言》等，也是在解經之餘，顛倒錯簡，改拼舊文，一切以意為之。不僅考辨不足，流於隨意刪削改動，甚至本末倒置，使舊說蕩然無存，經文也失去原本的模樣。《四庫全書總目》對於這樣的改變語多批評：

> 考先儒學問，大抵淳實謹嚴，不敢放言高論，宋人學不逮古，而欲以識勝之，遂各以新意說詩。其間別抉疏通，亦未嘗無所闡發；而末流所極，至於王柏《詩疑》乃併舉《二南》而刪改之。儒者不肯信傳，其弊至於誣經，其究乃至於非聖，所由來者漸矣。〔註5〕

以己意說經發展至末流，由於過度的自信、過度的懷疑，甚至非傳誣經，造成學說太過武斷，這就是《四庫全書總目》所謂的「其弊也悍」。而造成這樣的缺失乃是因為不講究讀書，其言曰：

> 宋代諸儒，惟朱子窮究典籍，其餘研求經義者，大抵斷之以理，不

〔註4〕清・永瑢、紀昀等撰：《總目・春秋傳十五卷》，《景印文淵閣四庫全書》第一冊，頁538。

〔註5〕清・永瑢、紀昀等撰：《總目・詩補傳三十卷》，《景印文淵閣四庫全書》第一冊，頁328。

甚觀書。〔註6〕

不依傍前儒，又不甚觀書，缺乏客觀的依據，因此造成宋儒妄言高論的現象。《四庫全書總目》雖然批評宋代理學末流的諸多弊端，但是對於朱子卻還是予以肯定，在不認同理學末流的學風同時，也同時維護朝廷尊奉程朱的立場。

（四）元明之際——見異不遷，其弊也黨

元明繼承宋學，但研經態度卻有所不同。從眾家異解中，逐漸要求明辨門戶，南宋以降的專執態度，已經從「務別是非」轉變為「驅除異己」，雖然不同於漢世博士制度，但強調學派傳承的權威，卻是相同的，因此《四庫全書總目》云：「學脈旁分，攀緣日眾，驅除異己，務定一尊」。《四庫全書總目》舉張存中、吳師道為例：

> 如《論語集註》誤引包咸「夏瑚商璉」之說，張存中《四書通證》
> 即闕此一條以諱其誤。又如王柏刪《國風》三十二篇，許謙疑之，
> 吳師道反以為非之類。〔註7〕

《論語・公冶長》中孔子評論子貢是「瑚璉也」，朱子《論語集註》據《集解》所引包咸說法，注曰「夏曰瑚商曰璉」〔註8〕，但《禮記・明堂位》云：「有虞氏之兩敦，夏后氏之四連，殷之六瑚，周之八簋」〔註9〕，所以《四庫全書總目》認為包咸注解有誤，朱子承之不察，但張存中卻曲諱其誤，有意闕漏，以失持平說解的本分。另外。王柏刪《詩》，許謙則持異議，但吳師道作〈詩集傳名物鈔序〉時，反而黨附王柏的見解，認為：「如王先生之言，使淫邪三十五篇悉從屏觸之例，豈非千古一快，朱子復生，必以為然也。」〔註10〕《四庫全書總目》認為這是因為門戶之見，而非持平之論：

> 至柏所刪《國風》三十二篇，謙疑而未敢遽信，正足見其是非之公。

〔註6〕　清・永瑢、紀昀等撰：《總目・經稗六卷》，《景印文淵閣四庫全書》第一冊，
　　　　頁 680。

〔註7〕　清・永瑢、紀昀等撰：《總目・經部總敘》，《景印文淵閣四庫全書》第一冊，
　　　　頁 53。

〔註8〕　宋・朱熹撰：《大學章句一卷論語集註十卷孟子集註七卷中庸章句一卷》，《景
　　　　印文淵閣四庫全書》第一九七冊，頁 28。

〔註9〕　漢・鄭玄注，唐・孔穎達疏：《禮記注疏》，卷三十一〈明堂位〉，《景印文淵
　　　　閣四庫全書》第一一六冊（臺北：臺灣商務印書館，1983 年），頁 13。

〔註10〕　元・許謙撰：《詩集傳名物鈔》，卷首吳師道〈序〉，《景印文淵閣四庫全書》
　　　　第七十六冊（臺北：臺灣商務印書館，1983 年），頁 3。

> 吳師道作是書序，乃反謂已放之鄭聲，何爲尚存而不削，於謙深致
> 不滿，是則以不狂爲狂，非謙之失矣。〔註11〕

許謙、吳師道兩人研經態度不同，所以各有所取，但無可諱言，兩者都是朱子一派，只是程度稍有差異，至此學風轉向，學者再度強調學派，講究淵源，也就是所謂的「其弊也黨」。不過《四庫全書總目》一方面批評其缺失，但對於其中篤守的態度，卻相當讚許，或許這是因爲和兩漢學風有相近之處，所以就特意表彰。如評論元梁寅《詩演義》云：「元儒之學，主於篤實，猶勝虛談高論、橫生臆解者也。」〔註12〕明朱善《詩解頤》：「元儒篤實之風，明初猶有存焉」〔註13〕，可見《四庫全書總目》一方面批評元明依附宋學之弊，另一方面也承認元代學風篤實，實有可取，這中間的矛盾正是《四庫全書總目》重視學術淵源的表現。雖然元代的經學依附宋學未能有進一步的發展，然而篤守師說、前有所承的質樸學風卻爲《四庫全書總目》所讚賞，由此可見《四庫全書總目》對於空談的鄙棄，及對於學術傳承的重視。

（五）明末──各抒心得，其弊也肆

《四庫全書總目》認爲明正德、嘉靖以後，學風又有不同，主要是因爲專執定解，難服人心，所謂「主持太過，勢有所偏，材辨聰明，激而橫決」，主要是指陽明一派擺脫程、朱窠臼，倡言良知之學，從理學轉成心學，強調吾性自足，無須外求，直指本心，因此擺脫經典，經學的不昌明，也是理之必然。《四庫全書總目》對這樣的轉變，深致批評：

> 明自萬曆以後，經學彌荒。篤實者局於文句，無所發明；高明者騖
> 於元虛，流爲恣肆。〔註14〕

主要便是因爲王學末流，爲求有所超越，不僅氣絕事物形器，必且引入禪學，歸於玄虛，於是經旨隱晦不明，與聖道漸行漸遠。《四庫全書總目》認爲這種玄虛、恣肆的學風，讓經學傳統蕩然無存，甚至原本理學法度也消失

〔註11〕清・永瑢、紀昀等撰：《總目・詩集傳名物鈔》，《景印文淵閣四庫全書》第一冊，頁 338。

〔註12〕清・永瑢、紀昀等撰：《總目・詩演義》，《景印文淵閣四庫全書》第一冊，頁 342。

〔註13〕清・永瑢、紀昀等撰：《總目・詩解頤》，《景印文淵閣四庫全書》第一冊，頁 342。

〔註14〕清・永瑢、紀昀等撰：《總目・易義古象通》，《景印文淵閣四庫全書》第一冊，頁 122。

殆盡：

> 蓋時方趨向良知，以爲聖人祕鑰，儒者日就元虛，實所學獨篤實不
> 支，故其言如此。全書大旨不外於斯，雖步步趨趨，尚未爲沈酣經
> 窟。然馬、鄭、孔、賈之學，至明殆絕，研思古義者，二百七十年
> 內，稀若晨星，迨其中葉，狂禪瀾倒，異說飆騰，乃併宋儒義理之
> 學亦失其本旨。〔註15〕

陽明心學擺脫經典，因此以經注角度來看自然是空疏無本，所以招致《四庫
全書總目》的批判，當然由於時代的紛爭，或多或少也造成《四庫全書總目》
對於明代學術的否定，楊晉龍先生對於《四庫全書總目》對明代經學評價的
不當之處，曾爲文探討，楊晉龍認爲：

> 《總目》動輒「明人」如何如何，事實上這些現象可能是任何世代
> 都會出現的現象；更可能是特殊的個別現象，《總目》卻以偏蓋全，
> 不管青紅皂白的全歸給明人，好像只有明人才會出現這些不良的現
> 象。〔註16〕

楊晉龍先生認爲這是《總目》的成見。楊晉龍先生的說法有其可信性，但是
《總目》是欽定欲以教化子民之書，批評前代之非，以正自己之地位，是情
理之常，因此《總目》有這樣的事實呈現也是無可厚非的。

（六）清初——徵實不誣，其弊也瑣

　　《四庫全書總目》認爲清初學風徵實，一反明末心學風氣，遍考群經之
餘，不僅檢討宋元以來心性之學的得失，也重新確立經由經典尋求聖人之道
的途徑，所謂「空談臆斷，考證必疏，於是博雅之儒，引古義以抵其隙」，就
是說清初諸儒開啓的批判思潮，是以考據徵實的方式來寄託對於前代研經態
度的反省，《四庫全書總目》在評述鄭方坤《經稗》時就申述此見：

> 國朝顧炎武、閻若璩諸人，其尤著者也。夫窮經之要，在於講明大
> 義，得立教之精意，原不以搜求奇祕爲長。然有時名物訓詁之不明，
> 事迹時地之不考，遂有憑臆空談，乖聖人之本旨者。諸人於漢學放
> 失之餘，捃摭而存一線，亦未始非「餼羊」之遺也。顧諸家無談經

〔註15〕清・永瑢、紀昀等撰：《總目・簡端錄十二卷》，《景印文淵閣四庫全書》第一
　　　　冊，卷三十三，五經總義類，頁671。
〔註16〕楊晉龍：〈論《四庫全書總目》對明代詩經學的評價〉，《第四屆詩經國際學術
　　　　研討會論文集》，頁457～485。

之專書，篇帙紛繁，頗難尋檢。〔註17〕

認爲清初諸儒就抱持承弊起廢、由虛反實的心態，重新補綴經義之闕，甚至爭較一字一音，網羅古今軼文，固然字字有據，使原本隱晦的經義得以彰顯，但也容易流於繁瑣，爲求超越別人，以引據爭勝，往往大量羅列例證，造成《四庫全書總目》所說的「一字音訓，動辨數百言之類」。

二、《四庫全書總目》經部總序的內涵

（一）一脈相承的經學傳統

《四庫全書總目》以六變統合歷代學術，更進一步歸納漢學和宋學的差異，提示經學的兩種主要傾向。就時代而言，兩漢、魏晉至五代及清初可算是漢學流佈的領域，而宋代、元代以及明代則是宋學興盛的時期。《四庫全書總目》針對學派的傳承，特別是轉變的關鍵，更是多所著力，包括各階段的特色，由篤實嚴謹到各自論說、從務別是非到見異不遷、從各抒心得到徵實不誣，其中可以看到各抒己見和篤守傳統兩種研經態度的交替更迭，每個過程都有其前因，也都產生流弊，而其中又隱藏後續的發展，如此複雜的交遞過程，《四庫全書總目》卻把握「一脈相承的經學傳統」此一原則，認爲後代的經學流變多是對前代學術的一種反動，據此釐出研經態度的差異。強調淵源、脈絡的重要性是《四庫全書總目》一貫的特色，如論述王宗傳《童溪易傳》時也論及其學說脈絡：

> 蓋弼《易》祖尚元虛以闡發義理，漢學至是而始變。宋儒掃除古法，實從是萌芽。然胡、程祖其義理，而歸諸人事，故似淺近而醇實；宗傳及簡祖其元虛，而索諸性天，故似高深而幻眇。……宗傳及簡則各有成編，顯闡別徑耳。《春秋》之書事，《檀弓》之說禮，必謹其變之所始。錄存是編，俾學者知明萬歷以後，動以心學說《易》，流別於此二人。〔註18〕

《四庫全書總目》認爲明代以心學說《易》，其實可以追溯楊簡與王宗傳的《易傳》，而宋儒《易》學則是源於王弼的主張，於是在複雜多樣的經解中，既有承前，也有啓後。最重要是其中轉變的契機，可以提供檢視評論的基準。從

〔註17〕 清・永瑢、紀昀等撰：《總目・經稗六卷》，《景印文淵閣四庫全書》第一冊，經部三十三，五經總義類，頁679。

〔註18〕 清・永瑢、紀昀等撰：《總目・童溪易傳》，《景印文淵閣四庫全書》第一冊，卷三，頁87。

魏晉以至宋代，延伸到明末的各抒心得，其實都有擺脫傳統，各抒己見的特質。這樣的脈絡不只在《易》學，各經皆然，因此《四庫全書總目》認為經學傳統乃是一脈相傳的。

（二）提出漢、宋之分的判準

《四庫全書總目》提出了漢學、宋學的概念用以歸納經學史的發展，然而何謂漢學？何謂宋學？《四庫全書總目》對此亦有自己的判準：

> 夫漢學具有根柢，講學者以淺陋輕之，不足服漢儒也。宋學具有精
> 微，讀書者以空疏薄之，亦不足服宋儒也。〔註19〕

漢學重根柢，宋儒強調精微，大抵而言，由於不同的傳經制度，造成不同的學風取向，讀書和講學的立場也就截然二分，而門戶之爭成為經學發展中的重要課題，同時衍生的問題包含研經的取向，甚至治經的方法。因此《四庫全書總目》所劃分之六變與漢宋學之分依此判準，可以大致認為：兩漢、魏晉至五代及清初可算是漢學流佈的領域，而宋代、元代以及明代則是宋學興盛的時期。

而《四庫全書總目》也每每以此一漢宋之分的判準作為評析、調和各著錄存目的評述基礎，如評述朱子的《四書章句集註》時，曰：

> 蓋考證之學，宋儒不及漢儒；義理之學，漢儒亦不及宋儒。言豈一
> 端，要各有當。〔註20〕

朱子的《四書章句集註》是朱子一生學力所在，但是後人卻各執一端，《四庫全書總目》以漢學、宋學差異說明其中的特質，進而採取持平之見，闡述立論標準。相同的見解，也在《石鼓論語問答》一書的提要中體現：

> 然訓詁，義理，說經者向別兩家，各有所長，未可偏廢。〔註21〕

訓詁為漢學根柢，義理乃宋學精髓，兩者各有擅長，也各有所偏，為求周全，必然兼顧兩者。只是歷來說經之家，執於門戶，解經流於意氣之爭，《四庫全書總目》對此深為感慨，認為這樣的門戶之爭，並非依於公理，而是出於意氣之爭：

〔註19〕清・永瑢、紀昀等撰：《總目》經部總序，《景印文淵閣四庫全書》第一冊，頁53。

〔註20〕清・永瑢、紀昀等撰：《總目・大學章句一卷論語集註十卷　孟子集註七卷中庸章句一卷》，《景印文淵閣四庫全書》第一冊，頁716。

〔註21〕清・永瑢、紀昀等撰：《總目・石鼓論語問答》，《景印文淵閣四庫全書》第一冊，頁719。

> 然攻漢學者，意不盡在於經義，務勝漢儒而已；伸漢學者，意亦不
> 盡在於經義，憤宋儒之詆漢儒而已。各挾一不相下之心，而又濟以
> 不平之氣，激而過當，亦其勢然歟？〔註22〕

所以《四庫全書總目》採取調和的立場，希望能「消融門戶之見，而各取所
長，則私心袪而公理出，公理出而經義明矣」。

第二節　《四庫全書總目》的《詩經》學觀點

　　從《四庫全書總目》經部總序可以看出《四庫全書總目》對於一脈相承
經學傳統，以及漢宋學之分的重視。這樣的學術關心焦點應該同時展現於經
部詩類中，因此本文探討《四庫全書總目》的《詩經》學觀點時，也將從此
兩方面進行討論，特別是針對漢宋學之間的爭議，如：《詩序》問題以及《詩
經》的文本性質等爭議焦點進行探討，以《四庫全書總目》中各書提要為佐
證，彰明《四庫全書總目》的《詩經》學觀點。

一、推崇《詩序》

　　《詩序》的爭議是《四庫全書總目》作者所關心的問題之一，在《詩序》
提要中便詳列關於《詩序》的爭議，並承認其為「說經之家第一爭詬之端」
〔註23〕，而學者所爭論的大抵為《詩序》的作者為誰及其尊廢問題。這兩個
問題實際上也是同一個問題，如果《詩序》為聖人所傳，釋《詩》一定要依
《序》解《詩》，才能得《詩》之大旨；如果《詩序》非聖人所傳，那麼就可
以去《序》言《詩》。因此，此一問題關係到對《詩》義闡微的準確性，當然
也為《四庫全書總目》作者所重視。

　　《四庫全書總目》認為關於《詩序》的作者從唐代成伯璵開始有了異議，
在《毛詩指說》提要：

> 定《詩序》首句為子夏所傳，其下為毛萇所續，實伯璵此書發其端，
> 則決別疑似，於說詩亦深有功矣。〔註24〕

〔註22〕清・永瑢、紀昀等撰：《總目》詩類小序，《景印文淵閣四庫全書》第一冊，
頁320。

〔註23〕清・永瑢、紀昀等撰：《總目》，《景印文淵閣四庫全書》第一冊，卷十五，頁
321。

〔註24〕清・永瑢、紀昀等撰：《總目》，《景印文淵閣四庫全書》第一冊，卷十五，頁
325。

成伯璵雖然對《詩序》的作者有些許的質疑，但是大抵還是認爲首句爲聖人所傳。而第一個眞正動手刪改《詩序》者，《四庫全書總目》以爲是歐陽脩：

> 自唐以來，説《詩》者莫敢議毛、鄭，雖老師宿儒亦謹守《小序》。
> 至宋而新義日增，舊説幾廢，推原所始，實發於脩。〔註25〕

自歐陽脩而後，有更多學者陸續對《詩序》的作者有所討論。《四庫全書總目》對此有一段詳細的說明：

> 以爲《大序》子夏作，《小序》子夏、毛公合作者，鄭元《詩譜》也。
> 以爲子夏所序詩，即今《毛詩》序者，王肅《家語注》也。以爲衛宏受學謝曼卿，作《詩序》者，《後漢書・儒林傳》也。以爲子夏所創，毛公及衛宏又加潤益者，《隋書・經籍志》也。以爲子夏不序詩者，韓愈也。以爲子夏惟裁初句，以下出於毛公者，成伯璵也。以爲詩人所自製者，王安石也。以《小序》爲國史之舊文，以《大序》爲孔子作者，明道程子也。以首句即爲孔子所題者，王得臣也。以爲《毛傳》初行，尚未有序，其後門人互相傳授，各記其師説者，曹粹中也。以爲村野妄人所作，昌言排擊而不顧者，則倡之者鄭樵、王質，和之者朱子也。〔註26〕

《四庫全書總目》除了詳列關於《詩序》作者的各種說法，又不厭其煩臚列各家對《詩序》源流的看法：

> 考鄭元之釋《南陔》，曰子夏序詩篇義各編，遭戰國至秦而《南陔》六詩亡。毛公作傳，各引其序冠之篇首，故詩雖亡而義猶在也。程大昌《考古編》，亦曰今六序兩語之下，明言有義無辭，知其爲秦火之後，見序而不見詩者所爲。朱鶴齡《毛詩通義序》，又舉《宛丘》篇序首句與《毛傳》異辭，其說皆足爲《小序》首句原在毛前之明證。邱光庭《兼明書》舉《鄭風・出其東門》篇，謂《毛傳》與序不符。曹粹中《放齋詩説》亦舉《召南・羔羊》、《曹風・鳲鳩》、《衛風・君子偕老》三篇，謂傳意、序意不相應，序若出於毛，安得自相違戾？其說尤足爲續申之語出於毛後之明證。〔註27〕

〔註25〕 清・永瑢、紀昀等撰：《總目》，《景印文淵閣四庫全書》第一冊，卷十五，頁326。

〔註26〕 清・永瑢、紀昀等撰：《總目》，《景印文淵閣四庫全書》第一冊，卷十五，頁321。

〔註27〕 清・永瑢、紀昀等撰：《總目》，《景印文淵閣四庫全書》第一冊，卷十五，頁

並且從這樣的討論得出「其說皆足爲《小序》首句原在毛前之明證」、「其說尤足爲續申之語出於毛後之明證」，定出「序首二句爲毛萇以前經師所傳；以下續申之詞，爲毛萇以下弟子所附」的說法。《四庫全書總目》將《詩序》劃分爲兩部分，肯定了《詩序》首兩句是以前經師所作，這代表著《四庫全書總目》認爲《詩序》首二句大抵是可信的，至於續申之語是可以不必盡信的。但是毛萇以前的經師爲誰？《四庫全書總目》並未作正面的回答。而毛萇以下弟子又爲何？陳子展認爲是衛宏。

事實上，陳子展對《四庫全書總目》對《詩序》作者的看法，持著不以爲然的態度，陳子展說：

> 至若《四庫全書提要》所云：「序首二句爲毛萇以前經師所傳；以下續申之詞，爲毛萇以下弟子所附。」對此「說經之家第一爭詬之端」，以調停之態，爲解紛之詞，雖似圓通，亦有未妥。〔註28〕

陳子展認爲《四庫全書總目》此說主要是爲調停各家的說法〔註29〕，所以雖然看似圓通，其實並不正確。其未妥之處乃是因爲陳子展以爲《四庫全書總目》認爲《詩序》首二句以後爲衛宏所作：

> 其不言毛亨而言毛萇者，實欲隱該衛宏於自毛萇以下弟子之中，則有袒護衛宏所作一說之嫌矣。況《提要》於《蘇傳》云：「史傳之謂《詩序》者，以《後漢書》爲近古，而《儒林傳》稱衛宏作《詩序》，輒即以爲衛宏所集錄，亦不爲無據。」其袒護衛宏所作一說，則已自發其覆，足證吾言之不誣也。〔註30〕

陳子展此說，似乎言之有理，但是實際上是對《四庫全書總目》的誤解。

若依陳子展的說法，《四庫全書總目》認爲《詩序》首二句以後爲衛宏所作，那應該可以明言，因爲以爲《詩序》爲衛宏所作，最具代表性者當推朱子。朱子以爲《詩序》爲衛宏所作，並不值得採信，因此去《序》言《詩》。也因明代以來朱子之說法爲功令所在，因此此說廣爲學子所採用。《四庫全

321。

〔註28〕陳子展：《詩經直解》附錄一（臺北：書林出版社，1992年8月），頁13。

〔註29〕其言分《序》爲前後兩截，作者並非一人，則自成伯瑒《毛詩指說》以來主此說者可以無爭矣。其《序》首兩句爲毛萇以前經師所傳，則於凡主其作者爲子夏，或但泛謂《古序》者，亦皆有合矣。其以毛萇爲《序》前後兩截作者之關鍵，則仍不敢違子夏、毛公合作一說之傳統見解。見陳子展：《詩經直解》附錄一，頁13。

〔註30〕陳子展：《詩經直解》附錄一，頁13。

書總目》編纂當時，科考對於《詩》義的解說依然是以朱子爲標準，再者當時朝廷（清朝）欽定的兩本《詩經》著作《欽定詩經傳說彙纂二十卷序二卷》、《欽定詩義折中》也是以朱子之說爲本，《四庫全書總目》亦是欽定之書，採用此種說法是於前有據，何不明說？因此筆者以爲《四庫全書總目》並不認爲續申之句爲衛宏所作。

再者宋代自朱子以後，研讀《詩經》者多不信《詩序》，以爲《詩序》非聖人所傳，而是後人所僞作，因此不可信。但若細觀《四庫全書總目》全書對《詩序》的態度（後文論述），則可發現《四庫全書總目》對《詩序》是推崇的，若《四庫全書總目》認爲《詩序》是後漢儒者衛宏所作，那應該就不會有這樣極度推崇的態度了。

但是《四庫全書總目》確實受到了宋學派的影響，並不肯定《詩序》爲子夏所作，因此將《詩序》區分成「序首二句」以及「續申之詞」，「序首二句」是毛萇以前經師所傳，是「眞有傳授證驗而不可廢者」；「續申之詞」是毛萇以下弟子所附即是漢儒所作，但是《四庫全書總目》也沒有完全接受宋學派的說法，以爲這個漢儒就是衛宏。事實上就連朱子也不敢全然肯定作《詩序》者就是衛宏。雖然朱子在〈詩序辨說序〉中說《後漢書‧儒林傳》中明文記載著《詩序》爲衛宏所作，但是他也曾說《詩序》不是衛宏所作，而是成於兩三人之手：

> 《詩序》，《東漢‧儒林傳》分明說道是衛宏作。後來《經》意不明，都是被他壞了。某又看得亦不是衛宏一手作，多是兩三手合成一《序》，愈說愈疏。〔註31〕

或許是因爲連朱子都不敢肯定，所以《四庫全書總目》也不認爲《詩序》是衛宏所作。

《四庫全書總目》雖未明言《詩序》的作者爲誰，但是卻肯定《詩序》的地位。《四庫全書總目》將《詩序》「錄冠詩部之首，明淵源之有自」〔註32〕，把《詩序》列於詩類卷首是希望藉此明瞭學術源流及發展，這樣的積極態度完全不同於對另一本同樣也是作者之說眾說紛紜的《子夏易傳》，提要云：

> 然則今本又出僞託，不但非子夏書，亦並非張弧書矣。流傳既久，

〔註31〕黎靖德編：《朱子語類》第六冊，卷八十，頁2074。
〔註32〕清‧永瑢、紀昀等撰：《總目‧詩序》，《景印文淵閣四庫全書》第一冊，卷十五，頁322。

姑存以備一家云爾。〔註33〕

對於同樣列於易類卷首的《子夏易傳》,《四庫全書總目》的態度是消極的「姑存以備一家」。兩相對照可知《四庫全書總目》對於《詩序》的肯定,這樣的積極態度,也說明了《四庫全書總目》認為《詩序》不可被全盤否定的態度。

事實上,《四庫全書總目》對於廢《詩序》者多有微詞。《四庫全書總目》以為南宋廢《詩序》者三家:

南宋之初,廢《詩序》者三家,鄭樵、朱子及質也。〔註34〕

此三家中,鄭樵之書已散逸,《四庫全書總目》不但提及鄭書對尊序、廢序的作用,認為「蓋南宋之初,最攻序者鄭樵」〔註35〕、「朱子攻序用鄭樵說」〔註36〕、「其舍序言詩者,萌於歐陽修,成於鄭樵,而定於朱子之《集傳》」〔註37〕、「《詩序》之見廢,始於鄭樵,而成於朱子。」〔註38〕此外更對該書提出嚴厲的批評,其言曰:

至鄭樵作《詩辨妄》,決裂古訓,橫生臆解,實汩亂經義之渠魁,南渡諸儒,多為所惑。〔註39〕

又說:

自鄭樵以後,說《詩》者務力新義,以掊擊漢儒為能。〔註40〕

《四庫全書總目》說鄭樵的《詩辨妄》是使經義汩亂的禍首,否定的態度十分明顯。

〔註33〕清‧永瑢、紀昀等撰:《總目‧子夏易傳》,《景印文淵閣四庫全書》第一冊,頁55。

〔註34〕清‧永瑢、紀昀等撰:《總目‧詩總聞》,《景印文淵閣四庫全書》第一冊,卷十五,頁329。

〔註35〕清‧永瑢、紀昀等撰:《總目‧詩補傳》,《景印文淵閣四庫全書》第一冊,卷十五,頁328。

〔註36〕清‧永瑢、紀昀等撰:《總目‧詩集傳》,《景印文淵閣四庫全書》第一冊,卷十五,頁329。

〔註37〕清‧永瑢、紀昀等撰:《總目‧欽定詩經傳說彙纂》,《景印文淵閣四庫全書》第一冊,卷十五,頁347。

〔註38〕清‧永瑢、紀昀等撰:《總目‧學詩闕疑》,《景印文淵閣四庫全書》第一冊,卷十五,頁385。

〔註39〕清‧永瑢、紀昀等撰:《總目‧蠹齋鉛刀編》,《景印文淵閣四庫全書》第四冊,卷一五九,頁249。

〔註40〕清‧永瑢、紀昀等撰:《總目‧三家詩拾遺》,《景印文淵閣四庫全書》第一冊,卷十六,頁357。

　　至於朱子，《四庫全書總目》雖然承認其「不能全謂之無所發明」〔註41〕，但是也批評「《集傳》亦確有所偏」〔註42〕，甚至認為朱子廢《詩序》是和呂祖謙的意氣之爭，以下兩則提要可說明之。

　　《詩集傳八卷》提要：

> 楊慎《丹鉛錄》謂「文公因呂成公太尊《小序》，遂盡變其說」，雖意度之詞，或亦不無所因歟？〔註43〕

　　《欽定詩經傳說彙纂二十卷序二卷》提要：

> 蓋《集傳》廢序，成於呂祖謙之相激，非朱子之初心。故其間負氣求勝之處，在所不免。原不能如《四書集註》，句銖字兩，竭終身之力，研辨至精。〔註44〕

再對照《四庫全書總目》詩類小序的說法：

> 詩有四家，毛氏獨傳。唐以前無異論，宋以後則眾說爭矣。然攻漢學者，意不盡在於經義，務勝漢儒而已；伸漢學者，意亦不盡在於經義，憤宋儒之詆漢儒而已。各挾一不相下之心，而又濟以不平之氣，激而過當，亦其勢然歟？〔註45〕

從以上三則引文，《四庫全書總目》的作者認為「意氣之爭」並不是要為經義尋得一個更好的解釋，如果朱子和呂祖謙之間是意氣之爭，那麼朱子廢《詩序》也就不是為了要替經義尋得一個更好的解釋。若再參看《四庫全書總目》對依《序》解《詩》的呂祖謙《詩經》學著作的評價，《四庫全書總目》對《詩序》的態度則更為清楚。

　　《呂氏家塾讀詩記》提要：

> 陳振孫稱其「博採諸家，存其名氏，先列訓詁，後陳文義，翦截貫穿，如出一手，有所發明，則別出之，詩學之詳正，未有逾於此書

〔註41〕清・永瑢、紀昀等撰：《總目・毛詩原解》，《景印文淵閣四庫全書》第一冊，卷十七，頁369。

〔註42〕清・永瑢、紀昀等撰：《總目・毛詩原解》，《景印文淵閣四庫全書》第一冊，卷十七，頁369。

〔註43〕清・永瑢、紀昀等撰：《總目・詩集傳》，《景印文淵閣四庫全書》第一冊，卷十五，頁329。

〔註44〕清・永瑢、紀昀等撰：《總目・欽定詩經傳說彙纂》，《景印文淵閣四庫全書》第一冊，卷十六，頁347。

〔註45〕清・永瑢、紀昀等撰：《總目》詩類小序，《景印文淵閣四庫全書》第一冊，卷十五，頁320。

者」；魏了翁作後序，則稱其能發明詩人「躬自厚而薄責於人之旨」。二人各舉一義，已略盡是書所長矣。了翁後序乃爲眉山賀春卿重刻是書而作。時去祖謙沒未遠，而版已再新。知宋人絕重是書也。〔註46〕

《詩緝》提要：

宋代說詩之家，與呂祖謙書並稱善本，其餘莫得而鼎立，良不誣矣。〔註47〕

《四庫全書總目》以爲呂祖謙《詩經》學著作在宋代即受到相當的重視，而且是宋代最好的兩本著作之一，其餘的宋代《詩經》學著作皆未可與之比擬，言外之意即爲朱子《集傳》不如呂祖謙的《呂氏家塾讀詩記》。《四庫全書總目》認爲在《詩經》學的研究朱子不如呂氏之意非常明顯，更何況朱子只是爲求勝東萊而廢《詩序》，這樣的「意氣之爭」就更不可取了。

雖然朱子的《集傳》是「欽定」科考的定本，有著無上的地位，但是《四庫全書總目》對於其廢《詩序》一事，依然加以批評，可見《四庫全書總目》對朱子廢《詩序》的不滿之情。

至於廢《序》的另一代表人物王質，他反對《詩序》，卻不直接詆毀，而是採取「廢序去傳注」的方法，以「先繹本文，徐及他載」的《詩》學思路對三百篇逐篇重解。《四庫全書總目》對其著作有如下的評論：

質說不字字詆《小序》，故攻之者亦稀；然其毅然自用，別出新裁，堅銳之氣，乃視二家爲加倍。自稱「覃精研思幾三十年，始成是書，淳祐癸卯，吳興陳日強始爲鋟版於富川。」日強跋稱其「以意逆志，自成一家」，其品題最允，又稱其「刪除《小序》，實與文公朱先生合」，則不盡然。……然其冥思研索，務造幽深，穿鑿者固多，懸解者亦復不少，故雖不可訓，而終不可廢焉。〔註48〕

王質因廢《序》而被攻擊者，但《四庫全書總目》對於王質因廢《序》之事被攻擊並未加以維護，可見《四庫全書總目》並不認爲《詩序》該廢。而且

〔註46〕清・永瑢、紀昀等撰：《總目・呂氏家塾讀詩記》，《景印文淵閣四庫全書》第一冊，卷十五，頁332。

〔註47〕清・永瑢、紀昀等撰：《總目・詩緝》，《景印文淵閣四庫全書》第一冊，卷十五，頁335。

〔註48〕清・永瑢、紀昀等撰：《總目・詩總聞》，《景印文淵閣四庫全書》第一冊，卷十五，頁329。

雖然肯定王質「自成一家之言」，但是亦認爲其「穿鑿不可訓」。總體來說，《四庫全書總目》並不推崇王質的《詩》學著作。

綜觀《四庫全書總目》對於南宋廢《序》三家的評論，《四庫全書總目》對於廢《詩序》者幾乎都是近於負面的評價，而對依《序》解《詩》者的評價又截然不同，因此可以推知《四庫全書總目》是推崇《詩序》的。

二、認爲《詩經》是政治美刺詩

《四庫全書總目》定「序首二句爲毛萇以前經師所傳；以下續申之詞，爲毛萇以下弟子所附」，序首二句是以前經師所傳，可信度最高，而小序首句又多言美刺，這表示了《四庫全書總目》肯定《詩經》美刺的教化觀點。此外，在《四庫全書》所收著錄中，其解詩若能發揮美刺之旨者，《四庫全書總目》也不斷的讚揚。

《四庫全書總目》云：

> 《易》之理麗於象數，《書》之理麗於政事，《詩》之理麗於美刺，《春秋》之理麗於褒貶，《禮》之理麗於節文，皆不可以空言說，而《禮》爲尤甚。〔註49〕

《四庫全書總目》認爲美刺是《詩經》最爲珍貴之處，因而對於美刺有所闡發的作品《四庫全書總目》總是加以推崇，如《詩傳通釋二十卷》提要：

> 徵實之學不足，而研究義理，究有淵源，議論亦頗篤實，於詩人美刺之旨尚有所發明，未可徑廢。〔註50〕

劉瑾是書雖然徵實之學不足，但是由於對詩人美刺之旨有所發明，因此《四庫全書》認爲此書不可廢，並將之收於認爲是可流傳千世的著錄之中。

相對的，《四庫全書總目》對於去美刺說《詩》者，存著不以爲然的態度：

> 黃震《日鈔》曰：「雪山王質，夾漈鄭樵，始皆去序言詩，與諸家之說不同。晦庵先生因鄭公之說，盡去美刺，探求古始，其說頗驚俗，雖東萊先生不能無疑」〔註51〕

〔註49〕 清・永瑢、紀昀等撰：《總目・禮記大全》，《景印文淵閣四庫全書》第一冊，卷二十一，頁 438。

〔註50〕 清・永瑢、紀昀等撰：《總目・詩傳通釋》，《景印文淵閣四庫全書》第一冊，卷十六，頁 1～339。

〔註51〕 清・永瑢、紀昀等撰：《總目・詩總聞》，《景印文淵閣四庫全書》第一冊，卷

《四庫全書總目》引用黃震的話說明對朱熹「盡去美刺」的懷疑與不認同。即使是十哲之次的朱子「盡去美刺」依然爲《四庫全書總目》所批評，可知《四庫全書總目》對於美刺的教化作用抱持著肯定的態度。此一觀點應與乾隆皇帝編修《四庫全書》時的政治目的有著很大的相關性。乾隆皇帝欲以編修《四庫全書》行其教化子民之責，因此《總目》在評論所著錄或收入存目的書籍時，自然也對於書籍的教化觀點多所著墨與看重。前已論及在依《詩序》解詩的系統中，《詩》教一直寄託在《詩序》中，以《詩序》中的美刺進行《詩》教，因而重視教化的《總目》對於《詩經》以美刺說《詩》也給予肯定，雖然官方學術的代表——朱子，並不贊成《詩序》的「篇篇美刺」，但是重視教化的《總目》對於《詩經》傳統的教化方式依然加以接受，乃是由於編修《四庫全書》。

三、《詩》有淫詩，用以刺淫，非淫者自述其狀

《詩》有淫詩的說法從許慎釋「鄭聲」爲《鄭風》，指責鄭詩「說婦人者十九」開始，至朱熹以孔子「鄭聲淫」爲立論依據，並指出《詩經》中其他國風篇中亦有男女淫奔之詩，從而發展至淫詩說的高峰，並形成完整之理論體系。宋代學者如王柏等人對淫詩說持認同的態度，因此大刀刪經欲「一洗千古之蕪穢」，《四庫全書總目》雖然對刪經之舉不表認同，直斥「柏何人，斯敢奮筆而進退孔子哉？」〔註 52〕但是《四庫全書總目》也承認《詩》有淫詩：

> 夫先王陳詩以觀民風，本美刺兼舉以爲法戒。既他事有刺，何爲獨
> 不刺淫？必以爲《鄭風》語語皆淫，固非事理；必以爲《鄭風》篇
> 篇皆不淫，亦豈事理哉？〔註 53〕

《四庫全書總目》認爲聖人詩，乃是爲了記錄當時、當地的風土民情，並用以讚美或勸誡、警惕，既然可以勸誡他事，爲何不可刺淫？所以如果說《鄭風》中篇篇皆是淫詩自然不合道理，但若說完全沒有淫詩，也是不合理的。由此可以推知《四庫全書總目》應是認爲《詩經》中本有淫詩存在，但這些

十五，頁 329。

〔註 52〕 清·永瑢、紀昀等撰：《總目·詩疑》，《景印文淵閣四庫全書》第一冊，卷十七，頁 36。

〔註 53〕 清·永瑢、紀昀等撰：《總目·白鷺洲主客說詩》，《景印文淵閣四庫全書》第一冊，卷十八，頁 379～380。

淫詩並非如宋學派所言是「淫者自述其狀」：

> 且人心之所趨向，形於詠歌，不必實有其人其事。六朝《子夜》《諸
> 曲》諸歌，唐人《香奩》諸集，豈果淫者自述其醜？亦豈果實見其
> 男女會合，代寫其狀？不過人心佚蕩，相率摹擬形容，視爲佳話，
> 而讀者因爲衰世之音。推之古人，諒亦如是。〔註54〕

《四庫全書總目》認爲是時人模擬形容當時之事，不必定是眞人眞事，正
如六朝《子夜》、《諸曲》諸歌，唐人《香奩》諸集的情況一樣，不是淫者
自曝其事。《四庫全書總目》同時也反對許愼以爲「鄭聲」即《鄭風》的說
法：

> 其論《鄭風》不盡淫詩，而聖人亦兼存淫詩以示戒，論亦持平。而
> 謂鄭聲即鄭詩，力駁鄭樵之說，則殊不然。淫詩可存以示戒，未有
> 以當放之淫聲，被之管弦，可以示戒者也。〔註55〕

《四庫全書總目》認爲聖人存淫詩乃存以示戒，所以應當被「放」之鄭聲被
以管弦，也不會成爲可以示戒的詩篇，因此反對「鄭聲」即《鄭風》的說法。
《四庫全書總目》反對「鄭聲」爲《鄭風》有其基本的態度，因爲《四庫全
書總目》相信聖人存淫詩必有其目的，而這個目的是用以「示戒」，這和朱子
所謂的「垂鑒後世君子」的共通點是兩者皆具教化意義，這同時也是清高宗
編纂《四庫全書》的目的之一。

　　而兩者所不同者乃在於對於淫詩作者的看法。朱子以爲淫詩是「淫奔者
自作」，無關「美、刺」，同時也因爲作詩者本身是淫蕩之人，因此也才有王
柏等人刪「淫詩」等行爲。淫詩是「淫奔者自作」，這種說法同時也符合宋學
派以爲的《詩經》帶有抒情成分，因此爲宋學派追隨者所繼承。但是《四庫
全書總目》並不認爲如此，《四庫全書總目》雖然未說明作淫詩詩者爲何人，
但從其說法可以看出並非淫奔者自狀。

　　《四庫全書》和朱熹都認爲《詩》有淫詩，但是朱熹以爲淫詩是用以垂
鑒後世君子，要負起教化人民的責任，《四庫全書》則以爲是用以刺淫，聖人
收錄淫詩是爲了諷刺淫亂之人。這樣的差別在於朱熹不欲以美刺說《詩》，批
評《詩序》「俾使詩無一篇不爲美刺時君國政而作，故以不切於情性之自然」

〔註54〕清・永瑢、紀昀等撰：《總目・白鷺洲主客說詩》，《景印文淵閣四庫全書》第
　　　　一冊，卷十八，頁379～380。

〔註55〕清・永瑢、紀昀等撰：《總目・詩經劄記》，《景印文淵閣四庫全書》第一冊，
　　　　卷十六，頁354～355。

〔註56〕，而《四庫全書》卻推崇《詩序》以美刺說《詩》的教化方式。

綜上所論，《四庫全書總目》的《詩》學觀可歸納為：一、認為序首二句為毛萇以前經師所傳；以下續申之詞，為毛萇以下弟子所附；二、推崇依《序》解詩的說《詩》系統；三、認為《詩經》是政治美刺詩；四、《詩》有淫詩，用以刺淫。

而這些《詩》學觀點中關於《詩序》作者和淫詩說的看法，主要是繼承朱子之說而來；肯定《詩經》以美刺說詩則是因為編修《四庫全書》的乾隆皇帝的政治目的是欲以《四庫全書》教化子民，因此特別重視《詩經》以美刺進行《詩》教的傳統；漢學的興盛，使得依《序》解詩的漢學派說《詩》系統受到《四庫全書總目》的推崇。

〔註56〕宋・朱熹：《詩序辨說・邶風・柏舟》卷上，《景印文淵閣四庫全書》第六十九冊，頁10。

第五章 《四庫全書》著錄的《詩經》學觀點

　　《四庫全書》經部詩類著錄二卷，共收著作六十二部九百四十一卷，附錄一部十卷。「詩」指的就是《詩經》。本章擬從《四庫全書》經部詩類的著錄概況著手，探究《四庫全書》的《詩經》學觀，並從所收著錄的實際內涵，特別是針對《毛詩注疏》一書所附的館臣考證加以分析，從中歸納出《四庫全書》的《詩經》學觀點。

第一節 《四庫全書》經部詩類的著錄概況

一、《四庫全書》經部詩類著錄原則

　　乾隆皇帝為纂修《四庫全書》曾先後下過多道詔書，乾隆三十七年正月四日（1772 年 2 月 7 日）乾隆發出第一道蒐集遺書詔，其中規定的蒐書原則是：

> 其歷代流傳舊書，內有闡明性學治法、關於世道人心者，自當收先購覓；至若發揮傳注，考覈典章，暨九流百家之言，有裨實用者，亦應備為甄擇；又如歷代名人洎本朝士林宿望，向有詩文專集，及近時沉潛經史、原本風雅，如顧棟高、陳祖范、任啟運、沈德潛輩，亦各著成編，並非剿説卮言可比，均應概行查明。〔註1〕

由此道詔書可歸納《四庫全書》採集遺書的標準有以下幾點：

〔註 1〕清・慶桂等編：《清高宗實錄》，《清實錄》，第二十冊，卷九〇〇，頁 4～5。

（一）歷代流傳舊書，內有闡明性學治法、關於世道人心者。

（二）發揮傳注，考核典章，暨九流百家之言，有裨實用者。

（三）歷代名人與清初士林宿望，自有詩文專集，及乾隆初沉潛經史、原本風雅，各著成編並非剿說卮言可比者。

乾隆三十八年五月十六日再次下詔，則更明確的表示：

> 擇其中罕見之書，有益世道人心者，壽之梨棗，以廣流傳。餘則……彙繕成編，陳之冊府。其中有俚淺訛謬者，止存書名，彙入《總目》，以彰右文之盛，此採擇《四庫全書》本旨也。〔註2〕

此次下詔，旨在說明編纂《四庫全書》的用意，其本旨有三：

（一）擇其中罕見之書，有益世道人心者，壽之梨棗，以廣流傳。

（二）其他的則是彙繕成編，陳之冊府。

（三）更差的就僅能存書名，彙入《總目》。

《四庫全書總目·凡例》中也說：

> 其上者悉登編錄，罔致遺珠；其次者亦長短兼臚，見瑕瑜之不掩。其有立言非訓，義或違經，則附載其名，兼匡厥謬。至於尋常著述，未越群流，……亦並存其目，以備考核。今所錄者率以考證精核，辯論明確為主。〔註3〕

> 聖朝編錄遺文，以闡聖學、明王道為主，不以百氏雜學為重也。
>
> 〔註4〕

《總目》除了重述前文的意見外，還特別強調要「長短兼臚」，另外更強調針對「立言非訓，義或違經」的內容「兼匡厥謬」的任務，並且還特別說明著錄的另一特色是「考證精核，辯論明確」。綜合上述諸文的意見，可知《四庫全書》收錄的書籍有上下之分：

（一）上者即「考證精核，辯論明確」、「闡聖學、明王道」、「有益世道人心」之作，這些作品將印刷流傳。

〔註2〕 清·慶桂等編：《清高宗實錄》，《清實錄》，第二十冊，卷九三五，頁578～579。

〔註3〕 清·永瑢、紀昀等撰：《總目》卷首三凡例，《景印文淵閣四庫全書》第一冊，頁34。

〔註4〕 清·永瑢、紀昀等撰：《總目》卷首三凡例，《景印文淵閣四庫全書》第一冊，頁39。

（二）次為「發揮傳注，考核典章，有裨實用者」、以及「沉潛經史、原本風雅」的「詩文專集」，這些著作因為有一些「立言非訓，義或違經」的內容，所以僅將之「彙繕成編，陳之冊府」而已。

二、《四庫全書》實際的收書原則

莊清輝曾根據《四庫全書總目·經部》研究歸納著錄書籍的原則有：

一、流傳已久；二、足廣異文；三、名重而摘誤存之；四、深思過甚，因而存之；五、存真去偽；六、表彰大節；七、杜標榜斥門戶；八、足示炯戒；九、著其始等九項。〔註5〕

這也就是今日所見各部《四庫全書》內所收書籍的內容。雖然《四庫全書》所收錄的書籍相當廣泛，但其中特別受到重視的書籍，依然是具有考證精核，辯論明確能「摘誤存之」、「存真去偽」，又能闡聖學、明王道、有益世道人心等「表彰大節」、「足示炯戒」的作品，這些才是《四庫全書》蒐錄的重點，而這類書籍同時也是乾隆皇帝所定收書標準的實際下最具體的呈現。

三、《四庫全書》經部詩類的收書實際

《四庫全書》經部詩類著錄二卷，共收著作六十二部九百四十一卷，附錄一部十卷。這些書籍依朝代分類，除列於卷首的《詩序》未言明其創作時代外，收錄漢毛亨傳、鄭玄箋、唐孔穎達正義之《毛詩注疏》一部；三國陸璣《毛詩草木鳥獸蟲魚疏》、《毛詩陸疏廣要》二部；唐代成伯璵《毛詩指說》一部；宋代歐陽修《毛詩本義》、蘇轍《詩集傳》、蔡卞《毛詩名物解》、李樗《毛詩李黃集解》、范處義《詩補傳》、王質《詩總聞》、朱熹《詩集傳》、楊簡《慈湖詩傳》、呂祖謙《呂氏家塾讀詩記》、戴溪《續呂氏家塾讀詩記》、袁燮《絜齋毛詩經筵講義》、林岊《毛詩講義》、輔廣《詩童子問》、段昌武《毛詩集解》、嚴粲《詩緝》、朱鑑《詩傳遺說》、王應麟《詩考》、王應麟《詩地理考》十八部；元代收許謙《詩集傳名物鈔》、劉瑾《詩傳通釋》、梁益《詩傳旁通》、朱公遷《詩經疏義》、朱倬《詩疑問附詩辨說》、劉欲汝《詩纘緒》、梁寅《詩演義》七部，明代收朱善《詩解頤》、胡廣《詩經大全》、季本《詩說解頤》、李先芳《讀詩私記》、朱謀㙔《詩故》、馮應京《六家詩名物疏》、姚舜牧《詩經疑問》、何楷《詩經世本古義》、張次仲《待軒詩記》、朱朝瑛《讀

詩略記》十部；清代收聖祖仁皇帝御定《欽定詩經傳說彙纂序》、乾隆御纂《欽定詩義折中》、錢澄之《田間詩學》、王夫之《詩經稗疏》、朱鶴齡《詩經通義》、陳啓源《毛詩稽古編》、李光地《詩所》、毛奇齡《毛詩寫官記》、毛奇齡《詩札》、毛奇齡《詩傳詩說駁義》、毛奇齡《續詩傳鳥名》、姚炳《詩識名解》、陳大章《詩傳名物集覽》、惠周惕《詩說》、楊名時《詩經箚記》、嚴虞惇《讀詩質疑附錄》、顧棟高《毛詩類釋續編》、黃中松《詩疑辨證》、范家相《三家詩拾遺》、范家相《詩瀋》、姜炳璋《詩序補義》、顧鎮《虞東學詩》二十二部。其中以清代所收之書為最多，宋代次之，這樣的收書情況，很明顯的看出《四庫全書》編修者對於清代、宋代《詩經》學著作的認同。

從順治皇帝入關至乾隆三十七年下達收書令的時間來算〔註6〕，僅短短一百三十年多間所收著錄竟居歷代之冠，除了時代較近書籍猶未散軼此一現實條件外，《四庫全書》的編修者所受的學術思想薰陶，進而形成之價值判準，與清初的《詩經》學著作不謀而合，應也是重要的原因之一。而宋代之書居於第二位，與宋代學者去《詩序》言《詩》，開啓《詩經》學發展史上一個新的里程碑可能有關。漢宋學派間的爭議，導致了《詩經》的解釋更多元化，《詩經》學研究的成果同時也更豐碩。但是自元佑延年間開始科舉採用朱子的《詩集傳》為科考之標準答案，因此元明兩代的《詩經》學研究多為「宗朱」或「述朱」，四庫館臣多對其評價不高，所收著錄數量也明顯較少。

但是從明末開始，漢學派已慢慢復甦，至四庫開館收書之際，抨擊朱子一派說《詩》之不當者已漸多，文壇的學風也慢慢從「述朱」轉為「疑朱」，這種學術風氣的改變可以從康熙、乾隆兩位帝王所編纂的《詩經》著作對詩義不同的解說窺見。王鴻緒等人奉敕所編的《欽定詩經傳說匯纂》二十一卷始於康熙末年（1722），刻成於雍正五年（1727）。雍正在此書《序言》中說：

> 自說《詩》者以其學行世，解釋紛紜而經旨漸晦，朱子起而正之，《集傳》一書，參考眾說，探求古史，獨得精意。〔註7〕

從雍正皇帝的說法可以看出對朱子的推崇，故此書「皆以朱子為宗」、「首列《集傳》而採漢唐以來諸儒講解訓釋之與傳合者存之，其義異而理長者，別

〔註6〕 清・慶桂等編：《高宗純皇帝實錄》，卷900/9b/5，冊二十，乾隆三十七年（1772）正月庚子日發下《命中外蒐集古今群書諭》。

〔註7〕 雍正：《欽定詩經傳說彙纂序》，《景印文淵閣四庫全書》第八十三冊（臺北：臺灣商務印書館，1983年），頁1。

爲《附錄》，折衷同異，間出己見。」〔註8〕

　　而在乾隆二十年（1755）所敕編的《御纂詩義折中》二十卷，則表現出與《欽定詩經傳說彙纂》不同的《詩》學傾向。《御纂詩義折中》稟承乾隆皇帝的意志而纂，乾隆在閱讀和研究《詩經》時曾經說出「晦翁舊解我疑生」〔註9〕的想法，成爲疑朱的起點。在此書《序言》中又云：

　　　　凡舊說之可以從之者從之，當更正者正之，一無成心，唯義之適。

表現出對舊說的重視和門戶之見的消解，說《詩》不是以漢宋門戶爲標準，而是以「義」爲準則。因此此書「分章多準康成，徵事率從《小序》」、「訓釋多參稽古義，大旨亦同」〔註10〕表現出尊漢學的傾向。

　　由兩位皇帝所御纂之《詩》學著作，除了可以看出學術風氣的轉變之外，也代表著朝廷的《詩》學傾向，因此康熙、雍正所崇信的宋學和乾隆所尊崇的漢學皆被收錄於《四庫全書》之中。

　　又根據《叢書子目類編》〔註11〕在經部《詩經》類中將所有《詩經》學著作分爲正文之屬、傳說之屬、分篇之屬、專著之屬、文字音義之屬、詩序之屬、詩譜之屬、逸詩之屬、三家詩之屬、摘句之屬等九類，《四庫全書》所收著錄屬於《叢書子目類編》中的傳說之屬有四十九部〔註12〕，專著之屬九部〔註13〕，詩序之屬二部（內含朱子辨說）〔註14〕，三家詩之屬三部（含韓

〔註8〕雍正：《欽定詩經傳說彙纂序》，《景印文淵閣四庫全書》第八十三冊，頁18。
〔註9〕清・永瑢、紀昀等撰：《總目・御纂詩義折中》，《景印文淵閣四庫全書》第一冊，卷十六，頁348。
〔註10〕清・永瑢、紀昀等撰：《總目・御纂詩義折中》，《景印文淵閣四庫全書》第一冊，卷十六，頁347。
〔註11〕文史哲出版社編著：《叢書子目類編》（臺北：文史哲出版社，1986年）。
〔註12〕傳說之屬：《毛詩正義》、《毛詩指說》、《毛詩本義》、《詩集傳》、《詩補傳》、《詩總聞》、《詩集傳》、《呂氏家塾讀詩記》、《續呂氏家塾讀詩記》、《慈湖詩傳》、《毛詩集解》、《絜齋毛詩經筵講義》、《詩童子問》、《毛詩講義》、《毛詩李黃集解》、《詩緝》、《詩傳遺說》、《詩疑問附詩辨說》、《詩傳通釋》、《詩傳旁通》、《詩經疏義》、《詩纘緒》、《詩演義》、《詩解頤》、《詩經大全》、《詩說解頤》、《讀詩私記》、《詩故》、《詩經疑問》、《詩經世本古義》、《待軒詩記》、《讀詩略記》、《欽定詩經傳說彙纂序》、《欽定詩義折中》、《田間詩學》、《詩經稗疏》、《詩經通義》、《毛詩稽古編》、《詩所》、《毛詩寫官記》、《詩札》、《詩傳詩說駁義》、《詩說》、《詩經箚記》、《讀詩質疑附錄》、《毛詩類釋續編》、《詩疑辨證》、《詩瀋》、《虞東學詩》。
〔註13〕專著之屬：《毛詩名物解》、《詩集傳名物鈔》、《六家詩名物疏》、《詩識名解》、《詩傳名物集覽》、《詩地理考》、《毛詩草木鳥獸蟲魚疏》、《毛詩陸疏廣

詩外傳）〔註15〕，共計六十三部。其中未收的分類有：正文之屬、分篇之屬、文字音義之屬、詩譜之屬、逸詩之屬、摘句之屬。《四庫全書》未單純收錄正文之屬一類的書籍，但《詩經》正文在傳說之屬一類書中已有，未收錄此一類之書並不影響《四庫全書》的完整性；詩譜之屬雖未有專著被收錄，但在《毛詩正義》之前也錄有《毛詩譜》；而文字音義之屬一類的書，在《四庫全書》中則多被收錄於經部小學類。

由上所論，《四庫全書》所收著錄實含括《詩經》各類著作，而這些著錄又以清朝最多，宋代次之，其原因應是受當時學術風氣之影響，由所蒐羅的書籍如此廣泛，可見收書者想兼併漢宋之用心，這正符合《總目》所云：

> 消融門戶之見，而各取所長，則私心袪而公理出，公理出而經義明矣。蓋經者非他，即天下之公理而已。今參稽眾說，務取持平，各明去取之故。〔註16〕

第二節 《四庫全書》經部詩類所收著錄的實際內涵

《毛詩注疏》列冠《四庫全書》經部詩類之首，按照《四庫全書》依時代先後順序的排列法則來看，《四庫全書》認為《毛詩注疏》是當時所存最古老的《詩經》著作。若同時考慮《四庫全書》以「去古未遠，猶未失眞」的評判標準，《毛詩注疏》應是《四庫全書》中經部詩類最值得採信的著作。《四庫全書》雖然以蒐羅眾書、保存文獻典籍為首要任務，但是四庫的館臣皆為一時之俊彥，其學術涵養皆為當時之冠，在著錄群書的過程，對於所著錄之書文字脫誤的校對，與他書的異同比較，以及缺失、存疑問題的考證或辯證等工作的進行，似乎是必然之事。

在《四庫全書》經部詩類所收諸書之中，館臣只對《毛詩注疏》逐卷進行考證，之所以如此，可能是因為館臣認為毛亨《傳》、鄭玄《箋》、孔穎達《疏》以及陸德明音義，就可以涵蓋大部分對《毛詩》的解釋，後人的諸多著作也多半是對上述著作的見解進行疏解或辯駁，因此四庫館臣特別在《毛

要》、《續詩傳鳥名》。
〔註14〕詩序之屬：《詩序》、《詩序補義》。
〔註15〕三家詩之屬：《詩考》、《三家詩拾遺》、《韓詩外傳》。
〔註16〕清·永瑢、紀昀等撰：《總目》經部總序，《景印文淵閣四庫全書》第一冊，卷十五，頁54。

詩注疏》的各卷之末別列考證，用以表達館臣對《詩經》的意見。

《四庫全書》所著錄的《毛詩注疏》是內府藏本，共三十卷，在卷前標明為漢毛亨傳，漢鄭玄箋，唐孔穎達疏，唐陸德明音義。在各卷之後皆另附一卷考證，本節擬分析此三十卷考證，以察《四庫全書》之《詩》學觀點。

一、考證內容

《毛詩注疏》考證共三十卷，二百六十六條（附表一），其內容大致可分為：（一）版本異同比較（附表二）；（二）文句考釋（附表三）；（三）篇章主旨（附表四）；（四）名物考釋（附表五）等四類。

（一）版本異同比較

對於版本異同進行的考證共一百五十七條（附表二），佔全部考證的三分之二左右，可見《四庫全書》重考據的特色。列出提供參考者一百四十四條，根據館臣的考據逕自更改的有十三條，主要是依據《說文》、《石經》、《蜀本石經》、汲古閣本、《國語》、《禮記》等書，其中從《說文》者一條，從《石經》者三條，從《蜀本石經》者六條，從《國語》者一條，從《禮記》者一條，從汲古閣本者一條。館臣並未述明考據過程及更改的原因，只是簡單的說據某書改正。如言：

〈桃天〉序箋疏宗子雖七十無無主婦。各本俱脫一無字，今據禮記
曾子問增正。〔註17〕

而加註按語的館臣有光型、宗楷、會汾、照等四人，各加註一條按語，其餘皆無館臣署名。

（二）文句考釋

對於文句進行考釋者共有八十四條（附表三），館臣引用各書說法，並從中提出自己的看法，或說明出處，或對注疏加以補充，或對前人說法提出支持的論點，或對前人說法加以反駁。

1.說明出處

館臣對於詩篇中的文句加以考定，有說明其文出處者，如卷二十六考證：

〔註17〕四庫館臣：《毛詩注疏・卷一考證》，《景印文淵閣四庫全書》第六十九冊，頁152。

〈思文〉章貽我來牟。箋武王渡孟津白魚躍入于舟。此文出河內女
子僞〈泰誓篇〉。〔註18〕

本條考證即在說明本文之出處。屬於此類者，有一條。

2. 辨駁《毛傳》

文句考釋中對於《毛傳》發表意見者共有十六條（附表六），有的認為
《毛傳》所言為非者，有的認為《毛傳》所言為是者，有對於《毛傳》加以
補充者。

（1）認為《毛傳》所言為非者

認為《毛傳》所言為非者有十二條，如卷二十四考證：

〈生民〉章禾役穟穟。《傳》：役，列也。李樗曰：役禾之末也。《說
文》亦云：禾末也。較毛說為勝。〔註19〕

館臣引李樗、《說文》之說，認為此二者對於詩義的解說更勝毛傳。考證中駁
《毛傳》者，大抵引用歐陽脩（二次）、蘇轍（一次）、李樗（三次）、范處義
《詩補傳》（一次）、朱子（一次）、輔廣（一次）、李光地（五次）等宋學派
的說法駁斥《毛傳》。另有一條是引用《說文》、《爾雅》的文字釋義，以駁《毛
傳》所訓為非。

（2）認為《毛傳》所言為是者

認為《毛傳》所言為是者，有兩條，如卷十九考證：

維周之氐傳氐本。臣光型按：《爾雅》：氐，天根也。謂角亢下繫於
氐，如木之有根，故曰天根。《國語》本見而草木節，解本謂氐。是
氐本同義。毛義為長，鄭改作柢，非是。〔註20〕

此條考證有加注按語的館臣姓名，並引《爾雅》、《國語》的注釋為佐證，判
定在此詩中《毛傳》的解釋優於《鄭箋》。

肯定《毛傳》者，一條引《爾雅》、《國語》之言為佐證，一條引李樗之
言為佐證。而補充《毛傳》注疏者，引《春秋》、《漢書》等古代史書為證，
從館臣雜引各書，以證其說，可以看出館臣所言皆有所據，非憑空想像。

〔註18〕 四庫館臣：《毛詩注疏·卷二十六考證》，《景印文淵閣四庫全書》第六十九冊，
頁901。

〔註19〕 四庫館臣：《毛詩注疏·卷二十四考證》，《景印文淵閣四庫全書》第六十九冊，
頁807。

〔註20〕 四庫館臣：《毛詩注疏·卷十九考證》，《景印文淵閣四庫全書》第六十九冊，
頁570。

（3）對於《毛傳》加以補充者

對於《毛傳》加以補充者，有兩條，如卷四考證：

〈桑中〉章美孟弋矣傳弋姓也。臣照按：《春秋》襄公四年夫人姒氏
薨。《公羊傳》作弋氏薨，定公十五年姒氏卒。《穀梁傳》作弋氏卒。
《姓苑》：「弋姓出河東，今蒲州有弋氏。」朱子曰：夏后氏之後也，
似弋姒同姓。〔註21〕

此條考證，引《春秋》所載之事，再輔以《公羊傳》、《穀梁傳》中對《春秋》
的注疏為佐證，最後引朱子之語作結，可見在此句中，館臣是贊成朱子的說
法的。但是館臣並不是盲目的相信朱子所言，而是經過一番嚴密的考證，詳
加推敲，可見館臣對於考證的用心。

3. 辨駁《鄭箋》

文句考釋中對於《鄭箋》的辨駁共有十五條（附表七），駁《鄭箋》者有
十七條，如卷七考證：

〈女曰雞鳴〉章：與子偕老，箋宜乎我燕樂賓客而飲酒與之俱至老。
歐陽脩曰：徧考詩諸風言偕老者多矣，皆為夫婦之言，賓客一時相
接，豈有偕老之理。〔註22〕

本條考證引歐陽脩之言以駁《鄭箋》，館臣雖未明言《鄭箋》所言為非，只是
列出歐陽脩的說法，是列出各家說法提供讀者參考？還是認為歐陽脩所言為
是？筆者認為應是認為歐陽脩所言為是。不論是歐陽脩，抑或蘇轍、李光地
等宋學派的學者，對於《毛傳》、《鄭箋》等漢學派著作對詩義解釋不同者，
遠比館臣所列出者多出數倍，可見館臣並非將兩者不同者列出供讀者參考，
而是有目的、有意識的列出某些館臣認為重要的片段，對於這樣的片段取捨，
最重要的應是館臣的認知，只有館臣認為比原來的解釋更好者才會被列出，
所以在各卷的考證中所列出的諸位學者之言，都是館臣覺得重要，有代表性
的言論者。

另外是《鄭箋》者有兩條，如卷十考證：

〈綢繆〉章：三星在天。傳：三星參也。箋：三星謂心星也。劉瑾
曰：凡三星者非止心一宿。知此為心宿者，蓋辰月末日在畢昏時日

〔註21〕四庫館臣：《毛詩注疏‧卷四考證》，《景印文淵閣四庫全書》第六十九冊，頁
　　　　248。
〔註22〕四庫館臣：《毛詩注疏‧卷七考證》，《景印文淵閣四庫全書》第六十九冊，頁
　　　　311。

淪于地之酉位而心宿見于地之東方。此詩男女過仲春而得成昏,故
適見心宿也。臣光型按:此當從鄭說。毛以秋冬爲昏期,故指三星
爲參。然參七星與伐連而十星,不止三星矣。〔註23〕

此條可以與上條考證作爲對比,若是館臣不認同毛鄭以後學者對於毛鄭的解
釋,會將學者之言引出,並加列按語以抒己意。

另外一條說明《鄭箋》用《韓詩》之義,卷二十考證:

〈信南山〉章維禹甸之。臣宗楷按:甸韓詩作陳。按箋訓邱甸之甸
音乘。周禮稍人注云:四邱爲甸。甸讀與維禹陳之陳同。疏云:陳
是軍陣,故訓爲乘。箋訓邱甸之甸者從韓義也。〔註24〕

4.辨駁《孔疏》

文句考釋中對於《孔疏》的辨駁共十一條(附表八),其中有九條是駁斥
《孔疏》之非,九條之中有兩條是討論孔氏從《鄭箋》之非,因此也可以說
是駁斥《鄭箋》,卷二十四考證:

〈行葦〉章敦弓既堅。箋將養老先與群臣行射禮。臣人龍按:《詩
記》曰孔穎達難王肅燕射之說,謂燕射旅酬之後乃爲之,不當設文
于曾孫維主之上,豈先爲燕射而後酌酒也?遂從鄭氏,以爲大射。
抑不知此篇乃成周燕宗族兄弟之詩,非大射擇士時也。按《儀禮》
燕射如鄉射之禮,射雖畢而飲未終,舉觶無算爵,獻酬尚多,言酌
大斗,祈黃耉於既射之後,亦豈不可乎?此章當從《詩記》作燕
射。〔註25〕

卷二十三考證:

〈大雅‧文王〉章陳錫哉周。箋疏宣十五年《左傳》亦引此詩,乃
云文王所以造周不是過也。臣祖庚按:《左傳》羊舌職此語是釋所引
〈康誥〉文,非以造周二字釋下所引詩詞也。疏引以證鄭氏,訓哉
爲始之義,似屬牽合。〔註26〕

〔註23〕四庫館臣:《毛詩注疏‧卷十考證》,《景印文淵閣四庫全書》第六十九冊,頁
361。
〔註24〕四庫館臣:《毛詩注疏‧卷二十考證》,《景印文淵閣四庫全書》第六十九冊,
頁607。
〔註25〕四庫館臣:《毛詩注疏‧卷二十四考證》,《景印文淵閣四庫全書》第六十九冊,
頁807。
〔註26〕四庫館臣:《毛詩注疏‧卷二十三考證》,《景印文淵閣四庫全書》第六十九冊,
頁748。

其餘七條則是針對《孔疏》之誤加以辨駁，如卷六考證：

> 〈采葛〉章彼采蕭兮。疏釋草云蕭荻。臣宗萬按：荻字宜作萩，音
> 秋。《說文》云：萩，蕭也。襄公十八年《左傳》秦周伐雍門之萩是
> 也。《爾雅》釋草文字誤作荻，故疏仍其訛。荻，葭也，非蕭也。
> 〔註27〕

5. 其　他

文句考釋中另有兩條是對詩句中的地理位置進行考證，如卷十二考證：

> 〈東門之池〉章傳疏以池繫門言之，則此池近在門外。《水經注》陳
> 城故陳國也，東門內有池水，至清潔不竭，不生魚草，水中有故臺
> 處。詩所謂東門之池也。〔註28〕

館臣引用《水經注》的說法，對於詩中的地理位置進行考察。

另有一條館臣懷疑有衍字，在卷十五考證：

> 箋疏賓客食喪有祭祭祀。此句疑有衍字。〔註29〕

此句中「祭」字重複出現，卻似乎沒有特別意義，因此館臣懷疑其為衍字，但是或許因為沒有相關的證據足以說明其真為衍字，所以館臣並未加以改正，仍然將其字保留，只在考證中說明，可見館臣對於古代流傳下來著作持審慎的態度。

其餘各條則是用以補充舊有之《毛傳》、《鄭箋》等《毛詩》注疏中原本不足之處，館臣引用《春秋》、《後漢書》、《竹書紀年》、《左傳》、《說文》等古書，以及宋、元、明、清等歷代學者之說法對於注疏不足之處加以補充說明，如卷二十五考證：

> 〈蕩〉章覃及鬼方。《疏》：鬼方，遠方，未知何方也。按〈西羌傳〉
> 武丁征西羌鬼方。《竹書紀年》周王季伐西落鬼戎。《世本》注曰：
> 鬼方於漢則先零羌也。〔註30〕

此條注疏乃是針對《孔疏》解釋不清楚之處，引用《後漢書》、《竹書紀年》

〔註27〕四庫館臣：《毛詩注疏・卷六考證》，《景印文淵閣四庫全書》第六十九冊，頁283。

〔註28〕四庫館臣：《毛詩注疏・卷十二考證》，《景印文淵閣四庫全書》第六十九冊，頁391。

〔註29〕四庫館臣：《毛詩注疏・卷十五考證》，《景印文淵閣四庫全書》第六十九冊，頁436。

〔註30〕四庫館臣：《毛詩注疏・卷二十五考證》，《景印文淵閣四庫全書》第六十九冊，頁880。

等古書中的記載，使詩意更明。又如卷十八考證：

> 〈斯干〉章西南其戶。李光地曰：卑者之居東房西室，房戶在東，
> 室戶偏東，是西南無戶也。尊貴者有東西兩房，則西南有戶，特表
> 出之，以明為尊貴者之居，較舊說似更簡明。〔註31〕

這一條注疏引用清代學者李光地的說法對〈斯干〉篇加以補充，讓讀者可以
更清楚明白詩篇的意義。

（三）篇章主旨

考釋中對於篇章主旨的討論共有十六條（附表四），其中三條皆認為《詩
序》說法無誤，應從《序》說，八條則從某家說法，兩條折衷諸家說法，三
條補充《序》文之缺。

1. 八條從某家說法

一條從《申培詩說》的說法駁朱傳，同時認為申培之說法優於古義，卷
二考證：

> 迨其謂之傳則不待禮會而行之者。按：此與《鄭箋》引《周禮》奔
> 者不禁之言俱害理，宋儒女子懼嫁不及時之說，似亦未暢。不若《申
> 培詩說》云：女父擇婿之詩為當。《詩說》雖或後人偽書，而此說則
> 甚正，較古注朱傳之義為長，有足取也。〔註32〕

另有一條認為許謙的說法優於《序》說，卷一考證：

> 〈螽斯〉序言若螽斯不妬忌則子孫眾多也。歐陽修曰：序文顛倒，
> 宜作言不妬忌則子孫眾多若螽斯也。許謙曰：但以言若螽斯句斷屬
> 上文，以不妬忌歸之后妃而屬之下文，意亦可通。臣照按：歐陽
> 氏、許氏之說皆比舊說謂螽斯不妬忌者勝，而許氏說尤長。螽斯之
> 果否不妬忌，固非人之所知，而以不妬忌作推原其本之辭，更為明
> 顯也。〔註33〕

此條考證雖然認為許謙之說法較《詩序》為佳，但只是字句斷裂上的更改，
於文義大致未變，但這顯示出館臣對於《詩序》並非一味遵從，不完全以《詩

〔註31〕四庫館臣：《毛詩注疏・卷十八考證》，《景印文淵閣四庫全書》第六十九冊，
頁523。

〔註32〕四庫館臣：《毛詩注疏・卷二考證》，《景印文淵閣四庫全書》第六十九冊，頁
182。

〔註33〕四庫館臣：《毛詩注疏・卷一考證》，《景印文淵閣四庫全書》第六十九冊，頁
152。

序》之說爲是，而是經過嚴密的考證，持中立之態度。

一條從蘇轍，卷二考證：

〈羔羊〉序德如羔羊也。蘇轍曰：君子愛其人，則樂道其車服。是以詩言羔羊之皮而已，非比其德也。〔註34〕

《詩序》由〈首序〉「〈羔羊〉，〈鵲巢〉之功致也。」推衍出「召南之國，化文王之政，在位皆節儉正直，德如羔羊。」蘇轍則認爲詩中所敘寫的「羔羊之皮」並不具有「德如羔羊」之意，詩人所以敘寫「羔羊之皮」是因爲「愛其人，則樂道其車服」，由人及物，並無深意，說「德如羔羊」，純是《詩序》的衍說。館臣在此也同意蘇轍這樣的說法，因此將蘇轍的說法列於考證卷中。

一條引《春秋》爲證，言《詩序》所言爲非，卷五考證：

〈河廣〉序箋襄公即位夫人思宋。臣祖庚按：春秋傳宋襄公即位在魯僖公九年。衛戴公東渡河在魯閔公二年。是宋襄公之立衛渡河已十年矣。詩言河廣，是衛猶在河北也。〔註35〕

一條從朱子之說以駁《詩序》卷八考證：

敝笱序齊人惡魯桓公微弱。朱子曰桓當作莊。臣祖庚按：桓十八年《左傳》，桓公不聽申繻之諫，遂及文姜如齊，則會齊侯乃桓公意也。其後文姜會齊襄者五，于禚于祝邱如齊師于防于穀，皆莊公即位後事。夫死從子而莊公不能制之，朱子以爲刺莊公是也。〔註36〕

〈敝笱〉篇《詩序》以爲「刺文姜也。齊人惡魯桓公微弱，不能防閑文姜，使至淫亂爲二國患焉。」但是朱子在《詩序辨說》以爲「桓當作莊」，因爲文姜五會齊侯皆是莊公在位之事，因此應該是用以刺莊公，非刺桓公。館臣根據《左傳》之歷史記載推定朱子所言爲是。

一條從李光地之說，以爲《詩序》所言爲臆測之詞，卷十一考證：

〈渭陽〉序及其即位而作是詩也。李光地曰：康公爲世子時，送晉重耳返國之詩。存之者何？婚姻之國，能存亡繼絕者，穆公之善也。

〔註34〕四庫館臣：《毛詩注疏·卷二考證》，《景印文淵閣四庫全書》第六十九冊，頁182。

〔註35〕四庫館臣：《毛詩注疏·卷五考證》，《景印文淵閣四庫全書》第六十九冊，頁268。

〔註36〕四庫館臣：《毛詩注疏·卷八考證》，《景印文淵閣四庫全書》第六十九冊，頁333。

序以爲康公即位後追作特臆説耳。〔註37〕

《詩序》以爲〈渭陽〉是康公即位時思念母親的作品。但是李光地認爲：〈渭陽〉是康公爲世子時，送其舅舅重耳返國爲君的作品。而不是康公即位之後追思往事的作品。爲甚麼《詩經》收錄此詩在〈秦風〉之中呢？有婚姻關係的國家，竟能因此幫助對方的子孫返國稱王，這是秦穆公的一大美談啊！因爲秦穆公的夫人是重耳的姊姊，重耳早期稱秦穆公爲姊夫，後來改變成叫秦穆公爲岳父，這當中有兩層婚姻關係，所以李光地藉此推定〈渭陽〉詩並非是康公即位之後的作品，因此認爲《詩序》所言乃臆測之詞。

一條引國語之說，以駁《詩序》，卷二十二考證：

〈黍苗〉序刺幽王也。臣浩按：此詩不見有刺意。《國語》注謂道召伯述職，勞來諸侯。與毛序不同。〔註38〕

《詩序》以爲此詩是刺詩，但四庫館臣卻引用《國語》，以爲此詩是「召伯述職，勞來諸侯」，用史書中提及與詩作有關的文字相互印證，以證《詩序》之非。

一條引曹溶之語以駁《詩序》以爲〈瞻卬〉是刺幽王的詩篇，卷二十五考證：

〈瞻卬〉序凡伯刺幽王大壞也。曹氏曰：凡伯作〈板〉詩，在屬王末至幽王大壞之時，七十餘年矣，決非一人，猶家父也。〔註39〕

2. 贊同《詩序》三條

其中有兩條爲駁斥朱子淫詩之說，特爲《詩序》辨說，卷七考證：

〈風雨〉序亂世則思君子不改其度焉。臣曾汾按：朱子辨序謂其詞輕佻非思賢之意。然考《左傳》鄭六卿餞宣子，子游賦風雨辨命，論風雨如晦，雞鳴不已，善人爲善，焉有息哉？呂光遺楊軌書：「何圖松柏凋于微霜，而雞鳴已于風雨。」梁簡文自序：「立身行己終始如一，風雨如晦雞鳴不已。」是皆可爲序説之證。〔註40〕

〔註37〕四庫館臣：《毛詩注疏·卷十一考證》，《景印文淵閣四庫全書》第六十九冊，頁 379。

〔註38〕四庫館臣：《毛詩注疏·卷二十二考證》，《景印文淵閣四庫全書》第六十九冊，頁 683。

〔註39〕四庫館臣：《毛詩注疏·卷二十五考證》，《景印文淵閣四庫全書》第六十九冊，頁 880。

〔註40〕四庫館臣：《毛詩注疏·卷七考證》，《景印文淵閣四庫全書》第六十九冊，頁 311。

〈子衿〉序刺學校廢也。臣映斗按：朱子〈白鹿洞賦〉云：廣青衿
之疑問。是朱子亦用序說也。又考北魏獻文帝詔高允曰：子衿之嘆
復見于今。《北史》徵虞喜爲博士詔曰：每覽〈子衿〉之詩，未嘗不
慨然。二詔皆嘆學業之廢，儒軌之衰，亦可取以證此序也。〔註41〕

〈風雨〉篇朱子認爲乃是「淫奔之時，淫奔之女言，當此之時，見其所期之
人而心悅也」，而〈子衿〉篇朱子也說「此亦淫奔之詩」，而館臣對於此兩篇
特別提出加以辯駁，說明《詩序》所言方是，而朱子所言爲非，可見《四庫
全書》對於朱子所提出的淫詩持保留的態度。

　　補充《詩序》之說有三條，在此三條中，館臣並非否定《詩序》的說法，
而是認爲《詩序》以及《毛傳》、《鄭箋》、《孔疏》等的說法未盡完善，因此
加以補充，如卷二十二考證：

〈白華〉序周人刺幽后也。箋褒姒是謂幽后。臣人龍按：序明云幽
王取申女以爲后，又得褒姒而黜申后。今乃指褒姒爲幽后，是自亂
其例也。程子云：王字誤作后字。朱子《辨說》：《漢書》注引此序，
幽字下有王廢申三字，雖非詩意，似可補序文之缺。〔註42〕

3. 折衷各家說法兩條

　　一條是對詩篇是否爲刺詩提出疑問，卷十五考證：

〈九罭〉序周大夫刺朝廷之不知也。臣宗楷按：《朱子語錄》曰：寬
厚溫柔，詩教也。如今人說〈九罭〉詩乃責其君之辭，無復寬厚溫
柔之意，故易爲東人願周公留之詩。然古說謂西人願公速歸，朱注
謂東人願公少留，民之愛公，固無東人西人之異說，雖不同，其爲
美周公則一也。〔註43〕

另一條是折衷朱子與《詩序》的說法，卷二十考證：

〈鼓鐘〉序刺幽王也。歐陽修曰：旁考《詩》、《書》、《史記》，皆無
幽王東巡之事。《書》曰：淮夷徐戎並興。蓋自成王時，徐及淮夷已
皆不爲周臣。宣王時嘗遣將征之，亦不自征。初無幽王東至淮徐之

〔註41〕四庫館臣：《毛詩注疏‧卷七考證》，《景印文淵閣四庫全書》第六十九冊，頁
　　　　312。
〔註42〕四庫館臣：《毛詩注疏‧卷二十二考證》，《景印文淵閣四庫全書》第六十九冊，
　　　　頁283。
〔註43〕四庫館臣：《毛詩注疏‧卷十五考證》，《景印文淵閣四庫全書》第六十九冊，
　　　　頁436。

事。《詩緝》謂古事亦有不見於史，而因經以見者，詩即史也。二說
不同，故朱傳以爲未詳。〔註44〕

雜引歐陽脩、《尚書》、《詩緝》等正反兩方的說法，並引朱子之說「未詳」作
結，可見館臣的想法應該是與朱子一致，以爲《詩序》之說未可盡信。

（四）名物考釋

考證中共有九條是對名物進行考釋（表五），館臣引用《爾雅》、《春秋》、
《史記》等古書，以及《詩緝》、《詩補傳》等宋代學者之書爲佐證，對名物
進行考證，如卷一考證：

「螽斯羽」傳螽斯蚣蝑也。臣祖庚按：《爾雅》云螽蚣蠜蜇螽蚣蝑。
《詩緝》云：螽斯即螽蝗子也，非蜇螽也。毛誤以爲蚣蝑，孔氏
因之，遂合螽螽、螽斯爲一物。〔註45〕

引《爾雅》、《詩緝》所言考證《毛傳》、《孔疏》之誤。

又如卷二十考證：

西有長庚疏長庚不知是何星。臣光型按：《史記索隱》引《韓詩》云：
太白晨出東方爲啓明，昏見西方爲長庚。《廣雅》云：太白謂之長庚。
然則啓明、長庚、太白，一星也，獨鄭樵乃謂啓明金星，長庚水星，
與舊說不同。〔註46〕

《孔疏》言不知長庚是何星，館臣引《韓詩》、《廣雅》以明長庚星爲太白星，
此乃館臣補充《孔疏》不足之例也。

二、考證中引用的資料

（一）古 書

《毛詩注疏》考證中多次用《爾雅》、《說文》、《春秋》、《史記》……等
先秦、兩漢古書爲證（表八），強化自己的論點，引用這些古書，主要原因應
是其成書時代與《詩經》較近，館臣選取時代相近的經籍文獻以及古文字資
料與《毛詩》相互驗證，以求釐清經文的眞正意旨，期能還原古經本來的面

〔註44〕四庫館臣：《毛詩注疏‧卷二十考證》，《景印文淵閣四庫全書》第六十九冊，
頁607。

〔註45〕四庫館臣：《毛詩注疏‧卷一考證》，《景印文淵閣四庫全書》第六十九冊，頁
152。

〔註46〕四庫館臣：《毛詩注疏‧卷二十考證》，《景印文淵閣四庫全書》第六十九冊，
頁607。

目，這是清人所喜愛「以經證經」的考證方法。

1. 史　書

（1）《史記》

考證中引用《史記》以證其說者共三處，一是以《史記》年表駁《孔疏》引注之非，卷二十四考證：

> 〈民勞〉序箋屬王成王七世孫。疏《左傳》服虔註云：穆公召康公十六世孫。按《史記》燕世家自召公以下九世至惠侯。惠侯當周屬王奔彘共和之時，是惠侯與穆公共世也。縱子有早晚，命有長短不應一，召公之後，北燕之封與畿內之封，世數懸絕若此，《史記》周自成王以下至孝王共九王七世，與燕自召公以下至惠侯九世，相去不遠。服注穆公爲康公十六世孫，其言未可據也。〔註47〕

一處是引用《史記索隱》中韓詩對長庚星作名物考釋，卷二十考證：

> 西有長庚。疏長庚不知是何星。臣光型按：《史記索隱》引韓詩云：太白晨出東方爲啓明，昏見西方爲長庚。《廣雅》云：太白謂之長庚。然則啓明、長庚、太白，一星也，獨鄭樵乃謂啓明金星，長庚水星，與舊說不同。〔註48〕

此一處雖是引自《史記》，但實際上是引用《韓詩》。另一處則是引用《史記》對《詩經》文字之考證做爲參考，卷五考證：

> 〈衛風·淇奧〉章綠竹。《傳》：綠，王芻也。竹，萹竹也。按：綠，齊魯韓三家及《說文》皆作菉竹。韓詩作薄菉薄字從艸是二物皆草也。若綠竹則不宜以爲草。《傳》曰：淇奧箘簬。《淮南子》曰：淇衛之箭。《史記》漢武下淇奧之竹以爲楗。《漢書》冠恂伐淇奧之竹以爲矢。綠竹之爲竹箭明矣。且詩以竹爲興者，取其內虛外剛清勁不染。若以爲菉薄又何所取耶。〔註49〕

（2）《漢書》

考證中引用《漢書》共四處，一處引用《漢書·地理志》佐證以考證《詩

〔註47〕四庫館臣：《毛詩注疏·卷二十四考證》，《景印文淵閣四庫全書》第六十九冊，頁807～808。

〔註48〕四庫館臣：《毛詩注疏·卷二十考證》，《景印文淵閣四庫全書》第六十九冊，頁607。

〔註49〕四庫館臣：《毛詩注疏·卷五考證》，《景印文淵閣四庫全書》第六十九冊，頁268。

經》文句的意義，卷二十五考證：

> 〈崧高〉章維申及甫。《箋》：申，申伯也；甫，甫侯也。《困學紀聞》
> 云：甫即呂也。史伯曰：當成周者，南有申呂。《漢地理志》南陽宛
> 縣申伯國，《詩》、《書》及《左氏》注不言呂國所在。《史記正義》
> 引《括地志》云：故呂城在鄧州南陽縣西。徐廣云：呂在宛縣。《水
> 經注》亦謂：宛西呂城四嶽受封。然則申呂，漢之宛縣也。〔註50〕

一處引《漢書・人物表》對人名進行考釋，卷十六考證：

> 又南仲文王之屬。按班固人物表，文王之臣無南仲，宣王之臣有南
> 中。中仲古字通用。意班固以爲南中也。又按《漢書》傳以〈采薇〉
> 爲懿王時詩，〈出車〉與〈六月〉俱爲宣王時詩。〔註51〕

另兩處皆是引《漢書》顏師古之注，對字義進行訓詁考證，卷十九考證：

> 〈雨無正〉章淪胥以鋪。《漢書》注：顏師古曰：《韓詩》淪字作薰。
> 薰者謂相薰蒸。《後漢書》注：「薰胥以痛」痛，病也。〔註52〕

卷二十三考證：

> 思皇多士傳皇天。《漢書・王褒傳》顏師古注曰：思，語辭。皇，美
> 也。〔註53〕

（3）《春秋》

考證卷中引用《春秋》有二處，是引用《春秋》所載之史實用以佐證或
補充《毛傳》或《孔疏》，卷四考證：

> 〈桑中〉章美孟弋矣。《傳》：弋，姓也。按：《春秋・襄公四年》夫
> 人姒氏薨。《公羊傳》作弋氏薨。定公十五年：「姒氏卒」，《穀梁傳》
> 作：「弋氏卒」。《姓苑》：「弋姓出河東，今蒲州有弋氏。」朱子曰：
> 夏后氏之後也，似弋姒同姓。〔註54〕

〔註50〕四庫館臣：《毛詩注疏・卷二十五考證》，《景印文淵閣四庫全書》第六十九冊，
　　　　頁880。

〔註51〕四庫館臣：《毛詩注疏・卷十六考證》，《景印文淵閣四庫全書》第六十九冊，
　　　　頁471。

〔註52〕四庫館臣：《毛詩注疏・卷十九考證》，《景印文淵閣四庫全書》第六十九冊，
　　　　頁570。

〔註53〕四庫館臣：《毛詩注疏・卷二十三考證》，《景印文淵閣四庫全書》第六十九冊，
　　　　頁748。

〔註54〕四庫館臣：《毛詩注疏・卷四考證》，《景印文淵閣四庫全書》第六十九冊，頁
　　　　248。

卷十九考證：

> 〈何人斯〉序《傳》：暴，畿内國名。《疏》：徧檢書傳，未聞畿外有
> 暴國。今暴公爲卿士，明畿内，故曰畿内國名。按：《春秋‧文公八
> 年》：「公子遂會雒戎盟于暴。」杜預注：鄭地。《路史》云：暴，辛
> 公采鄭地也。一曰隧。〔註55〕

（4）《國語》

引用《國語》中的〈鄭語〉、〈周語〉對於《毛傳》的注疏加以補充，如
卷六考證：

> 〈揚之水〉章不與我戍申。《傳》：申，姜姓之國。按：〈鄭語〉云：
> 當成周者南有申呂。〈周語〉云：齊許申呂由太姜同四岳伯夷之後
> 也。〔註56〕

2. 字　書

（1）《說文》

引用《說文》九處。《說文》是中國第一本字書，所以《四庫全書》引用
《說文》都是用作字句的釋義，如卷二十四考證：

> 〈生民〉章禾役穟穟。《傳》：役，列也。李樗曰：役禾之末也。《說
> 文》亦云：禾末也。較毛說爲勝。〔註57〕

（2）《爾雅》

《爾雅》是解釋古代語詞的辭典。從上古累積而來的一部份語詞，因爲
年代久遠或棄而不用而逐漸難以讓人知曉，爲了避免人們在閱讀古書上產
生困難，幫助人們通曉方言、辨識名物，因此，便使用當時共同使用的雅言
加以解釋。所謂的「雅言」，就是指雅正之言，也是先秦時代在政治、文化、
社交上共同使用的標準語言（即所謂的「官話」、現在的「國語」），所以，
「爾雅」其實就是利用這種標準語言來解釋古語詞、方言語詞以及冷僻的語
詞。四庫館臣對於文句、名物的考釋，共四次引用《爾雅》作爲佐證，卷七
考證：

〔註55〕四庫館臣：《毛詩注疏‧卷十九考證》，《景印文淵閣四庫全書》第六十九冊，
　　　　頁 570。

〔註56〕四庫館臣：《毛詩注疏‧卷六考證》，《景印文淵閣四庫全書》第六十九冊，頁
　　　　283。

〔註57〕四庫館臣：《毛詩注疏‧卷二十四考證》，《景印文淵閣四庫全書》第六十九
　　　　冊，頁 807。

〈鄭風・大叔于田〉章乘乘鴇。按：鴇《爾雅》釋畜文作駂，從馬其從鳥者，乃肅肅鴇羽之鴇也。〔註58〕

此處是從《爾雅》之說對文字字形加以考證。另外在卷二十四考證：

維秬維秠。按《爾雅翼》云：鄭氏釋卺人以秠之狀雜于秬。郭氏解釋草以秬之色雜于秠。郭又引漢任城生黑黍詩歌后稷播種乃民事之常，如必待任城所生而後降之，則沒世不可得矣。此條所駁甚是。但謂秠即來麰，而以《說文》一來二縫爲即一稃二米，恐未然。《本草圖經》云：秬黍之中一稃二米者，今上黨或值豐歲往往得之，此爲得其實也。〔註59〕

此處乃是辯駁《鄭箋》之說，引用《爾雅》之解釋。還有此二處乃是對於名物有所爭議者，引用《爾雅》之說以爲佐證。卷二十一考證：

瞻彼洛矣章鞞琫有珌。按鞞琫珌《爾雅》無文，故此傳云：鞞容刀鞞也，琫上飾，珌下飾。而〈公劉〉傳則云：下曰鞞，上曰琫。《釋名》因之。至杜預《左傳》注則以鞞爲上，鞛爲下飾。〔註60〕

卷二考證：

〈草蟲〉章趯趯阜螽。按《爾雅》作蛗螽，此蟲屬當從虫。若歐陽氏謂生于陵阜者曰阜螽，生于草間者曰草蟲，則近于鑿矣。〔註61〕

（3）《廣雅》

考證中引用《廣雅》者有一處。《廣雅》是在《爾雅》的基礎上增廣而成，其性質與《爾雅》相似，是解釋古代語詞的辭典。在考證卷中，四庫的館臣除了用《爾雅》考證《詩經》中有爭議的名物外，也兼用《廣雅》解釋名物，如在卷二十考證：

西有長庚。疏長庚不知是何星。臣光型按：《史記索隱》引《韓詩》云：太白晨出東方爲啓明，昏見西方爲長庚。《廣雅》云：太白謂之長庚。然則啓明、長庚、太白，一星也，獨鄭樵乃謂啓明金星，長

〔註58〕四庫館臣：《毛詩注疏・卷七考證》，《景印文淵閣四庫全書》第六十九冊，頁311。

〔註59〕四庫館臣：《毛詩注疏・卷二十四考證》，《景印文淵閣四庫全書》第六十九冊，頁807。

〔註60〕四庫館臣：《毛詩注疏・卷二十一考證》，《景印文淵閣四庫全書》第六十九冊，頁645。

〔註61〕四庫館臣：《毛詩注疏・卷二考證》，《景印文淵閣四庫全書》第六十九冊，頁182。

庚水星，與舊說不同。〔註62〕

（二）三家詩

考證中所引用的三家詩以《韓詩》爲最多，如館臣在考證跋語所言，《韓詩》存卻無有傳者，而其餘兩家早已亡軼，因此館臣無法引用此兩家之言以證其說，於三家詩中只能引用《韓詩》以爲佐證，此外亦有引用《申培詩說》（魯詩）爲證者，如在卷二考證：

迨其謂之傳則不待禮會而行之者。按此與鄭箋引周禮奔者不禁之言俱害理，宋儒女子懼嫁不及時之說似亦未暢。不若《申培詩說》云：女父擇婿之詩爲當。詩說雖或後人僞書，而此說則甚正，較古注朱傳之義爲長，有足取也。〔註63〕

《申培詩說》雖爲明代豐坊所僞作，但此書在明代卻十分流行，甚至成爲科考出題的範圍。不過此書所表現出來的《詩》學觀點，應是屬於豐坊個人，而非是申培的《詩》學觀點。在《四庫全書》蒐集的著錄中，雖然對於明代的《詩經》學著作收錄較少並多所批評，近人楊晉龍先生據此認爲《四庫全書》對於明代《詩經》學不表認同〔註64〕，但在此處，四庫館臣卻引用明代的《詩經》學僞書的說法，並以爲其說優於《毛傳》、《鄭箋》等古傳，也較朱子的《詩集傳》爲佳，可見館臣不拘門戶之見，唯求經義完善的一面。

（三）宋、元、明、清學者

此外也引用了很多宋代以後的學者對《詩經》的說法，從宋代到清初，治《詩經》的學者如此眾多，能爲館臣所引用的學者之言，必是一時之俊彥，其學術觀點多有代表性，而這些學者的意見除了朱子的說法外，被館臣所引用者也多爲館臣所贊成，只有少部分的說法是館臣加以駁斥的。因此吾人可從此明瞭館臣的《詩》學觀點，而館臣的《詩》學觀點，亦爲《四庫全書》的《詩》學觀點。因此本節擬探討這些被引用、被提及學者的《詩經》學觀點，以明《四庫全書》的《詩》學觀點。

〔註62〕四庫館臣：《毛詩注疏・卷二十考證》，《景印文淵閣四庫全書》第六十九冊，頁607。

〔註63〕四庫館臣：《毛詩注疏・卷二考證》，《景印文淵閣四庫全書》第六十九冊，頁182。

〔註64〕楊晉龍：〈論《四庫全書總目》對明代詩經學的評價〉，《第四屆詩經國際學術研討會論文集》，頁457～485。

在考證卷中被引用的學者有歐陽脩（七次）、蘇轍（三次）、朱子（八次）、呂祖謙（一次）、嚴粲（六次）、范處義（二次）、李樗（六次）、輔廣（一次）、王應麟（一次）、劉瑾（二次）、許謙（二次）、錢天錫（一次）、顧炎武（一次）、李光地（十一次）等十四人（附表九），這些學者的言論被引用至《毛詩注疏》的考證卷中多是用以駁舊說之非，也就是駁斥《毛傳》、《鄭箋》、《孔疏》等漢學派舊說，其中只有朱子的言論在被引用的八次之中，有四次是館臣所不贊成的，其主要原因應是朱子爲宋學派的代表人物，館臣引用其說不是贊成他的說法，而是以之與漢學派的說法相對應比較。除了朱子之外的學者，館臣引用其說法多半是用以佐證館臣的說法。以下將分別探究諸位學者在《毛詩注疏》考證卷中被引用的言論，以及其《詩》學觀點。

1. 歐陽脩

歐陽脩字永叔，自號醉翁，晚號六一居士，宋盧陵人。生於眞宗景德四年（1007），卒於神宗熙寧五年（1072），享年六十六歲，諡號文忠。〔註65〕

歐陽脩在《毛詩注疏》考證卷中被引用七次。《四庫全書》對歐陽脩的評價如下：

> 自唐以來，說《詩》者莫敢議毛、鄭，雖老師宿儒，亦謹守《小序》，至宋而新義日增，舊說俱廢。推原所始，實發於修。然修之言曰：「後之學者，因嘗先世之所傳而較得失，或有之矣。使徒抱焚餘殘脫之經，悵悵於聖人千百年後，不見先儒中間之說，而欲特立一家之學者，果有能哉？吾未之信也。」又曰：「先儒於經不能無失，而所得固已多矣。盡其說而理有不通，然後以論正之。」是修作是書，本出於和氣平心，以意逆志。故其立論未嘗輕議二家，而亦不曲徇二家。其所訓釋，往往得詩人之本志。〔註66〕

《四庫全書》認爲盡廢《詩序》實是源於歐陽脩，但是歐陽脩卻是和氣平心，完全以詩意爲依歸來說詩，不同於後來漢宋兩派的意氣之爭，所以其說多爲詩人之本志。《四庫全書》對於歐陽脩的《詩》學觀點基本上是持著肯定的態度，在《毛詩注疏》的考證卷中引用的七次也多是贊成歐陽脩說之說法，只有在卷十三考證中館臣的看法與歐陽脩不同：

〔註65〕林葉連：《中國歷代詩經學》，頁238。

〔註66〕清·永瑢、紀昀等撰：《總目·詩本義》，《景印文淵閣四庫全書》第一冊，頁326。

顧瞻周道箋周道周之政令也。朱子辯序云：周道謂適周之道。如〈四
牡〉所謂周道倭遲耳。歐陽修曰：顧瞻嚮周之道，欲往告以所憂。
濮一之曰：周道與大東周道如砥同。諸說皆以道為道路。然紬繹詩
詞，有思文武之道意，當以古說為是。〔註67〕

《詩序》以為〈匪風〉篇〔註68〕是因為國家時政動亂，國人思念周天子國家
治平之時。

　　但是朱子以為周道只是字面上到達周的道路，歐陽脩以為是「詩人以檜
國政亂憂及禍難，而思天子治其國政，以安其人民。其言曰：我顧瞻嚮周之
道，欲往告以所憂而不得往者。」這樣的說法，折衷於《詩序》與朱子，但
是館臣認為還是《詩序》之言為是。而歐陽脩的《詩》學觀點大致如下：

（1）相信《詩序》

　　《四庫全書》雖然認為廢《詩序》者，「始發於脩」，但是細察歐陽脩的
《詩》學代表作《詩本義》，其內容大抵相信《詩序》所言，其言曰：

自漢以來，學者多矣，其卒舍三家而從毛公者，蓋以其源流所自，
得聖人之旨多歟！今考《毛詩》諸序，與孟子說詩多合，故吾於詩
常以《序》為證也。至其時有小失，隨而正之。惟〈周南〉、〈召南〉
失者類多，吾固已論之矣，學者可以察焉。〔註69〕

歐陽脩雖認為《詩序》的部分篇章有所失，但是大抵還是以為《詩序》是可
信的。

（2）以為美刺為作詩之本義

　　歐陽脩認為學詩者有四類：詩人之意、太師之職、聖人之志、經師之業。
四者中又有本末，歐陽脩認為：

何謂本末？作此詩，述此事，善則美，惡則刺，所謂詩人之意者，
本也。正其名，別其類，或繫於此，或繫於彼，所謂太師之職者，
末也。察其美刺，知其善惡，以為勸戒，所謂聖人之志者，本也。
求詩人之意，達聖人之志者，經師之本也；講太師之職，因其失傳

〔註67〕四庫館臣：《毛詩注疏・卷十三考證》，《景印文淵閣四庫全書》第六十九冊，
頁398。

〔註68〕《詩序》：〈匪風〉思周道也。國小政亂，憂及禍難，而思周道焉。《景印文淵
閣四庫全書》第六十九冊，頁26。

〔註69〕宋・歐陽脩：《詩本義》，卷十四〈序問〉，《景印文淵閣四庫全書》第七十冊
（臺北：臺灣商務印書館，1983年），頁294。

而妄自爲之說者，經師之末也。今夫學者，得其本而通其末，斯盡
善矣；得其本而不通其末，闕其所疑，可也。〔註70〕

能夠知道詩人之本意乃是學《詩》之本，而《詩》之本意乃是寄寓於美刺之
中，詩人對於善事則美之，惡事則刺之，因此歐陽脩以爲：

今夫學者，知前事之善惡，知詩人之美刺，知聖人之勸戒，是謂知
學之本而得其要，其學足矣，又何求焉。〔註71〕

歐陽脩堅信美、刺乃作詩之本意，這也是他雖不認同《詩序》的少部分說法，
但說《詩》卻多從《詩序》之因。

（3）以為《詩》有「淫詩」

歐陽脩大發《毛傳》、《鄭箋》難端之處，主要是首次明確指出《詩經》
中國風存在淫奔之詞。《詩本義》解釋〈邶風・靜女〉云：

衛宣公既與二夫人烝淫，爲鳥獸之行。衛俗化之，禮義壞而淫風大
行。男女務以色相誘悅，務誇自道而不知爲惡，雖幽靜難誘之女亦
然。〔註72〕

據此謂此詩「乃是述衛風俗男女淫奔之詩爾」〔註73〕，此外以爲〈陳風・東
門之枌〉亦爲淫奔之詩：

陳俗男女喜淫風，而詩人斥其尤者，子仲之子常婆娑於國中，樹下
以相誘說，因道其相誘之語，當以善旦期於國南之原野，而其婦女
亦不務績麻，而婆娑於市中，其下文又述其相約以往，而悅慕其容
色，贈物以爲好之意。蓋男女淫奔，多在國之郊野，所謂南方之原
者，猶東門之墠也。〔註74〕

又如〈召南・野有死麕〉：

紂時男女淫奔以成風俗，惟周人被文王之化者，能知廉恥而惡其無
禮，故見其男女之相誘而淫亂者惡之。曰彼野有死麕之肉，汝尚可
以食之，故愛惜而包以白茅之潔，不使爲物所汙，奈何彼女懷春，

〔註70〕宋・歐陽脩：《詩本義》，卷十四〈本末論〉，《景印文淵閣四庫全書》第七十
冊，頁291。

〔註71〕宋・歐陽脩：《詩本義》，卷十四〈本末論〉，《景印文淵閣四庫全書》第七十
冊，頁291。

〔註72〕宋・歐陽脩：《詩本義》，卷三，《景印文淵閣四庫全書》第七十冊，頁198。

〔註73〕宋・歐陽脩：《詩本義》，卷三，《景印文淵閣四庫全書》第七十冊，頁198。

〔註74〕宋・歐陽脩：《詩本義》，卷五，《景印文淵閣四庫全書》第七十冊，頁211。

吉士遂誘而汙以非禮，吉士猶然彊暴之男可知矣。〔註75〕

歐陽脩對於淫詩的說法，拋棄《詩序》的刺淫之說，「這樣直指某詩爲淫奔，也可以說是歐陽脩啓其端」。〔註76〕

2. 蘇　轍

蘇轍字子由，一字同叔，晚號潁濱遺老，四川眉山人。生於宋仁宗寶元二年（1039）二月二十日，卒於宋徽宗政和二年（1112）十月三日，享年七十四歲。蘇轍與父蘇洵、兄蘇軾並列於「唐宋古文八大家」之林，號稱「三蘇」。

蘇轍的著述很豐富，計有《欒城集》共九十六卷、《詩集傳》二十卷、《春秋集解》十二卷、《古史》六十卷、《龍川略志》十卷、《龍川別志》二卷、《老子解》二卷、《論語拾遺》一卷、《孟子解》一卷。蘇轍所著的《詩集傳》是《詩經》學史上重要的著作。《詩集傳》第一次全面分析了《詩序》的結構，並根據《詩序》的內容將其分爲大、小兩部分，於《小序》則分爲首句、餘句，對於餘句全部廢之，故蘇氏《詩集傳》實爲《詩經》學史上第一部廢《序》言《詩》的全解，這對於《詩經》漢學權威的瓦解以及宋學傳統的建立有著承前起後的開創性作用。同時蘇轍也以人情的觀點來理解詩篇，因此他的見解也就更多接近於詩篇的原意，促進了《詩經》研究從經學向文學的轉變。朱子對於蘇轍備加讚揚，他說：「蘇黃門（轍）《詩說》疏放，覺得好」、「子由《詩解》好處多」〔註77〕、「蘇氏《集傳》比之諸家若爲簡直」〔註78〕。屈萬里也說蘇轍「能獨抒己見，而不迷信舊說」〔註79〕，從這些評論中，我們可以看出蘇轍的《詩集傳》在《詩經》學史上對於漢、宋兩派的學術轉變具有重要的承先啓後作用。

《四庫全書》在考證卷中引用蘇轍之言者有三，一是用以考證其篇章主旨，卷二考證：

〈羔羊〉序德如羔羊也。蘇轍曰：君子愛其人，則樂道其車服。是以詩言羔羊之皮而已，非比其德也。〔註80〕

〔註75〕宋・歐陽脩：《詩本義》，卷二，《景印文淵閣四庫全書》第七十冊，頁192。
〔註76〕洪湛侯：《詩經學史》（上）（北京：中華書局，2002年），頁312。
〔註77〕宋・黎靖德：《朱子語類》，卷八十，頁3321。
〔註78〕宋・朱熹：《答吳伯豐四》，見《朱熹集》，卷五十二，頁2565。
〔註79〕屈萬里：《詩經詮釋》（臺北：聯經出版社，1989年），頁21。
〔註80〕四庫館臣：《毛詩注疏・卷二考證》，《景印文淵閣四庫全書》第六十九冊，頁

《詩序》由〈首序〉「〈羔羊〉,〈鵲巢〉之功致也。」推衍出「召南之國,化文王之政,在位皆節儉正直,德如羔羊。」蘇轍則認為詩中所敘寫的「羔羊之皮」並不具有「德如羔羊」之意,詩人所以敘寫「羔羊之皮」是因為「愛其人,則樂道其車服」,由人及物,並無深意,說「德如羔羊」,純是《詩序》的衍說。館臣在此也同意蘇轍這樣的說法,因此將蘇轍的說法列於考證卷中。二是用以文句考釋,在卷三考證:

> 〈邶風‧柏舟〉章不可以茹。《傳》:茹,度也。蘇轍曰:入也。歐
> 陽修曰:納也。李光地亦曰:納也。言其善惡分明,不能如鑑之妍
> 媸並納也,於義較長。〔註81〕

在此條考證中,館臣引用蘇轍、歐陽脩、李光地的說法來解釋「茹」的字義,雖然最後採用的是歐、李之說,但亦列出蘇轍之說以為參考。另一條亦是用作文句考釋,卷十六考證:

> 〈出車〉章王命南仲傳王殷王也。按蘇轍曰:紂得命文王,而不得
> 命南仲,故王乃為文王,不得為紂。李樗曰:從毛氏之說,以王為
> 殷王,則與序不相合,若從蘇氏之說,以王為文王。夫文王未嘗生
> 時稱王,不應文王之時作此詩也。朱子闕其時世,而以所謂天子,
> 所謂王命,皆為周王當已。〔註82〕

〈出車〉章中的「王」究竟為誰?《詩序》以為是文王,《鄭箋》以為是殷紂王,蘇轍以為當從《詩序》之說,不過館臣以為文王生時不曾稱王,所以不應是文王時作此詩,認為當從朱子之說,以為是周王即可。

《四庫全書總目》對於蘇轍的《詩經》學觀點有贊成、有反對,對於其《詩經》學著作,有以下的評論:

> 其說以詩之《小序》反復繁重,類非一人之詞,疑為毛公之學,衛
> 宏之所集錄,因惟存其發端一言,而以下餘文,悉從刪汰。案《禮
> 記》曰:「騶虞者,樂官備也;貍首者,樂會時也;采蘋者,樂循法
> 也。」是足見古人言詩,率以一語括其旨。《小序》之體,實肇於斯。
> 王應麟《韓詩考》所載,如「《關雎》,刺時也;《芣苢》,傷夫有惡

182。

〔註81〕 四庫館臣:《毛詩注疏‧卷三考證》,《景印文淵閣四庫全書》第六十九冊,頁
224。

〔註82〕 四庫館臣:《毛詩注疏‧卷十六考證》,《景印文淵閣四庫全書》第六十九冊,
頁470。

疾也；《漢廣》，悦人也；《汝墳》，辭家也；《蝃蝀》，刺奔女也；《黍
離》，伯封作也；《賓之初筵》，衛武公飲酒悔過也。」劉安世《元城
語錄》亦曰：「少年嘗記讀《韓詩》（案《崇文總目》，《韓詩》北宋
尚存，范處義《逸齋詩補傳》謂《韓詩》世罕有之。此語不可信，
蓋偶未考，）有《雨無極》篇，序云『正大夫刺幽王也』。首云：『雨
無其極，傷我稼穡』云云。」是《韓詩序》亦括以一語也。又蔡邕
書《石經》，悉本《魯詩》，所作《獨斷》，載《周頌序》三十一章，
大致皆與《毛詩》同。而但有其首句，是《魯詩序》亦括以一語也。
轍取《小序》首句爲毛公之學，不爲無見。史傳言《詩序》者以《後
漢書》爲近古，而《儒林傳》稱「謝曼卿善《毛詩》，乃爲其訓。衛
宏從曼卿受學，因作《毛詩序》。」轍以爲衛宏所集錄，亦不爲無徵。
唐成伯璵作《毛詩指說》，雖亦以《小序》爲出子夏，然其言曰：「眾
篇之《小序》，子夏惟裁初句耳。《葛覃》，后妃之本也。《鴻鴈》，美
宣王也。如此之類是也。其下皆大毛公自以詩中之意而繫其詞」云
云。然則惟取序首，伯璵已先言之，不自轍創矣，厥後王得臣程大
昌、李樗皆以轍説爲祖，良有由也。轍自序又曰：「獨採其可者見於
今傳，其尤不可者皆明著其失。」則轍於毛氏之學亦不激不隨，務
持其平者，而朱翌《猗覺寮雜記》乃曰：「蘇子由解詩不用《詩序》。」
亦未識轍之本志矣。〔註83〕

　　《四庫全書總目》引用王應麟、劉安世等人的説法，説明蘇轍以爲「一語以
括詩旨」之可信，並説《魯詩序》「亦括以一語也」，極言蘇轍只取首句的作
法可信，並認爲蘇轍以爲《詩序》是衛宏所作的，也是有所憑藉，但是雖然
蘇轍以爲《詩序》非子夏所傳，蘇轍仍然是依著《詩序》來解詩，後人以爲
蘇轍解詩不用《詩序》，《四庫全書》認爲那是不明蘇轍之本志。

　　蘇轍的《詩經》學觀點主要展現在他所著的《詩集傳》中，《詩集傳》的
《詩經》學觀點大致有以下幾點：

（1）以為《詩序》首句可信

　　蘇轍對於《詩序》的劃分，與前人頗不同。首先，他認爲〈小序〉首句
和餘句在語言、內容及思維上有所不同，因此認爲應該將首句和餘句做分

〔註83〕清・永瑢、紀昀等撰：《總目・詩集傳》，《景印文淵閣四庫全書》第一冊，頁
326。

別。他認爲〈小序〉首句語句簡短，以一句話扼要精鍊的說明詩歌的旨趣或作者，如：「〈泉水〉，衛女思歸也。」〔註84〕「〈載馳〉，許穆夫人作也，閔其宗國顚覆，自傷不能救也。」〔註85〕而後一部份則「委曲婉轉，附經以成其義」〔註86〕，如〈載馳〉言：衛懿公爲狄人所滅，國人分散，露於漕邑。許穆夫人閔衛之亡，傷許之小，力不能救；思歸唁其兄，又義不得，故賦是詩也〔註87〕。這應是對〈小序〉首句的補充和延伸，與首句的模式不太一致，所以蘇轍將《詩序》分爲兩部分，並認爲非是同一人所作。他認爲：

> 孔子之敍《書》也，舉其所爲作《書》之故；其贊《易》也，發其可以推《易》之端，未嘗詳言之也。非不能詳，以爲詳之則隘，是以常舉其略，以待學者自推之，故其言曰：「仁者見之謂之仁，智者見之謂之智。」夫唯不詳，故學者有以推而自得之。今《毛詩》之敍何其詳之甚也！世傳以爲出於子夏，予竊疑之。子夏嘗言《詩》於仲尼，仲尼稱之，故後世之爲《詩》者附之。要之，豈必子夏爲之？其亦出於孔子或弟子之知《詩》者歟？然其誠出於孔氏也，則不若是詳矣。孔子刪《詩》而取三百五篇，今其亡者六焉。《詩》之敍未嘗詳也。《詩》之亡者，經師不得見矣，雖欲詳之而無由，其存者將以解之，故從而附益之以自信其說。是以其言時有反覆煩重，類非一人之詞者，凡此皆毛氏之學而衛宏之所集錄也。東漢《儒林傳》曰：「衛宏從謝曼卿受學，作《毛詩敍》善得風雅之旨，至今傳於世。」隋《經籍志》曰：「先儒相承謂《毛詩敍》子夏所創，毛公及衛敬仲又加潤益。」古說本如此，故予存其一言而已，曰：是《詩》言是事也。而盡去其餘，獨采其可者見於今傳，其尤不可者皆明著其失。以爲此孔氏之舊也。〔註88〕

蘇轍以爲後世傳《詩》者附會《論語・八佾》篇的記載，誤以爲子夏作《詩序》，因此《詩序》的作者，並不一定是子夏。另外他還說六篇笙詩，只存首句，乃是因爲內容已經亡軼，漢儒因此無法補充餘句，以此證明餘句爲漢儒所作。同時，他又據《後漢書・儒林傳》、《隋書・經籍志》的記載，可證《詩

〔註84〕《詩序》，《景印文淵閣四庫全書》第六十九冊，頁 12。
〔註85〕《詩序》，《景印文淵閣四庫全書》第六十九冊，頁 15。
〔註86〕皮錫瑞：《經學通論》（北京：中華書局，1954 年），頁 26。
〔註87〕《詩序》，《景印文淵閣四庫全書》第六十九冊，頁 15。
〔註88〕宋・蘇轍：《詩集傳》，《景印文淵閣四庫全書》第七十冊，卷一，頁 315。

序》爲毛氏之學，衛宏所集。基於這些原因，他做出這樣的結論：

> 《詩序》非詩人所作，亦非一人作之。蓋自國史明變，太師達雅，
> 其所作之意，必相授於作詩之時，況聖人刪定之後，凡在孔門居七
> 十弟子之列，類能言之。而鄒魯之士，縉紳先生多能明之。漢興，
> 得遺文於戰國之餘，諸儒相與傳授講說，而作爲之《序》，其義必有
> 所授之也。於是訓詁傳注起焉，相與祖述而爲之說，使後之學者釋
> 經旨而不得，即以《序》爲證。殊不知《序》之作亦未得詩之旨，
> 此不可不辨。〔註89〕

蘇轍認爲《詩序》的創作並非一時一人，後儒以《詩序》爲《詩》旨之依歸，實在未能得《詩》之旨。因此他認爲應該刪去餘句，避免侷限了對《詩》的理解，只以首句做爲理解《詩經》的依據。

　　在蘇轍之前雖也有部分學者諸如成伯璵、歐陽脩等人，陸續提出對《詩序》的懷疑，但他們在實際解《詩》時，多半還是無法跳脫《詩序》，一直到蘇轍方能較確實的去《序》言《詩》，雖然蘇轍對於《詩序》的辯駁只是以部分史書的片段之言爲依據，證據不夠充分，考證也不夠詳實，不能作爲確論，但是不可否認的是蘇轍的去《序》言《詩》爲《詩經》學開始了新的一頁。

3. 朱　熹

　　朱熹（1130～1200），字元晦，一字仲晦，徽州婺源人，生於南宋建炎四年（1130），卒於寧宗慶元六年（1200），享年七十一歲，謚號文。朱熹自幼即從父習河洛之學。其爲學，大抵窮理以致其知，反躬以踐其實，而以居敬爲主。歷仕高、孝、光、寧四朝，累官寶文閣待制。寧宗慶元元年，韓侂胄擅權蔽主，朱熹極表不滿，故遭誣陷，但仍講學不輟〔註90〕。朱熹著作極多，其詩經學著作尚存世者，有《詩集傳》、《詩序辨說》、《文公詩傳遺說》。朱熹是南宋集理學之大成者，其《詩經》學著作在元朝時即被亦被奉爲科考的標準本〔註91〕，明朝、清初亦是，因此《四庫全書》在提及朱熹時以「朱子」尊稱之，不敢直呼其名，可見其在學術界的地位。但是在《毛詩注疏》的考

〔註89〕　蘇轍《詩說》見茅坤：《唐宋八大家文鈔・潁濱文鈔》，《景印文淵閣四庫全書》
　　　　　第一三八四冊，頁927。
〔註90〕　林葉連：《中國歷代詩經學》，頁278。
〔註91〕　元仁宗延佑定科舉法，《易》用朱子《本義》，《書》用蔡沈《集傳》，《詩》用
　　　　　朱子《集傳》，《書》用胡安國《傳》，惟《禮記》猶用《鄭注》。參見清・皮
　　　　　錫瑞：《經學歷史》（臺北：藝文印書館，2004年），頁308。

證卷中被引用的八次，有四次是館臣不贊成朱子之說者，其中兩次是館臣反對朱熹淫詩說。

朱熹廢《詩序》，從文學角度解釋《詩經》，因而認為《詩經》中的里巷歌謠有許多「男女相與咏歌各言其情」的情歌，但是朱熹又無法擺脫禮樂教化的束縛，因此將這些情詩斥為「淫奔之詩」、「淫奔期會之詩」。

朱熹認為《詩》中的淫詩正如《春秋》記亂事一樣，皆用以「見當時風俗事實之變，而垂鑒戒於後世」，朱熹說：

> 夫子之於〈鄭〉、〈衛〉，蓋深絕其聲於樂以為法，而嚴立其詞於詩以為戒。如聖人固不語亂，而《春秋》所記，無非亂臣賊子之事，蓋不如是，無以見當時風俗事變之實，而垂鑒戒於後世，故不得已而存之，所謂道並行而不相悖者也。……曰：「然則《大序》所謂『止乎禮義』、夫子所謂『思無邪』者，又何謂邪？」曰：「《大序》指〈柏舟〉、〈綠衣〉、〈泉水〉、〈竹竿〉之屬而言，以為多出於此耳，非謂篇篇皆然，而〈桑中〉之類，亦止乎禮義也。夫子之言，正為有邪正美惡之雜，故特言此以明其皆可以懲惡勸善，而使人得性情之正耳。非以〈桑中〉之類，亦以無邪之思作之也。」〔註92〕

朱熹認為孔子說的「《詩》三百，一言以蔽之，曰：『思無邪。』」並不是說孔子以為「詩人以無邪之思作詩」〔註93〕，而是讀者「以無邪之思讀之」〔註94〕。孔子曾說「惡鄭聲之亂〈雅〉樂」〔註95〕，又說「鄭聲淫」，所以欲「放鄭聲」〔註96〕，而經過孔子整理的《詩經》卻留有〈鄭風〉，朱熹以為乃是因為《詩》雖有邪正美惡之雜，但皆可以懲惡勸善，而使人得性情之正，因此並非所有的詩，都是以無邪之思所作，而是必須靠讀者「以無邪之思讀之」，才能達到「思無邪」。

朱熹並認為如《詩序》所說的鄭、衛諸詩，辭雖幾於勸淫，其實是刺淫

〔註92〕 宋・朱熹：《詩序辨說・鄘風・桑中》，《景印文淵閣四庫全書》第六十九冊，頁14。

〔註93〕 宋・呂祖謙：〈鄘風・桑中〉，《呂氏家塾讀詩記》，《景印文淵閣四庫全書》第七十三冊（臺北：臺灣商務印書館，1983年），卷五，頁390。

〔註94〕 《朱熹集・讀呂氏詩記桑中篇》第六冊，卷七十，頁3650～3651。

〔註95〕 魏・何晏集解，宋・邢昺疏：《論語注疏》，《景印文淵閣四庫全書》第一九五冊，頁157。

〔註96〕 魏・何晏集解，宋・邢昺疏：《論語・衛靈公》，《景印文淵閣四庫全書》第一九五冊，頁138。

之詩，這樣的說法是不可信的。朱熹以爲：

> 或者以爲刺詩之體固有鋪陳其事，不加一辭，而閔惜懲創之意自見
> 於言外者，此類是也；豈必譙讓質責然後爲刺也哉？此說不然。夫
> 詩之爲刺，固有不加一辭而意自見者，〈清人〉、〈猗嗟〉之屬是
> 已。然嘗試玩之，則其賦之之人猶在所賦之外，而詞意之間猶有賓
> 主之分也。豈有將欲刺人之惡，乃反自爲彼人之言，以陷其身於所
> 刺之中而不自知也哉？其必不然也明矣。又況此等之人，安於爲
> 惡，其於此等之詩，計其平日固已自其口出而無慚矣，又何待吾之
> 鋪陳而後始知其所爲之如此，亦豈畏我之閔惜而遂幡然遽有懲創之
> 心耶？以是爲刺，不惟無益，殆恐不免於鼓之舞之，而反以勸其惡
> 也。〔註97〕

朱熹認爲〈鄭風〉裡的淫詩是淫奔者自作，並非他人口吻，也自然不可能有
譏諷的意涵，因此朱熹主張《詩》有淫詩，而且這些淫詩並非用以刺淫。館
臣二次特別引用朱熹之言並加以反駁，可見館臣不贊同朱熹這樣的說法。

在《四庫全書總目》之中，館臣對於朱熹的《詩》學有這樣的評論：

> 朱子注《易》，凡兩易稿。其初著之《易傳》，《宋志》著錄，今已散
> 佚，不知其說之同異。註《詩》亦兩易稿。凡呂祖謙《讀詩記》所
> 稱「朱氏曰」者，皆其初藁，其說全宗《小序》。後乃改從鄭樵之說
> （案朱子攻《序》用鄭樵說，見於《語錄》。朱升以爲用歐陽修之
> 說，殆誤也。）是爲今本。卷首自序，作於淳熙四年，中無一語斥
> 《小序》，蓋猶初稿。序末稱時方輯《詩傳》，是其證也。其註《孟
> 子》，以〈柏舟〉爲仁人不遇。作〈白鹿洞賦〉，以〈子衿〉爲刺學
> 校之廢。〈周頌·豐年〉篇，《小序辨說》極言其誤，而《集傳》乃
> 仍用《小序》說，前後不符。亦舊娗之刪改未盡者也。楊愼《丹鉛
> 錄》謂「文公因呂成公太尊《小序》，遂盡變其說」，雖意度之詞，
> 或亦不無所因歟？自是以後，說詩者遂分攻序、宗序兩家，角立相
> 爭，而終不能以偏廢。《欽定詩經彙纂》雖以《集傳》居先，而序說
> 則亦皆附錄，允爲持千古之平矣。舊本附《詩序辨說》於後，近時
> 刊本皆刪去。鄭元稱毛公以序分冠諸篇，則毛公以前序本自爲一
> 卷，《隋志》、《唐志》亦與《毛詩》各見，今已與《辨說》別著於

〔註97〕宋·朱熹：《詩序辨說》，《景印文淵閣四庫全書》第六十九冊，頁13。

錄，茲不重載。其間經文訛異，馮嗣京所校正者，如〈鄘風〉「終然允臧」，然誤焉；〈王風〉「牛羊下括」，括誤桔；〈齊風〉「不能辰夜」辰誤晨；〈小雅〉「求爾新特」，爾誤我；「朔月辛卯」，月誤日；「胡然厲矣」，然誤爲；「家伯家宰」家誤冢；「如彼泉流」，泉流誤流泉；「爰其適歸」，爰誤奚；〈大雅〉「天降滔德」，滔誤慆；「如彼泉流」亦誤流泉；〈商頌〉「降予卿士」，予誤于。凡十二條。陳啓源所校正者，〈召南〉「無使尨也吠」，尨誤厖；「何彼襛矣」，襛誤穠；〈衛風〉「遠兄弟父母」誤「遠父母兄弟」；〈小雅〉「言歸斯復」斯誤思；「昊天大憮」，大誤泰；〈楚茨〉「以享以祀」享誤饗；「福祿膍之」膍誤媲，「畏不能趨」，趨誤趍；「不皇朝矣」，皇誤遑（下二章同）〈大雅〉「淠彼涇舟」，淠誤渒；「以篤于周祜」，脫于字；〈周頌〉「既右饗之」，饗誤享；〈魯頌〉「其旂茷茷」誤茷茷；〈商頌〉「來格祁祁」，誤祈祈。凡十四條。又傳文訛異，陳啓源所校正者，〈召南・騶虞〉篇「豝，牝豕也」，牝誤牡；〈終南〉篇「黻之狀亞，象兩弓相背」，亞誤亞，弓誤巳；〈南有嘉魚〉篇「鯉質鱒鱗」，鱗誤鯽，又衍肌字；〈甫田〉篇「或耘或耔」，引《漢書》「苗生葉以上」，脫生字；「隤其上」，誤「壝其上」，〈頍弁〉篇「賦而比也」，誤增「興又」二字；〈小宛〉篇「俗呼青雀」，雀誤觜；〈文王有聲〉篇「淢成溝也」，成訛城；〈召旻〉篇「池之竭矣」章，比也，誤作賦；〈閔予小子〉篇引〈大招〉「三公穆穆」，誤「三公揖讓」；〈賚〉篇「此頌文王之功」，王誤武；〈駉〉篇「此言魯侯牧馬之盛」，魯侯誤僖公。凡十一條。史榮所校正者，〈衛風・伯兮〉篇傳曰「女爲悅己者容」，己下脫者字；〈王風・采葛〉篇「蕭，荻也」，荻誤獲，〈唐風・葛生〉篇「域，營域也」，營誤塋；〈秦風・蒹葭〉篇「小渚曰沚」，小誤水；〈小雅・四牡〉篇「今鵓鳩也」，鵓誤鵓；〈蓼蕭〉篇「在衡曰鑾」，衡誤鑣；〈采芑〉篇「即今苦蕒菜」，蕒誤蕒；〈正月〉篇「申包胥曰人定則勝天」，定誤眾；〈小弁〉篇「江東呼爲鵯鳥」，鵯誤鴨；〈巧言〉篇「君子不能聖讒」。聖誤堲。凡十條。蓋五經之中，惟《詩》易讀，習者十恆七八。故書坊刊版亦最夥，其輾轉傳訛，亦爲最甚。今悉釐正，俾不失眞。至其音叶，朱子初用吳棫《詩補音》（案棫《詩補音》與所作《韻補》爲兩書，《書錄解題》所載甚明，《經義考》

合為一書，誤也。）其孫鑑又意為增損，頗多舛迕，史榮作《風雅遺音》，已詳辯之，茲不具論焉。〔註98〕

館臣提及朱熹著作關心的焦點有三：一是朱熹廢《詩序》；二是《詩集傳》中訛誤之字；三是朱熹對《詩經》音韻的考證。關於《詩序》，館臣認為「《欽定詩經彙纂》雖以《集傳》居先，而序說則亦皆附錄，允為持千古之平矣。舊本附《詩序辨說》於後，近時刊本皆刪去。」可見館臣對長久以來廢《序》之說並不表認同，才會認為應該將《詩序》附錄於後。對於訛誤之字多，館臣認為是因為五經中《詩》最易讀，因此讀《詩》者多，刊本亦多，所以錯誤也就多了。至於朱熹的音韻考證，館臣認為朱熹之孫朱鑑任意增損，使得書中錯誤百出。大抵來說，館臣對於《詩集傳》批評者多讚許者少，又礙於朱熹的地位不敢直接批評，因此先說是刊本多，所以錯誤也多，又說是朱鑑任意增損，使得錯誤多，總之，就是批評《詩集傳》之誤。字裡行間可以清楚的看出館臣對於《詩集傳》的不認同。

4. 呂祖謙

呂祖謙（1137～1181），字伯恭，婺州金華人，生於紹興七年（1137），因其祖呂好問受封東萊郡侯，呂祖謙繼其伯祖呂本中之後亦稱東萊先生，後世為區分呂本中（1084～1145）與呂祖謙，又稱呂祖謙為小東萊。呂祖謙出生望族，家族常任朝中要職，呂祖謙曾自云：

> 呂氏系出神農，受氏虞夏之間，更商、周、秦、魏、晉，下逮隋、
> 唐，或封或爵。五代之間，使號其族為三院。〔註99〕

堅實的家學傳統是養成呂祖謙學養的因素之一。呂祖謙曾師事張九成、林之奇、汪應辰、胡憲等人，林、汪之學又出於呂本中，呂本中則是繼承其祖父呂希哲之學，呂希哲為歐陽脩之再傳弟子，又為程頤之門人，故呂祖謙之《詩經》學受歐陽脩、程頤之影響頗深〔註100〕。但學成後的呂祖謙並不專主一家之觀點，調和兼取諸家，也成就了自己更廣博的學術，全祖望曾評論他說：

> 小東萊之學，平心易氣，不欲逞口舌與諸公角，大約在陶鑄同類以

〔註98〕清・永瑢、紀昀等撰：《總目・詩集傳》，《景印文淵閣四庫全書》第一冊，頁329～330。

〔註99〕宋・呂祖謙：《東萊先生文集》，收入《叢書集成初編》（北京：中華書局，1985年），頁203。

〔註100〕林葉連：《中國歷代詩經學》，頁266。

漸化其偏，宰相之量也。〔註101〕

呂祖謙一生著作極多，其《詩經》學觀點主要表現於其《詩經》學著作《呂氏家塾讀詩記》，《四庫全書》收錄該書，並有以下評論：

> 朱子與祖謙交最契，其初論詩亦最合，此書中所謂「朱氏曰」者，即所採朱子說也。後朱子改從鄭樵之論，自變前說，而祖謙仍堅守毛、鄭，故祖謙沒後，朱子作是書序，稱「少時淺陋之說，伯恭父誤有取焉。既久，自知其說有所未安，或不免有所更定，伯恭父反不能不置疑於其間，熹竊惑之。方將相與反覆其說，以求真是之歸，而伯恭父已下世」云云。蓋雖應其弟祖約之請，而於見深有所不平。然迄今兩說相持，嗜呂氏書者終不絕也。陳振孫《書錄解題》稱「自『篤公劉』以下編纂已備，而條例未竟，學者惜之」。……陳振孫稱其「博採諸家，存其名氏，先列訓詁，後陳文義，翦截貫穿，如出一手，有所發明，則別出之，詩學之詳正，未有逾於此書者」；魏了翁作後序，則稱其能發明詩人「躬自厚而薄責於人之旨」。二人各舉一義，已略盡是書所長矣。了翁後序乃為眉山賀春卿重刻是書而作。時去祖謙沒未遠，而版已再新。知宋人絕重是書也。〔註102〕

朱熹早年與呂祖謙交好，並常一起論詩，但是之後朱熹改從鄭樵之論，而呂祖謙仍堅守毛鄭等傳統漢學派的《詩》學觀點，兩人對《詩》的解說也出現了歧異，因此朱子在為呂祖謙作序時才會有「時淺陋之說，伯恭父誤有取焉。」之語。《四庫全書》對於呂祖謙的《詩》學著作給予極高的評價，引用許多前人讚揚呂氏著作的說法，可見《四庫全書》推崇呂祖謙的《詩》學觀點。

《四庫全書》考證卷中引用呂祖謙之語者只有一例，卷三考證：

> 〈日月〉章父兮母兮。箋言己尊之如父，親之如母。臣人龍按：此說未安。劉瑾曰：上呼日月而訴之，此呼父母而訴之，猶舜號泣于旻天于父母之意也。呂祖謙曰：不欲咎莊公，徒自傷父母養我不終而已。二說較箋語為妥。〔註103〕

〔註101〕明・黃宗羲撰、清・全祖望補：《宋元學案中冊》（臺北：世界書局，1990年）〈東萊學案〉，頁936、937。

〔註102〕清・永瑢、紀昀等撰：《總目・呂氏家塾讀詩記》，《景印文淵閣四庫全書》第一冊，頁331～332。

〔註103〕四庫館臣：《毛詩注疏・卷三考證》，《景印文淵閣四庫全書》第六十九冊，

〈日月〉章是莊姜傷己之作。〈日月〉共四章，第四章曰：

> 日居月諸，東方自出。父兮母兮，畜我不卒。胡能有定？報我不
> 述。〔註104〕

《鄭箋》注：

> 父兮母兮者，言己尊之如父又親之如母，乃反養遇我不終也。
> 〔註105〕

館臣以爲《鄭箋》之說法有誤，引用劉瑾與呂祖謙之說，認爲二說皆較《鄭箋》妥當。

而呂祖謙大致有以下幾點《詩》學觀點：

（1）尊崇《詩序》

呂祖謙繼承程子之說以爲「學《詩》不求《序》，猶欲入室而不由戶」〔註106〕因此他的《呂氏家塾讀詩記》中，各篇先是引用《詩序》標示詩篇之旨，並引用《毛傳》的說法解釋各章內容，如遇《毛傳》、《鄭箋》之說有誤，便旁引各家說法以證明自己的見解。呂祖謙對於蘇轍僅保留首句、刪去下文的作法並不贊同，他說：

> 魯、齊、韓、毛詩讀既異，義亦不同，以魯、齊、韓之義尚可見者
> 較之，獨毛詩率與經傳合。……是則毛詩之義，最爲得其真也。間有
> 反覆煩重，時失經旨，如葛覃、卷耳之類，蘇氏以爲非一人之辭，
> 蓋近之。至於止存其首一言，而盡去其餘，則失之易矣。〔註107〕

但他也認同蘇轍以爲《詩序》有「反覆煩重，時失經旨」，因此認爲其爲非一人所作，並且認定小序首句爲當時國史所作；首句之下，則有後人附加者：

> 三百篇之義，首句當時所作，或國史得詩之時，載其事以示後人；
> 其下則說詩者之辭也。說詩者非一人，其時先後亦不同。以毛傳玫
> 之，有毛氏已見其說者，時在先也；有毛氏不見其說者，時在後

頁224。

〔註104〕漢・毛亨傳，漢・鄭玄箋，唐・孔穎達疏：《毛詩注疏》，《景印文淵閣四庫全書》第六十九冊，頁192。

〔註105〕漢・毛亨傳，漢・鄭玄箋，唐・孔穎達疏：《毛詩注疏》，《景印文淵閣四庫全書》第六十九冊，頁192。

〔註106〕宋・呂祖謙：《呂氏家塾讀詩記・大小序》，《景印文淵閣四庫全書》第七十三冊，頁333。

〔註107〕宋・呂祖謙：《呂氏家塾讀詩記・周南》，《景印文淵閣四庫全書》第七十三冊，卷二，頁342。

也。……意者，後之為毛學者，如衛宋之徒附益之耳。〔註108〕

雖然呂祖謙認為《詩序》非全為聖人所傳，有後人附加者，但是其解《詩》時，依然將《詩序》置於最首，以《詩序》做為解釋詩篇的準繩，其尊《序》的立場十分明顯。

（2）肯定美刺的詩教觀點

呂祖謙認為《詩》有正、變：

> 變〈風〉始於〈雞鳴〉，終於〈澤陂〉，凡一百二十八篇，而男女夫婦之詩四十有九，抑何多耶……正〈風〉之所以為正者，舉其正者以勸之也；變〈風〉之所以為變者，舉其不正者以戒之也。
> 〔註109〕

呂祖謙認為正〈風〉、變〈風〉都具有勸戒教化的功能，因此他對於《詩經》中美刺的教化功能的闡發十分注重，如〈唐風·采苓〉：

> 采苓采苓，首陽之巔。人之為言，苟亦無信。舍旃舍旃，苟亦無然。人之為言，胡得焉！采苦采苦，首陽之下。人之為言，苟亦無與。舍旃舍旃。苟亦無然。人之為言，胡得焉！采葑采葑，首陽之東。人之為言，苟亦無從。舍旃舍旃，苟亦無然。人之為言，胡得焉！〔註110〕

呂祖謙解釋這首詩時說：

> 采苓采苦采葑，不曰郊野而曰首陽者，與采聽之當遠也，孔子曰：浸潤之譖，膚受之愬，不行焉，可謂遠也已矣，不輕聽易動，而徐觀其是非，惟遠者能之。毛氏以采苓為細事，首陽為幽辟。孔氏引而伸之，謂讒言之起，由君數問小事於小人，雖求之太過，然實天下之名言也，故附見焉。〔註111〕

呂祖謙認為作此詩的目的是期望讀詩者能知所警惕，可以看出呂祖謙所注重的是《詩》的美刺教化功能。在某些詩篇中，呂祖謙雖然對於《詩序》的

〔註108〕宋·呂祖謙：《呂氏家塾讀詩記》，《景印文淵閣四庫全書》第七十三冊，卷三，頁352～353。

〔註109〕宋·呂祖謙：《呂氏家塾讀詩記》，《景印文淵閣四庫全書》第七十三冊，卷三，頁481。

〔註110〕漢·毛亨傳、鄭玄箋、唐·孔穎達疏：《毛詩注疏》，《景印文淵閣四庫全書》第六十九冊，頁359～360。

〔註111〕宋·呂祖謙：《呂氏家塾讀詩記》，《景印文淵閣四庫全書》第七十三冊，卷十一，頁462。

說法未全然接受，但駁斥的多是首句以後非美刺的部分，如〈衛風・氓・序〉曰：

〈氓〉，刺時也，宣公之時，禮義消亡，淫風大行，男女無別，遂相奔誘。華落色衰，復相棄背，或乃困而自悔，喪其妃耦，故序其事以風焉，美反正，刺淫泆也。〔註112〕

對於《詩序》這一段呂祖謙曾加以辯證，他說：

「美反正，刺淫泆」此兩語煩贅，見棄而悔，乃人情之常，何美之有。〔註113〕

〈氓〉一詩係棄婦追悔自傷之敘事詩，詩中敘述她不幸的婚姻，從戀愛到結婚，到貧困度日，以致於被虐待，直到她毅然決定離開，並懊悔認錯伴侶，換得無窮的悲嘆。這樣的遭遇用「美反正，刺淫泆」來概括，呂祖謙認為不恰當，因此對於《詩序》的說法提出反駁，但是對於《詩序》首句的刺時也，呂祖謙並沒有提出其說有不妥之處。當然這和呂祖謙的《詩序》觀有這密不可分的關連，因為呂祖謙認為小序首句為當時國史所作；首句之下，則有後人附加者，所以對於首句之言，自然不會批評。

（3）對淫詩說的看法

呂祖謙認為《詩經》經過孔子刪定，內容是「思無邪」的，他說：

〈桑中〉、〈溱洧〉諸篇，幾於勸矣，夫子取之，何也？曰詩之體不同，有直刺之者，〈新臺〉之類是也；有微諷之者，〈君子偕老〉之類是也；有鋪陳其事，不加一辭而意自見者，此類是也。或曰後世狹邪之樂府，冒之以此詩之敘，豈不可乎？曰仲尼謂《詩》三百，一言以蔽之，曰：「思無邪」。詩人以無邪之思作之，學者亦以無邪之思觀之。閔惜懲創之意隱然自見於言外矣。或曰：〈樂記〉所謂桑間濮上之音，安知非即此篇乎？曰：《詩》雅樂也，祭祀朝聘之所用也；桑間濮上之音，鄭衛之樂也，世俗之所用也。雅鄭不同部，其來尚矣。戰國之際，魏文侯與子夏言古樂、新樂，齊宣王與孟子言古樂、今樂，蓋皆別而言之。雖今之世，太常、教坊各有司局，初不相亂，況上而春秋之世，寧有編鄭、衛樂曲於雅音中之理乎？〈桑

〔註112〕《詩序》，《景印文淵閣四庫全書》第六十九冊，頁15。
〔註113〕宋・呂祖謙：《呂氏家塾讀詩記》，《景印文淵閣四庫全書》第七十三冊，卷六，頁401。

中〉、〈溱洧〉諸篇作於周道之衰，其聲雖已降於煩促，而猶止於中聲，荀卿獨能知之。其辭雖近於諷一勸百，然猶止於禮義，〈大敘〉獨能知之。仲尼錄之於經，所以謹世變之始也。借使仲尼之前，雅鄭果嘗龐雜，自衛反魯正樂之時，所當正者無大於此矣。唐明皇令胡部與鄭、衛之聲合奏，談俗樂者尚非之，曾謂仲尼反使雅鄭合奏乎？《論語》答顏子之問，迺孔子治天下之大綱也，於鄭聲亟欲放之，豈有刪詩示萬世，反收鄭聲以備六藝乎。〔註114〕

呂祖謙認爲〈桑中〉、〈溱洧〉等朱子認爲是淫詩的篇章是刺詩，他認爲詩篇依詩體不同而有直刺、微諷、鋪陳其事等類，〈桑中〉等篇是鋪陳事實而諷刺一類。並以爲孔子所謂「思無邪」之說，乃是詩人以無邪之思寫作，學者亦應以無邪之思讀之。同時強調《詩》爲雅樂，與鄭、衛之樂不同，而孔子刪《詩》乃爲正其音，因此孔子不可能將鄭聲淫詩收入，所以《詩》中不可能有淫詩。

5. 嚴 粲

嚴粲，字明卿，一字坦叔，邵武人。宋福建劭武莒溪人，爲嚴羽之族弟，登進士第，授全州清湘令。著有《詩緝》三十六卷、《華谷詩》一卷〔註115〕，生卒年不詳，《重纂劭武府志‧儒林傳‧劭武縣》記載：

> 善爲詩，清迴絕俗，與羽爲群從兄弟而異曲同工，天台戴式之贈以詩曰：「粲也苦吟身，束之以簪組，遍參諸家體，終乃詩杜甫。」其相許如此。粲既工於詩，而經學尤深邃，嘗本呂祖謙《讀詩記》作《詩緝》，林希逸謂其鉤貫根葉，疏析條緒，或會其旨於數章，或發其微於一字，辭錯而理，意區而通，逆求情性於數千載之上，若見其人，而得知以發溫柔敦厚之意，《詩》於是盡之矣。嚴氏有群從九人，皆能詩，惟粲以經學傳。〔註116〕

嚴粲詩學杜甫，對於經學致力尤深，曾經以呂祖謙《呂氏家塾讀詩記》爲本作《詩緝》，其群從兄弟九人俱能詩，可見其家學之深厚。嚴粲之學多祖呂氏，

〔註114〕宋‧呂祖謙：《呂氏家塾讀詩記》，《景印文淵閣四庫全書》第七十三冊，卷六，頁390。

〔註115〕參見清‧莊仲芳編《南宋文範‧作者考》（臺北：鼎文書局影印，1975年），頁10。

〔註116〕王琛等修、張景祈等纂：《重纂劭武府志》（臺北：成文出版社，1976年），卷二十一，頁4。

因此《宋元學案補遺》將嚴粲列屬〈東萊學案〉。嚴粲收入於《四庫全書》之書有《華谷集》一卷、《詩緝》三十六卷二書,清王士禎曾對此二書有如下之評價:

> 坦叔《華谷詩集》一卷,氣格卑弱,類晚唐之靡靡者,一、二絕句稍有可觀。……華谷作《詩緝》,林希逸以爲在歐、蘇、王、劉、東萊諸儒之上,今盛傳其書。又稱其五、七言幽深天嬌,意具言外,觀此集殆不然也。〔註117〕

王士禎之意是認爲嚴粲的詩作不如其經學著作,事實上,嚴粲的確是窮畢生之精力以治《詩》。

在《毛詩注疏》的考證卷中引用嚴粲之言共六次,有三次是對詩篇意旨的解釋,另外三次是文句字義的解釋,館臣全部認同嚴粲的說法,可見館臣對於嚴粲《詩經》學觀點的認同。嚴粲的《詩經》學觀點主要表現在《詩緝》中,《四庫全書總目》評《詩緝》曰:

> 是書以呂祖謙《讀詩記》爲主,而雜採諸說以發明之,舊說有未安者,則斷以己意。如論大、小雅之別,特以其體不同,較《詩序》政有大小之說,於理爲近。又如邶之〈柏舟〉,舊謂賢人自比,粲則以「柏舟」爲喻國,以「汎汎」爲喻無維持之人。〈干旄〉之「良馬四之」、「良馬五之」,舊以爲良馬之數,粲則以爲乘良馬者四五輩,見好善者之多。〈中谷有蓷〉,舊以蓷之嘆乾,喻夫婦相棄,粲則以歲旱草枯,由此而致離散。凡若此類,皆深得詩人本意。至於音訓疑似、名物異同,考證尤爲精核。宋代說詩之家,與呂祖謙書並稱善本,其餘莫得而鼎立,良不誣矣。〔註118〕

《四庫全書總目》以爲嚴粲是書多祖述《呂氏家塾讀詩記》之說,又兼采諸家之說以發明之,如覺不妥,方以己意斷之。而所斷之意,館臣以爲較之舊說更有道理,深得詩人之本意。而且音韻、名物的考證也非常詳細精核,因此推許嚴粲的《詩緝》在宋代中除了呂祖謙的《呂氏家塾讀詩記》之外,沒有其他著作可以與之相比。館臣對於嚴粲的推崇可說到了極致,因此嚴粲的《詩經》學觀點也多爲館臣所認同。嚴粲主要的《詩經》學觀點有以下

〔註117〕清·王士禎:《居易錄》,《景印文淵閣四庫全書》第八六九冊,卷二,頁6～7。

〔註118〕清·永瑢、紀昀等撰:《總目·詩緝》,《景印文淵閣四庫全書》第一冊,頁335。

幾點：

（1）以為《詩序》首句可信

嚴粲對於〈大序〉無所異議，因此將〈大序〉附於〈關雎〉篇下，原文照錄，不加修改，並分段論說其義。將〈小序〉冠於篇首，分為首序、後序，以為首序「國史所題，此一語而已，其下則說詩者之辭。」〔註119〕而後序「附益講師之說，時有失詩之意者」〔註120〕，所以嚴粲認為首序是可信的，對後序則存疑。雖然後序時有附會，但是亦有可觀之處，因此錄〈小序〉原文於各篇之前，再加以評說。如〈周南·葛覃·序〉曰：

> 葛覃，后妃之本也。后妃在父母家，則志在於女功之事，躬儉節
> 用，服澣濯之衣，尊敬師傅，則可以歸安父母，化天下以婦道也。
>
> 〔註121〕

嚴粲則曰：

> 本者，務本也。國史所稱此一語而已。其下則說詩者之辭，如言在
> 父母家，則志在女功之事，非詩意也。〔註122〕

嚴粲認為「本」是務本。首句是國史所題，自然無疑，而後序是後人附益之詞，實失詩旨，非詩本義。大致上嚴粲對於《詩》義的掌握皆如此例，從《詩序》首句，對後序加以論說。但也有從後序者，如在〈小雅·常棣〉一篇即云：「讀此詩知後序亦有不可廢者。」

〈小雅·常棣·序〉曰：

> 〈常棣〉燕兄弟也。閔管蔡之失道，故作常棣焉。〔註123〕

嚴粲注曰：

> 朱氏曰：文武之際，固有燕兄弟之詩矣，周公以管、蔡之為亂也，
> 故制作之際，更為是詩，委曲致意，以申兄弟之好。蓋燕兄弟者，
> 文武之政，而閔管蔡者，周公之心也。〔註124〕

嚴粲以為朱子之說為是，因此引以為註解。因為詩中有「喪亂既平」之語，知其指管蔡之亂也，因此認為後序亦有能合乎經旨者也。

〔註119〕宋·嚴粲：《詩緝》，《景印文淵閣四庫全書》第七十五冊，卷一，頁20。
〔註120〕宋·嚴粲：《詩緝》，《景印文淵閣四庫全書》第七十五冊，卷十三，頁172。
〔註121〕《詩序》，《景印文淵閣四庫全書》第六十九冊，頁6。
〔註122〕宋·嚴粲：《詩緝》，《景印文淵閣四庫全書》第七十五冊，頁20。
〔註123〕《詩序》，《景印文淵閣四庫全書》第六十九冊，頁28。
〔註124〕宋·嚴粲：《詩緝》，《景印文淵閣四庫全書》第七十五冊，卷十七，頁209。

（2）以為淫詩非淫者自作

嚴粲對於朱子的淫詩說也有所辯正，他認為朱子認為「淫詩為淫者自作」的想法是錯誤的，嚴粲認為淫詩乃為刺淫而作，如〈桑中〉篇嚴粲曰：

> 《詩記》謂「詩皆雅樂」，此〈桑中〉非桑間濮上之音。今考濮水之上地有桑間，亡國之音出於此，〈桑中〉即其類也。詩之正經為雅樂，變詩以垂戒耳，非祭祀朝聘所用也。然或以〈桑中〉為淫奔者所自作，則非所謂止乎禮義矣，當從國史所題以為刺也。〔註125〕

嚴粲以為《詩》有正、變之分，正詩為雅樂，變詩雖非雅樂，但仍有勸誡之效，因此變詩之作，應從國史所說是用以刺淫之作。因此〈桑中〉篇中嚴粲認為是「作者刺淫者」，認為「我」指淫者，非詩人之我也。〔註126〕

嚴粲又從詩篇主題、功能立論，判斷「刺淫之詩非淫者自作」：

> 變風多男女之詩。或疑似後世艷曲，聖人宜刪之，非也。刺淫之詩非淫者自作，乃時人作詩，譏刺其如此。所謂思無邪也。聖人存之以立教，使後世知為不善於隱微之地，人得而知之，惡名播於無窮，而不可湔洗，欲其戒謹恐懼也。讀詩者，能無邪爾思，則凜然見聖人立教之嚴矣。〔註127〕

嚴粲認為淫詩是時人所作，用以刺淫，聖人存淫詩乃是為使讀詩者能心存戒慎恐懼之心，雖是淫詩，但若以無邪之心讀之，則能領略聖人存詩之用心。

6. 范處義

范處義字子由，號逸齋，金華人，紹興二十四年（1154）登進士第。著《詩補傳》三十卷、《詩學》一卷、《解頤新語》十四卷。其《詩學》觀點主要表現於《詩補傳》一書，自序曰：

> 經以經世為義，傳以傳業為名，毛氏詩謂之詁訓傳，故於詁訓則詳，於文義則略。韓氏有外傳，乃依倣左氏《國語》，非詩傳也。惟《詩序》先儒比之《易繫辭》，謂之《詩大傳》。近世諸儒，或為小傳、

〔註125〕宋・嚴粲：《詩緝》，《景印文淵閣四庫全書》第七十五冊，頁72。

〔註126〕此作者刺淫者，謂汝言采唐蒙而往沬邑之鄉矣。然汝非為采唐而往也，汝所思者誰乎？思彼美好姜姓之長女也。汝特託言采唐以往耳，汝思孟姜而往會之，或相期於桑中之地，或相約於上宮之地，或相送於淇水之上所會之地，人皆知之，見為不善於隱僻者，終不可掩也。我指淫者，非詩人自我也。宋・嚴粲：《詩緝》，《景印文淵閣四庫全書》第七十五冊，頁72。

〔註127〕宋・嚴粲：《詩緝》，《景印文淵閣四庫全書》第七十五冊，卷十三，頁178。

集傳、疏義、注記、論說類解，其名不一。既於詁訓、文義互有得失，其不通者輒欲廢《序》以就己說，學者病之。《補傳》之作，以《詩序》爲據，兼取諸家之長，揆之情性，參之物理，以平易求古詩人之意；文意有闕，補以六經史傳；詁訓有闕，補以《說文》、韻篇。〔註128〕

范處義認爲《毛傳》文義的部分失之簡略，因此必須加以補充。而宋代《詩》學研究者因爲對《詩經》的誤解，因此懷疑《詩序》，甚至想廢除《詩序》，范處義以爲這是不對的，因此作《詩補傳》，說《詩》全從《詩序》，輔以六經史傳、《說文》、《韻篇》，這與《四庫全書》的考證方式完全相似，可見范處義爲學的方式爲館臣所接受。

《四庫全書》對《詩補傳》三十卷有以下的評論：

大旨病諸儒說《詩》，好廢《序》以就己說，故自序稱「以《序》爲據，兼取諸家之長，揆之性情，參之物理，以平易求古詩人之意」；又稱「文義有闕，補以六經史傳；詁訓有闕，補以《說文》、篇韻」。蓋南宋之初，最攻序者鄭樵，最尊序者則處義矣。考先儒學問，大抵淳實謹嚴，不敢放言高論，宋人學不逮古，而欲以識勝之，遂各以新意說詩。其間剔抉疏通，亦未嘗無所闡發；而末流所極，至於王柏《詩疑》乃併舉《二南》而刪改之。儒者不肯信傳，其弊至於誣經，其究乃至於非聖，所由來者漸矣。處義篤信舊文，務求實證，可不謂古之學者歟？至《詩序》本經師之傳，而學者又有所附益，中間得失，蓋亦相參。處義必以爲尼山之筆，引據《孔叢子》，既屬僞書，牽合《春秋》，尤爲旁義。矯枉過直，是亦一瑕，取其補偏救弊之心可也。〔註129〕

從《四庫全書》對該書的評斷，可知范處義是宋代尊《序》的代表人物，范處義對於《詩序》的崇信源於他認爲《詩序》乃是經過聖人之手，其言曰：

〈關雎〉后妃之德也，謂之〈小序〉，自「風之始」以後謂之〈大序〉。三百篇皆然，而〈關雎〉爲特詳，蓋經之首篇併陳三百篇之大義也。《易》如之〈乾〉、〈坤〉二卦，〈象〉、〈彖〉、〈文言〉比他卦

〔註128〕宋·范處義：《詩補傳》，《景印文淵閣四庫全書》第七十二冊，頁2。

〔註129〕清·永瑢、紀昀等撰：《總目·詩補傳》，《景印文淵閣四庫全書》第一冊，頁334。

為悉備，玩味〈大序〉之文，殆與〈文言〉相類，非經聖人之手，
其孰能之？〔註130〕

范處義將《詩序》的重要性比作《周易》之〈文言〉，而且認為《詩序》之成
經過聖人之手：

或曰《詩序》可盡信乎？曰聖人刪《詩》定《書》，《詩序》猶〈書
序〉也，獨可廢乎？況《詩序》有聖人為之潤色者，如〈都人士〉
之《序》，記禮者以為夫子之言，〈賚〉之序，與《論語》合。《孔叢
子》所記夫子讀二〈南〉及〈柏舟〉諸篇，其說皆與今《序》義相
應。以是知《詩序》嘗經聖人筆削之手，不然則取諸聖人之遺言也。
故不敢廢《詩序》者，信六經也，尊聖人也。〔註131〕

《詩序》的作者在《詩經》學史上有很多的爭議，大抵追溯至子夏，因為
子夏是孔子親受的學生，若是子夏作《詩序》，也能保證《詩序》之可靠性，
但是范處義卻將之上推至孔子，因此有尊《序》太過之譏，林師葉連評其
說曰：

范氏之作，淳實嚴謹，尊崇《詩序》；與鄭樵廢《序》之論迥異。至
其引據偽書《孔叢子》，信《序》太過，必以為尼山之筆，是其瑕
疵。〔註132〕

7. 王應麟

王應麟字伯厚，慶元人，自署浚儀，蓋其祖籍也。淳祐元年進士，寶祐
四年復中博學鴻詞科，官至禮部尚書兼給事中，《宋史・儒林傳》中有其人其
事。《四庫全書》收錄王應麟之《詩經》學著作有兩部，分別評論如下：

《詩考》一卷（直隸總督採進本）宋王應麟撰。應麟有《周易鄭康
成注》，已著錄。此編則考三家之詩說者也。《隋書・經籍志》云：「《齊
詩》魏代已亡，《魯詩》亡於西晉，《韓詩》雖存，無傳之者。今三
家詩惟《韓詩外傳》僅存，所謂《韓故》、《韓內傳》、《韓說》者，
亦並佚矣。」應麟檢諸書所引，集以成帙，以存三家逸文，又旁搜
廣討，曰詩異字異義，曰逸詩，以附綴其後，每條各著其所出。所

〔註130〕宋・范處義：《詩補傳》，《景印文淵閣四庫全書》第七十二冊，卷一，頁
28。
〔註131〕宋・范處義：《詩補傳・序》，《景印文淵閣四庫全書》第七十二冊，頁 2
～3。
〔註132〕林葉連：《中國歷代詩經學》，頁 254。

引《韓詩》較夥，齊、魯二家，僅寥寥數條，蓋《韓詩》最後亡，唐以來注書之家，引其說者多也。卷末別爲補遺，以掇拾所闕，其蒐輯頗爲勤摰。明董斯張嘗摘其遺漏十九條，其中《子華子》「清風婉兮」一條，本北宋僞書，不得謂之疏略。近時會稽范家相，因應麟之書撰《三家詩拾遺》十卷，其所條錄，又多斯張之所未蒐。併摘應麟所錄逸詩，如《楚辭》之駕辨、夏侯元辨，《樂論》之網罟豐年，《穆天子傳》之黃竹，《呂氏春秋》之燕燕破斧、葛天八闋，《尚書大傳》之晢陽、南陽、初慮、朱于、苓落、歸來、縵縵，皆子書雜說，且不當錄及殷以前，所言亦不爲無理。然古書散佚，蒐採爲難。後人踵事增修，較創始易於爲力，筚路藍縷，終當以應麟爲首庸也。

《四庫全書》認爲王應麟受朱子引三家詩之影響而輯佚三家詩，其作書之意，本文第三章中已論及，不再贅述。後世學者如明董斯張曾爲之補遺十九條，清代的范家相撰《三家詩拾遺》也對此書有所增損，雖然後人之著作較爲完備，但是王應麟對於輯佚三家詩的創始之功是後人無可比擬的。此外王應麟尚有《詩地理考》六卷亦收錄於《四庫全書》著錄中，《四庫全書提要》云：

> 其書全錄鄭氏《詩譜》，又旁採《爾雅》、《說文》、《地志》、《水經》以及先儒之言，凡涉於詩中地名者，薈萃成編。然皆採錄遺文，案而不斷，故得失往往俱存。……皆經無明文，而因事以存其人，亦微引該洽，固說詩者所宜考也。〔註133〕

此書詳論《詩經》與地理相關連之處，旁採古書與先儒之言，雖徵引該恰，但卻按而不斷，因此《四庫全書總目》認爲「得失並存」。

8. 李 樗

李樗字迂仲，自號迂齋先生，閩縣人，受業於呂本中。《直齋書錄解題》著錄其《毛詩詳解》三十六卷，《宋志》作四十六卷。疑係字之訛。《四庫全書》所著錄的《毛詩集解四十二卷》，不知何人所編，集李樗、黃櫄兩家詩解爲一編，《四庫全書總目》曰：疑是書爲建陽書肆所合編也。《通志堂經解》亦收有「李迂仲黃實夫《毛詩集解》四十二卷，首一卷」，與《四庫全書》所

〔註133〕清‧永瑢、紀昀等撰：《總目‧詩地理考》，《景印文淵閣四庫全書》第一冊，頁336～337。

收者同，皆非李、黃之原著。李樗著《毛詩詳解》三十六卷；黃櫄著《詩解》二十卷，總論一卷，本自分行也。《直齋書錄解題》稱李書「博取諸家說，訓釋名物文意，末用己意爲論以斷之」。〔註134〕

李樗對於《詩序》有以下的看法：

> 詩皆有序，獨〈關雎〉爲最詳。先儒以謂〈關雎〉爲〈大序〉，〈葛覃〉以下爲〈小序〉，而作序之人說者不同。《家語》云：子夏習於《詩》而通其義。王肅注云：子夏所序詩，今之毛詩是也。沈重云：按鄭《詩譜》意，〈大序〉是子夏作，〈小序〉是子夏毛公合作。卜商意未盡，毛公更足成之。韓退之作詩之序議，則謂詩之序明作之，所以云其辭不諱君上顯暴醜亂之迹，帷箔之私。不是六經之志，若人云哉。察夫《詩序》其漢之學者欲自顯立其傳，因藉之子夏，故其序大國詳小國略，斯可見矣。王氏則以爲世傳以爲言其義者子夏也。觀其文辭，自秦漢以來，諸儒蓋莫能與於此，然傳以爲子夏。臣竊疑之詩上及於文王、高宗、成湯，〈江有汜〉如之爲美媵邪，之爲祀成湯，殷武之爲祀高宗。方其作時無義以示後世，則雖孔子亦不可得而知，況於子夏乎？程說亦如王氏，《詩序》必是當時人所傳，國史明乎得失之迹是也。不得此，則每篇指趣何自而知焉？〈大序〉則是仲尼所作，其餘則未必然。凡此諸家紛紜不一。惟蘇黃門之說曰：其文雖有反覆煩重類，非一人之辭者，凡此皆毛氏之學而衛宏之所集錄也。〈東漢‧儒林傳〉曰：衛宏從謝曼卿受學，作毛詩序，善得風雅之旨，至今傳於世。〈隋‧經籍志〉曰：先儒相承謂毛詩序子夏所創，毛公及衛敬仲又加潤益，大抵古說本如此。此說深得之。蓋自漢以來爲詩解者有四家，齊、魯、毛、韓皆以傳授不同，故其說不一也。〔註135〕

李樗以爲《詩序》的作者眾說紛紜，學者如王肅、沈重、韓愈、王安石、程頤、蘇轍皆各有所說，其中只有蘇轍根據《後漢書‧儒林傳》〔註136〕及《隋‧

〔註134〕林葉連：《中國歷代詩經學》，頁250。

〔註135〕宋‧李樗：《毛詩李黃集解》，《景印文淵閣四庫全書》第七十四冊，頁3～4。

〔註136〕衛宏從謝曼卿受學，作毛詩序，善得風雅之旨，至今傳於世。東漢‧班固：《漢書‧儒林傳》，《景印文淵閣四庫全書》第二五三冊，卷六十九下，頁535。

經籍志》〔註137〕的說法最為可信，因此相信蘇轍之說。

《四庫全書》考證卷中引用李樗之言共有六次，只有一次是對於李樗的考證不表贊同者，在卷二十六考證：

〈周頌·清廟〉序箋成洛邑居攝五年時。李樗曰：周公成洛邑在於七年，非在於五年。臣光型按：〈書·康誥·召誥〉孔氏傳謂：成洛邑在周公攝政之七年。此據〈洛誥〉誕保文武受命惟七年之說也。九峰蔡氏辨之謂：周公留後洛邑七年而薨者極是，而於康誥傳又謂攝政之七年，是未免矛盾也。箋云五年者，據《書》傳及明堂位之文，明堂位誠不足信，而伏生書傳猶為可據，仍從箋說為長。

〈周頌·清廟·序〉以為是「祀文王也。周公既成洛邑，朝諸侯率以祀文王焉。」《鄭箋》以為是在攝政五年時，而李樗以為在七年。館臣依據《尚書》中的記載以為《鄭箋》之說才是對的。

9. 輔　廣

輔廣（1195～1203）寧宗時人，字漢卿，號潛庵，其先趙州慶源人。始從呂祖謙遊，後問學於朱熹，留三月而後返。廣在朱門，頗受朱熹愛重，嘗謂：「漢卿身在都城俗學聲利場中，而能閉門自守，味眾人之所不味，雖向來金華同門之士，亦鮮有見其比者。」〔註138〕輔廣因以「問學於朱熹，留三月而後返」、「親炙朱子之門，深造自得」之姿，撰作《詩童子問》十卷，一方面申述、發明師說，一方面則更變本加屬的攻駁《詩序》，而主於羽翼《朱傳》、補《朱傳》的未備。關於輔廣撰作《詩童子問》的源由與特點，《四庫全書》云：

是編大旨主於羽翼《詩集傳》，以述平日聞於朱子之說，故曰「童子問」，卷首載《大序》、《小序》，採錄《尚書》、《周禮》、《論語》說詩之言，各為註釋，又備錄諸儒辨說，以明讀詩之法。書中不載經文，惟錄其篇目，分章訓詁。末一卷則惟論□韻。朱彝尊《經義考》載是書二十卷，有胡一中序。言閩建陽書市，購得而鋟諸梓，且載文公《傳》於上，《童子問》於下。此本僅十卷，不載朱子《集傳》，亦無一中序。蓋一中與《集傳》合編，故卷帙加倍，此則汲古閣所

〔註137〕先儒相承，謂毛詩序子夏所創，毛公及衛敬仲又加潤益。唐·魏徵：《隋書·經籍志》，《景印文淵閣四庫全書》第二六四冊，卷三十二，頁 591。

〔註138〕《朱熹集》卷五十九，頁 3048。

刊廣原本，故卷數減半，非有所關佚也。其說多掊擊《詩序》，頗為
過當。張端義《貴耳集》載陳善〈送廣往考亭詩〉曰：「見說平生輔
漢卿，武彝山下喫殘羹。」似頗病其暖暖姝姝，奉一先生；然各尊
其所聞，各行其所知，謹守師傳，公門別戶，南宋以後，亦不僅廣
一人，不足深異。陳啟源《毛詩稽古編》糾其註《周頌·潛》篇不
知季春「薦鮪」為〈月令〉之文，誤以為序說而辨之，則誠為□矣。
蓋義理之學與考證之學分途久矣，廣作是書，意自有在，固不以引
經據古為長也。

輔廣的《詩經》學著作《詩童子問》被收於著錄中，是一部謹遵朱子說法的
《詩經》學作品，《總目》稱其「是編大旨主於羽翼《詩集傳》，以述平日聞
於朱子之說，故曰童子問」，又說「其說多掊擊《詩序》，頗為過當。」但因
為「謹守師傳，公門別戶」頗為館臣所認同，雖然於考據有所缺，但館臣也
為之辯駁，以為「蓋義理之學與考證之學分途久矣，廣作是書，意自有在，
固不以引經據古為長也。」

　　輔廣是書因為羽翼《詩集傳》，所以其《詩經》學觀點大致與朱子相同，
如不信《詩序》、《詩》有淫詩等說法都是在朱子的說法上再加以闡發的，如
對《詩序》即有以下的說法：

先儒以《詩序》為孔子作，故《讀詩記》載蘇氏曰：「《詩序》誠出
於孔氏也，則不若是詳矣。孔子刪詩而取三百五篇，今其亡者六焉。
亡《詩》之《序》，未嘗詳也。」夫《詩序》之非孔子作，蓋不待此
而可知也，然此亦是一驗。又云：「《釋文》載沈重云，按：《大序》
是子夏、毛公合作，卜商意有未盡，毛更足成之。」隋《經籍志》
亦云「先儒相承謂《毛詩序》子夏所創，毛公及衛敬仲宏更加潤色」，
至於以為國史作者，則見於《大序》與王氏說，然皆是臆度懸斷，
無所據依，故先生直據《後漢·儒林傳》之說，而斷以為衛宏作，
又因鄭氏之說，以為宏特增廣而潤色之，又取近世諸儒之說，以為
《序》之首句為毛公所分，而其下推說云云，為後人所益者，皆曲
盡人情事理。

輔廣以為先儒對於《詩序》作者多所臆說，只有朱子根據《後漢書·儒林傳》
的記載斷定為衛宏增廣潤色的說法是有依據的。並認為朱子所說《詩序》本
自為一編，毛公作《傳》始將《詩序》分置各詩之上，朱子並引近世諸儒之

說，以爲《詩序》首句爲毛公所分，首句以下的推說是後人所增益等說法，輔廣皆以爲是「曲盡人情事理」。

而在淫詩說此一問題上，輔廣也遵從朱子之說：

> 以聖人「放鄭聲」之訓觀之，則鄭多淫奔之詩，宜也。而《序》者不足以知此義，故疑聖人錄此等詩之多，遂因〈有女同車〉詩有「齊姜」二字，遂定以爲「刺忽」，而於〈山有扶蘇〉以下諸篇，凡有可以附會忽事者，例以爲「刺忽」。至〈丰〉與〈東門之墠〉則明白是婦人之辭，故不得以歸之於忽。若〈風雨〉則以「君子」二字生說，〈子衿〉則以「青青子衿」一句生說。然《毛傳》以「青衿」爲學者所服，亦無所據，至此詩則又以忽之無親臣而附會與之，其鑿空妄說，蓋不難曉。而先生獨玩詩文以爲說而釐正之，當矣。讀者尚以習熟《序》說之故而不肯從，何哉？若能姑置《序》說，直以詩文涵詠其意思，則是非便自可見矣。（《詩童子問》卷首，頁 286）

輔廣以爲孔子曾說「放鄭聲」，因此〈鄭風〉中多有淫奔之詞的說法是合宜的。《詩序》不瞭解孔子存淫詩的意涵，因此以爲是刺詩，這樣的說法是空妄無據的，而朱子能從詩文來詮說詩意，是恰當的。

而《四庫全書》引用「張端義《貴耳集》載陳善〈送廣往考亭詩〉曰：『見說平生輔漢卿，武彝山下喫殘羹。』似頗病其暖暖姝姝，奉一先生。」認爲輔廣之言多只是沿襲朱傳，因此對之評價不高。但在考證卷中亦有一處引用輔廣之言，做爲文句考釋之佐證，卷三十考證：

> 爲下國駿厖傳駿大厖厚。輔廣曰：駿厖作大厚無意味，當從董氏說作駿駹，謂馬也。李光地曰：綴旒以旗喻，言其爲四國繫屬也。駿厖以馬喻，言其爲四國雄長也。

然而事實上元、明兩代《詩經》學的重要的述朱之作，如劉瑾《詩傳通釋》、胡廣《詩經大全》等都大量引用輔廣之書，根據楊晉龍先生的研究，劉瑾的《詩傳通釋》、胡廣的《詩經大全》在引錄學者的《詩》說上，均以輔廣的《詩童子問》最多，分別達到六五六、七一六次之多〔註 139〕，可見輔廣在《詩經》學史上也應有一定之地位。

〔註 139〕楊晉龍：〈《詩傳大全》與《詩傳通釋》關係再探——試析元代《詩經》學之延續〉，收錄於《元代經學國際研討會論文集下》（臺北：中央研究院中國文哲研究所籌備處，2000 年 10 月）。

10. 許　謙

《四庫全書》收錄許謙之《詩集傳名物鈔》八卷，提要云：

> 謙雖受說於王柏，而醇正則遠過其師。研究諸經，亦多明古義，故
> 是書所考名物音訓，頗有根據，足以補《集傳》之闕遺。惟王柏作
> 二南相配圖，移《甘棠》、《何彼穠矣》於《王風》，而去《野有死麕》，
> 使《召南》亦十有一篇，適如《周南》之數。師心自用，竄亂聖經，
> 殊不可訓。而謙篤守師說，列之卷中，猶未免門戶之見。至柏所刪
> 《國風》三十二篇，謙疑而未敢遽信，正足見其是非之公。吳師道
> 作是書序，乃反謂已放之鄭聲，何爲尚存而不削，於謙深致不滿，
> 是則以不狂爲狂，非謙之失矣。卷末譜作詩時世，其例本之康成，
> 其說則改從《集傳》。蓋淵源授受，各尊所聞。然書中實多采用陸德
> 明《釋文》及孔穎達《正義》，亦未嘗株守一家，名之曰「鈔」，蓋
> 以此云。〔註140〕

《四庫全書》認爲許謙雖然受學於王柏，但其學醇正遠過其師，且其書於名物音訓頗有考據，雖然篤守師說，有所不當，但因其淵源所受，各尊所聞之故，所以非許謙之失。《四庫全書總目》對於謹守師說者，屈意維護，此爲一例。據此也可知館臣對於許謙之《詩經》學觀點的接受，在考證卷中引許謙之語者雖僅兩句，卻都接受許謙之說法。

11. 劉　瑾

劉瑾字公瑾，安福人，其學問淵源出於朱子。《四庫全書》收錄其《詩經》學著作《詩傳通釋》二十卷，並評論曰：

> 是書大旨在於發明《集傳》，與輔廣《詩童子問》相同。陳啓源作《毛
> 詩稽古編》，於二家多所駁詰。然廣書皆循文演義，故所駁惟訓解之
> 辭；瑾書兼辨訂故實，故所駁多考證之語。如注〈何彼穠矣〉，以齊
> 桓公爲襄公之子；注〈魏風〉以魏爲七國之魏；注〈陟岵〉，謂《毛
> 傳》先出，《爾雅》後出。注〈綢繆〉，謂心宿之象，三星鼎立；注
> 〈鹿鳴之什〉，謂上下通用，止〈小雅〉、〈二南〉，其〈大雅〉獨爲
> 天子之樂；注〈節南山〉，以家父，即春秋之家父，師尹即春秋之尹
> 氏（案此項安世之說，見朱善《詩解頤》，瑾襲之而隱其名也。）注

〔註140〕清‧永瑢、紀昀等撰：《總目‧詩集傳名物鈔》，《景印文淵閣四庫全書》第一
　　　　冊，頁338。

〈楚茨〉，誤讀鄭康成〈玉藻〉注，以楚茨爲即采齊；注〈甫田〉，誤讀《毛傳》車梁，以爲即〈小戎〉之梁輈；注〈殷武〉，杜撰殷廟之昭穆，及祧廟世次。皆一經指摘，無可置辭。故啓源譏胡廣修《詩經大全》，收瑾說太濫（案《大全》即用瑾此書爲藍本，故全用其說。啓源未以二書相較，故有此語，謹附訂於此。）然徵實之學不足，而研究義理，究有淵源，議論亦頗篤實，於詩人美刺之旨尚有所發明，未可徑廢。至〈周頌・豐年〉篇，朱子《詩辨說》既駁其誤，而《集傳》乃用序說，自相矛盾，又三夏見於《周禮》，呂叔玉注以〈時邁〉、〈執競〉、〈思文〉當之。朱子既用其說，乃又謂成、康是二王諡，〈執競〉是昭王後詩，則不應篇名先見《周禮》，瑾一回護，亦爲啓源所糾。然漢儒務守師傳，唐疏皆遵注義，此書既專爲朱《傳》而作，其委曲遷就，固勢所必然，亦無庸過爲責備也。〔註141〕

劉瑾是書徵實工夫不足，因此陳啓源《毛詩稽古編》多所辯駁，但《四庫全書》認爲是書於研究義理，議論篤實，於詩人美刺之旨亦有發明，而且此書本專爲朱子《詩集傳》而作，因此遷就《詩集傳》之說也是理所當然。

大抵劉瑾之《詩經》學觀點亦與朱子相同，《詩傳通釋》亦是元、明兩朝述朱學風下的代表作之一。

《四庫全書》考證中引用劉瑾的說法有兩處，一爲〈日月〉章，引用呂祖謙與劉瑾之說，認爲兩人之說較《鄭箋》爲佳，前已論及，故不贅述。另一處是對詩篇的文句進行考釋，卷十考證：

〈綢繆〉章三星在天。《傳》三星參也。《箋》三星謂心星也。劉瑾曰：凡三星者非止心一宿，知此爲心宿者，蓋辰月末日在畢，昏時日淪于地之西位，而心宿見于地之東方，此詩男女過仲春而得成昏，故適見心宿也。臣光型按：此當從鄭說，毛以秋冬爲昏期，故指三星爲參。然參七星，與伐連而十星，不止三星矣。〔註142〕

〈綢繆〉篇中的三星爲何星？《毛傳》、《鄭箋》其說各異，館臣贊同《鄭箋》之說，以爲三星爲心宿。劉瑾之說也與此相同，不過館臣與劉瑾的解說方式

〔註141〕清・永瑢、紀昀等撰：《總目・詩傳通釋》，《景印文淵閣四庫全書》第一冊，頁339。

〔註142〕四庫館臣：《毛詩注疏・卷十考證》，《景印文淵閣四庫全書》第六十九冊，頁361。

不同，館臣並將劉瑾之方法列出，供作參考。

12. 錢天錫

錢天錫，字公永，竟陵人。明天啓壬戌進士，官至僉都御史。錢天錫的《詩經》學著作《詩牖》十五卷並未被收錄於著錄之中，只於存目存之，《四庫全書總目》評其書曰：

> 是編大抵推敲字義，尋求語脈，爲程式制藝之計。首載馮元颺序，
> 謂「其書不但存朱子、存《毛詩》，并可以存齊、存魯、存韓祧衞宏
> 而禰子夏，其功不在鄭、孔下」，亦夸之甚矣。〔註143〕

《四庫全書總目》以爲此書是程式制藝之書，不符合收書之原則，又以爲馮元颺之序太過誇張。而在《四庫全書》的考證卷中引用錢天錫之說僅有一處，卷二十七考證：

> 庤乃錢鎛奄觀銍艾。《傳》：錢銚、鎛耨、銍穫。錢天錫曰：錢以起
> 土，用于耕；鎛以去草，用于耘；銍以穫禾，用于穫。〔註144〕

館臣引用錢天錫之語對於《毛傳》加以補充，館臣對於錢天錫「推敲字義，尋求語脈」加以推崇，此處或可爲例證。

13. 顧炎武

顧炎武，初名絳，更名繼紳，後仍名絳，字忠清。順治二年（1805），清兵攻入南京後，改名爲炎武〔註145〕。顧炎武身處明清之際，由明空疏之風而起爲學嚴謹之法；見明末政治之亂而興實學。爲學求廣博，爲人主忠孝，一生力行不悖，不論爲學與人格，皆爲一代之典範。

顧炎武並無專門之《詩》學著作被收錄於《四庫全書》經部詩類之中，但他的《日知錄》卻一再被館臣所引用。《毛詩注疏》考證中引用顧炎武之處有二，在此二處，館臣皆贊同顧炎武之言，足見館臣對於顧炎武的推崇。顧炎武對於《詩經》學史上的爭議的觀點大致有以下幾點：

（1）贊成淫詩說

顧炎武認爲淫詩的存在是爲了對照、記錄：

〔註143〕清・永瑢、紀昀等撰：《總目・詩牖》，《景印文淵閣四庫全書》第一冊，頁374。

〔註144〕四庫館臣：《毛詩注疏・卷二十七考證》，《景印文淵閣四庫全書》第六十九冊，頁920。

〔註145〕清・張穆編《清顧亭林先生年譜》（臺北：商務印書館，1987年），卷一，頁1。

孔子刪詩，所以存列國之風也。有善有不善，兼而存之，猶古之太師陳詩以觀民風。……是以〈桑中〉之篇、〈溱洧〉之作，夫子不刪，志淫風也。〈叔于田〉爲譽段之辭，〈揚之水〉、〈椒聊〉爲從沃之語，夫子不刪，著亂本也。淫奔之詩錄之，不一而止者，所以志其風之甚也。一國皆淫，而中有不變者，則亟錄之。〈將仲子〉畏人言也，〈女曰雞鳴〉相警以勤生也，〈出其東門〉不慕乎色也，〈衡門〉不願外也。……後之拘儒不達此旨，乃謂淫奔之作，不當錄於聖人之經，是何異於唐太子弘謂商臣弑君，不當載於《春秋》之策乎？〔註146〕

顧炎武認爲孔子刪詩後還存有淫詩，乃是爲了記錄當時、當地的風土民情，這樣的說法和朱子以爲《詩》中的淫詩正如《春秋》記亂事一樣，皆用以「見當時風俗事實之變，而垂鑒戒於後世」的說法是相同的。但是對於哪些詩是淫詩，顧炎武卻有不同的看法，他認爲有些鄭衛之聲被收錄的原因乃是因爲鄭衛多淫風者，所以有不淫之詩，更須錄之以爲明志，如〈將仲子〉，朱子以爲是「淫奔之詞」，顧炎武卻認爲不是淫詩，而有尊禮守義「畏人言」之心。

（2）不盡信《詩序》

顧炎武對於《詩序》之說不可盡信，因爲《詩序》多附會歷史，與詩篇本身的內容差異極大，顧炎武說：

《詩》之世次必不可信，今《詩》亦未必皆孔子所正。且如褒姒滅之，幽王之詩也，而次於前：召伯營之，宣王之詩也，而次於後。序者不得其說，遂并〈楚茨〉、〈信南山〉、〈甫田〉、〈大田〉、〈瞻彼洛矣〉、〈裳裳者華〉、〈桑扈〉、〈鴛鴦〉、〈魚藻〉、〈采菽〉十詩，皆爲刺幽王之作，恐不然也。又如〈碩人〉莊姜初歸事也，而次於後；〈綠衣〉、〈日月〉、〈終風〉莊姜失位而作，〈燕燕〉送歸妾作，〈擊鼓〉國人怨周吁而作也，而次於前。〈渭陽〉秦康公爲太子時作也，而次於後；〈黃鳥〉穆公薨後事也，而次於前。此皆經有明文可據。故鄭氏謂〈十月之交〉〈雨無正〉〈小旻〉〈小宛〉，皆刺厲王之詩。漢興之初，師移其第耳。〔註147〕

〔註146〕清‧顧炎武：《日知錄‧孔子刪詩》，《景印文淵閣四庫全書》第八五八冊，卷三，頁447。

〔註147〕清‧顧炎武：《日知錄‧詩序》，《景印文淵閣四庫全書》第八五八冊，頁462。

顧炎武認爲《詩經》在孔子之時，其次序當符合歷史之先後。但現在所看到的《詩經》已非孔子當時的順序了。顧炎武以莊姜之事爲證，莊姜初嫁、傷己皆在州吁之亂前，卻將美莊姜初嫁的〈碩人〉列於怨州吁亂的〈擊鼓〉之後；〈黃鳥〉爲秦穆公亡後之詩，卻列於〈渭陽〉秦穆公送太子重耳之前，可見次序早已錯亂。但是《詩序》卻認爲詩篇的次序符合時代先後，因此從〈楚茨〉到〈采菽〉這十篇，因爲列在〈巷伯〉之後，而〈小宛〉、〈小弁〉、〈何人斯〉、〈巷伯〉等篇《詩序》皆以爲「刺幽王也」，所以《詩序》以爲這十篇自然也是「刺幽王也」。但是顧炎武卻認爲從內容上來看並沒有刺意，《詩序》因爲誤認詩之次第，才會有這樣錯的的說法，因此認爲《詩序》不可盡信。

14. 李光地

《毛詩注疏》考證卷中引用李光地的次數最多，計有十一次，有一條是對詩篇意旨的解釋，其餘十條皆是對字句文義的解釋，館臣對於所引用的李光地之言，全數表示贊同，可見館臣對於李光地《詩》學觀點的認同。在《四庫全書》中館臣收錄了李光地的《詩》學著作《詩所》，從《四庫全書總目》對《詩所》的評論可以看出館臣對於李光地《詩》學觀點的態度，其言曰：

> 是編大旨，不主於訓詁名物，而主於推求詩意。其推求詩意，又主於涵泳文句，得其美刺之旨而止，亦不□徵事跡，必求其人以實之。又以爲西周篇什，不應寥寥。二南之中，亦有文武以後詩；風雅之中，亦多東遷以前詩。故於《小序》所述姓名，多廢不用，并其爲朱子所取者亦或斥之。其間意測者多，考證者少。如謂「有女懷春」爲祀高禖，則附會古義；謂「有扁斯石」，扁字從戶從冊，古者額書於戶曰扁，以石爲之，亦近於穿鑿《字說》。（案戶冊爲扁，義本《說文》。以石爲之，則光地之新解。）在光地所注諸經之中，較爲次乘。然光地邃於經術，見理終深。其所詮釋，多能得興觀群怨之旨。他如鄭衛之錄淫詩，引《春秋》之書亂臣賊子爲之證；《楚茨》以下爲齒雅，《載芟》以下爲齒頌，引齒風之後附《鴟鴞》諸篇、以釋齒雅後有《瞻洛》諸詩、齒頌後有《酌》、《桓》諸詩之疑。其言皆明白切實，足闡朱子未盡之義，亦非近代講章揣骨聽聲者所可及也。〔註148〕

館臣認爲李光地否定《詩序》，對詩意的解說，詩篇人物的重新認定卻是臆測者多，經過考證者少，但是在對於淫詩說卻能補足朱子的不足，可見館臣不認同李光地否定《詩序》，卻認同李光地對淫詩的說法，李光地對淫詩有如下之意見。

李光地的《詩》學主張多是根據朱子而來，對於淫詩這一問題，李光地亦是贊成朱子的說法，朱子因爲孔子曾說過「鄭聲淫」，認爲「未有詩不淫而聲淫者」，因此主張《詩》中有淫詩。李光地則就朱子所說的「詩」與「聲」的關係進一步加以解釋，他說：

> 然聲與詩，亦有不可不辨者。論其合，則自言志至於和聲一也。故曰：聞其樂而知其德，未有本末乖離者也。論其分，則詩直述情事，而樂被以音容，故曰興於詩，成於樂。鄭詩可存也，而鄭聲必放，以爲道情事者，人能辨其非，飾之音容，則惑焉者眾矣。然則聖人何不并其詩而放之？曰：是於樂中論其聲，況又有〈雞鳴〉、〈風雨〉、〈東門〉之篇錯出其間，苟沒其詩，無以知其善。放鄭聲，則猶之遠佞人也；存鄭詩，則猶之知佞人之情狀，見而能辨，辨而知惡者也。〔註149〕

他認爲詩與聲的關係，可以合著說，也可以分開說，合著來說，言志與和聲二者是一體的，所以說聞樂可以知德，因此他贊同朱子所說「未有詩淫而聲不淫者」。而分開來說，則詩主要直述情事，樂則被以音容，所以說「興於詩，成於樂」，先有詩，再和以樂，所以朱子所說的「鄭詩可存，鄭聲必放」也是可以成立的。爲何不將鄭詩和鄭聲「並放」呢？李光地以爲鄭詩中亦有如〈雞鳴〉、〈出其東門〉等「惡淫奔者」之詞摻雜其中，若放之，則無從知道鄭詩中好的詩篇，所以「不可放」。李光地以爲放鄭聲，就猶如遠離奸佞小人；存鄭詩則可以知道奸佞小人的情狀，所以鄭詩又其存在的意義與價值。

在《毛詩注疏》的考證諸卷中所引用的十四位學者，若以本文第二章漢宋學派的分類標準，大概只有呂祖謙、嚴粲、范處義三人可算是傳統漢學派的學者，歐陽脩、蘇轍二人雖然也依著《詩序》解詩，但是他們對《詩》義的解讀已慢慢的從漢學派走向宋學派，所以僅能說是介於漢、宋學過度時期的人物，餘者諸人對《詩》義的解讀、對《詩》文本的認定，都算是宋學派的。《四庫全書》向來被視爲漢學派的大本營，其學術立場被認爲是漢學派的，

〔註149〕清・李光地：《詩所》，《景印文淵閣四庫全書》第八十六冊，卷二，頁31。

從《四庫全書總目》來看也是如此。但從《毛詩注疏》的考證諸卷中館臣所引用、所接受、所認同的學者來看，我們也看到了不同以往說法之處，至少在經部詩類中，館臣對於宋學派學者的說法多有接受，可見四庫館的學術立場不只是堅守漢學的大本營而已。

三、從考證中所見的《詩經》學觀點

（一）重漢學，兼採宋學

《四庫全書》中的《毛詩注疏》中收錄《毛傳》、《鄭箋》、《孔疏》等漢學派的權威著作，館臣將之置於《詩序》之後，並對於各卷一一考證，足見館臣對這部著錄的重視。但是在這一著錄中卻未列出宋學派的權威著作朱子的《詩集傳》，之所以如此有二種可能：一是館臣以為這是一部漢學派著作，朱子之說法相差甚遠，故不並列。二是館臣並不認為朱子之著作可以與《毛傳》、《鄭箋》、《孔疏》等著作相提並論，而只是一般的《詩經》學著作。

在《詩序》一卷中，館臣列出了並列的《毛詩序》和朱子的《詩序辨說》，將朱子對於《詩序》提出疑義之處一一列出，讓讀者兩相比較，自斷其是非，因此第一種可能應該是不存在的，故筆者以為不列朱子的《詩集傳》乃是因為館臣重漢學的心態使然，所以以為朱子的《詩集傳》不能與《毛傳》、《鄭箋》、《孔疏》等著作相提並論，而只是一般的《詩經》學著作。

在考證跋語中，館臣明確的讚揚毛、鄭之學，其言曰：

> 毛、鄭二學極其廣博，其不合于經者自不能免，然去古未遠，定有師承，故鄭樵謂其與《尚書》、《左傳》、《國語》、《儀禮》、《孟子》合者確乎可據。〔註150〕

但這也不表示四庫館臣完全遵照《毛傳》、《鄭箋》、《孔疏》等漢學派權威著作的說法，從附在各卷之後的考證，可以看到館臣反對《毛傳》、《鄭箋》、《孔疏》等漢學派著作的說法，如卷二十四考證：

> 〈生民〉章禾役穟穟。傳：役列也。李樗曰：役禾之末也。《說文》亦云禾末也，較毛說為勝。〔註151〕

館臣引李樗、《說文》之說，認為此二者對於詩義的解說更勝《毛傳》。卷七

〔註150〕四庫館臣：《毛詩注疏・考證跋語》，《景印文淵閣四庫全書》第六十九冊，頁991。

〔註151〕四庫館臣：《毛詩注疏・卷二十四考證》，《景印文淵閣四庫全書》第六十九冊，頁807。

考證：

> 〈女曰雞鳴〉章與子偕老。箋宜乎我燕樂賓客而飲酒，與之俱至老。
> 歐陽修曰：徧考詩諸風，言偕老者多矣，皆爲夫婦之言，賓客一時
> 相接，豈有偕老之理。〔註152〕

本條考證引歐陽脩之言以駁《鄭箋》，館臣雖未明言《鄭箋》所言爲非，但是列出歐陽脩的說法以爲佐證，即是因爲館臣以爲這樣的說法優於《鄭箋》。對於《孔疏》，館臣同樣並非全盤接受，如卷四考證：

> 〈鄘風·柏舟〉章髧彼兩髦。疏仍云兩髦者追本父母在之飾也。按：
> 武公立于宣王十六年，卒于平王十三年，在位五十五年，其立之年
> 已四十餘歲矣，共伯爲武公兄，既云蚤死，則其死之年，僖侯猶在，
> 故猶著兩髦，非既葬去髦後追本而言也。《孔疏》信《史記》之言，
> 其說非是。〔註153〕

館臣認爲孔穎達採用《史記》的說法，但是《史記》之說已經錯誤，因此《孔疏》之說自然非是。

館臣雖是贊同漢學，以漢學派爲本位對《毛詩》進行考證，但在辯駁漢學派的權威著作時，館臣多次引用宋學派學者如歐陽脩、李樗等宋學派代表人物的看法，可見館臣立意破除漢、宋學門戶之間意氣之爭的用心。

（二）不盲從《詩序》

《毛詩注疏》館臣在考證諸卷中對於詩篇的解說，大抵採用《毛傳》、《鄭箋》、《孔疏》等漢學派著作一脈相傳的「依《序》解詩」的說詩方法，在考證跋語中，館臣明確引用馬端臨之語以爲「十五國風之序不可廢也」，館臣對於《詩序》的崇信可見一斑，如在卷六考證中：

> 〈君子陽陽〉序君子遭亂相招爲祿仕。臣敏中按：此詩與〈簡兮〉
> 同意。曰執簧、曰執翿、曰由房、曰由敖，明是隱隱于伶官，應以
> 序說爲正解。〔註154〕

明確說出《詩序》之說方爲正解。但亦有反對《詩序》說法者，如在〈羔羊〉

〔註152〕四庫館臣：《毛詩注疏·卷七考證》，《景印文淵閣四庫全書》第六十九冊，頁311。

〔註153〕四庫館臣：《毛詩注疏·卷四考證》，《景印文淵閣四庫全書》第六十九冊，頁247。

〔註154〕四庫館臣：《毛詩注疏·卷六考證》，《景印文淵閣四庫全書》第六十九冊，頁283。

篇中，對於詩篇主旨的認定，就不同意《詩序》的說法，如在卷二考證：

〈羔羊〉序德如羔羊也。蘇轍曰：君子愛其人，則樂道其車服。是
以詩言羔羊之皮而已，非比其德也。〔註155〕

《詩序》由〈首序〉「〈羔羊〉，〈鵲巢〉之功致也。」推衍出「召南之國，化
文王之政，在位皆節儉正直，德如羔羊。」蘇轍則認為詩中所敘寫的「羔羊
之皮」並不具有「德如羔羊」之意，詩人所以敘寫「羔羊之皮」是因為「愛
其人，則樂道其車服」，由人及物，並無深意，說「德如羔羊」，純是《詩
序》的衍說。館臣在此也同意蘇轍這樣的說法，因此將蘇轍的說法列於考證
卷中。

又如在卷十一考證：

〈渭陽〉序及其即位而作是詩也。李光地曰：康公為世子時，送晉
重耳返國之詩。存之者何？婚姻之國，能存亡繼絕者，穆公之善也。
序以為康公即位後追作，特臆說耳。〔註156〕

《詩序》以為〈渭陽〉是康公即位時思念母親的作品。但是李光地認為：〈渭
陽〉是康公為世子時，送其舅舅重耳返國為君的作品。而不是康公即位之後
追思往事的作品。為甚麼《詩經》收錄此詩在〈秦風〉之中呢？有婚姻關係
的國家，竟能因此幫助對方的子孫返國稱王，這是秦穆公的一大美談啊！因
為秦穆公的夫人是重耳的姊姊，重耳早期稱秦穆公為姊夫，後來改變成叫秦
穆公為岳父，這當中有兩層婚姻關係。所以李光地認為《詩序》所言乃臆測
之詞，四庫的館臣顯然也是贊同這樣的說法因而列出。

（三）反對淫詩說

對於朱子等宋學派認定的淫詩，四庫館臣大致上採反對的看法，因此在
諸卷的考證中，也對部分歷來被認定為淫詩的篇章提出看法，如在卷七考證
中說：

〈風雨〉序亂世則思君子不改其度焉。臣曾汾按：朱子辨序謂其詞
輕佻非思賢之意。然考《左傳》鄭六卿餞宣子，子游賦〈風雨〉，
〈辨命論〉，風雨如晦，雞鳴不已，善人為善，焉有息哉。呂光〈遺

〔註155〕四庫館臣：《毛詩注疏・卷二考證》，《景印文淵閣四庫全書》第六十九冊，頁
182。

〔註156〕四庫館臣：《毛詩注疏・卷十一考證》，《景印文淵閣四庫全書》第六十九
冊，頁379。

楊軌書〉:「何圖松栢凋于微霜,而雞鳴已于風雨。」梁簡文自序:
「立身行己,終始如一,風雨如晦,雞鳴不已。」是皆可爲序說之
證。〔註157〕

〈風雨〉篇《詩序》以爲乃是「思君子也。亂世則思君子不改其度焉。」但
朱子認爲「考詩之詞,輕佻狎暱,非思賢之意也。」,故以爲是「淫奔之時淫
奔之女言當此之時見其所期之人而心悅也」,但是館臣卻不認同朱子之看法,
而是引用《左傳》的說法,證明《詩序》之說方爲是,這樣的說《詩》方法
正是清朝流行的以經證經的方法。

另外,另一首也常被以爲是淫詩的〈子衿〉篇亦是,卷七考證:

〈子衿〉序刺學校廢也。臣映斗按:朱子〈白鹿洞賦〉云:廣青衿
之疑問。是朱子亦用序說也。又考北魏獻文帝詔高允曰:「子衿之
嘆,復見于今。」《北史》〈徵虞喜爲博士詔〉曰:「每覽子衿之
詩,未嘗不慨然。」二詔皆嘆學業之廢,儒軌之衰,亦可取以證此
序也。〔註158〕

〈子衿〉篇《詩序》以爲是「刺學校廢也。亂世則學校不修焉。」,朱子卻持
不同看法,認爲「其詞意儇薄,施之學校,尤不相似也。」因此也說「此亦
淫奔之詩」,館臣認爲朱子在〈白鹿洞賦〉引用〈子衿〉篇,用的也是《詩序》
的詩意,同時館臣雜引《北史》等史書,證明《詩序》之說法是正確的。

另外,從館臣對〈摽有梅〉的註解也可看出,卷二考證:

迨其謂之。傳則不待禮會而行之者。按:此與《鄭箋》引周禮奔者
不禁之言俱害理。宋儒女子懼嫁不及時之說,似亦未暢。不若《申
培詩說》云:女父擇婿之詩爲當。詩說雖或後人僞書,而此說則甚
正,較古注朱傳之義爲長,有足取也。〔註159〕

朱子認爲這首詩是女子「懼嫁不及時」因此「不待禮會而行之」,因此歸納爲
淫詩。但是豐坊的《申培詩說》卻認爲是「女父擇婿」,父親爲女兒選擇夫婿,
這就符合禮法的規範,自然不是淫詩。館臣贊同豐坊的說法,代表著館臣對

〔註157〕四庫館臣:《毛詩注疏・卷七考證》,《景印文淵閣四庫全書》第六十九冊,頁
311。

〔註158〕四庫館臣:《毛詩注疏・卷七考證》,《景印文淵閣四庫全書》第六十九冊,頁
312。

〔註159〕四庫館臣:《毛詩注疏・卷十一考證》,《景印文淵閣四庫全書》第六十九
冊,頁182。

於淫詩說的不認同，也同時代表著館臣對於漢學的贊同。

　　豐坊既然仿古代之著作，自是以古學爲尊，故在書中常表達自己對宋學的諸多不滿，在對於宋學所認爲的淫詩中，他有這樣的看法：

> 夫子錄是詩（〈有女同車〉）而不刪者，明鄭忽之正而著祭仲之罪也。忽以世嫡守正，而卒見逐於祭仲，其后兄弟互爭，齊楚交伐，幾致滅國，皆仲之爲也。是時人知勢利而罔知是非，勢利之所在，雖君臣大倫有所不顧，天理日微，人類日變，聖人傷之，故錄此而繼以〈搴〉者，著鄭之所以亂也。毛氏誤謂刺忽，而宋儒改爲淫詩，亦安知刪述之大旨哉？〔註160〕

豐坊以爲夫子錄〈有女同車〉這首詩而不刪的用意，是要「明鄭忽之正而著祭仲之罪也」，而《詩序》以爲刺忽，宋儒以爲淫詩，都是不對的說法，豐坊以爲這是因爲他們不瞭解孔子刪詩的旨意。他又特別批評淫詩說：

> 若夫狎邪猥褻之說，賊經害教之弊，必痛革而不敢從也。〔註161〕

可見豐坊對於淫詩的不認同。而館臣贊同豐坊說法的同時，也表現出對於淫詩的不認同。

　　對於這三則宋學派認爲是淫詩的作品，四庫館臣皆提出說法予以反對，認爲《詩序》的說法才是正確的，可見四庫館臣對於宋學派認爲淫詩的作品並不贊同。

（四）認同美詩，對於刺詩持保留態度

　　對於《詩序》以美刺說詩，一直也是漢、宋學派爭議不斷的問題。四庫館臣對於美詩和刺詩卻持著不同的看法。館臣對於《詩序》中所謂的美詩，並未特別提出辯駁，可見館臣對於美詩的認同。而同一詩篇中《詩序》認爲有美、有刺者，館臣則贊同「美」，如卷十五考證：

> 〈九罭〉序周大夫刺朝廷之不知也。臣宗楷按：《朱子語錄》曰寬厚溫柔詩教也。如今人說〈九罭〉詩乃責其君之辭，無復寬厚溫柔之意，故易爲東人願周公留之詩。然古說謂西人願公速歸，朱注謂東人願公少留，民之愛公，固無東人西人之異說，雖不同，其爲美周公則一也。〔註162〕

〔註160〕明·豐坊：《魯詩世學》（臺北：國立故宮博物院，1997年），卷十二，頁9。
〔註161〕明·豐坊：《魯詩世學》（臺北：國立故宮博物院，1997年），卷十二，頁9。
〔註162〕四庫館臣：《毛詩注疏·卷十五考證》，《景印文淵閣四庫全書》第六十九

〈九罭〉《詩序》以爲是「美周公也。周大夫刺朝廷之不知也」。朱子以爲是「二詩東人喜周公之至，而願其留之詞。序說皆非。」。館臣對於《詩序》中所言的「刺朝廷之不知」持保留態度，但是對於《詩序》所謂美周公表示認同，同時將朱子之說法解釋成爲同樣是在「美周公」。

相對於對美詩的認同，對於刺詩，館臣抱持著保留的態度，如在卷二十考證：

> 〈鼓鐘〉序刺幽王也。歐陽修曰：旁考《詩》、《書》、《史記》，皆無
> 幽王東巡之事。《書》曰：淮夷徐戎並興。蓋自成王時，徐及淮夷已
> 皆不爲周臣。宣王時嘗遣將征之，亦不自征。初無幽王東至淮徐之
> 事。《詩緝》謂古事亦有不見於史，而因經以見者，詩即史也。二說
> 不同，故朱傳以爲未詳。〔註163〕

〈鼓鐘〉篇，《詩序》以爲「刺幽王也」。朱子則認爲「此詩文不明，故序不敢質其事，但隨例爲刺幽王耳，實皆未可知也。」朱子以爲從詩文無法明白看出所言何事，《詩序》只是沿襲美刺說詩的舊例，隨意將此詩標注爲刺幽王。歐陽脩在《詩本義》中認爲史書中並無幽王東巡之事，因此認爲《詩序》的說法是錯的。嚴粲《詩緝》則反駁歐陽脩的說法，認爲並非全部的史事皆會被記錄下來，因此《詩經》所記載的詩篇就可以當成史事。館臣並列出歐陽脩的看法以及以嚴粲反駁歐陽脩說法兩相對照，可知館臣對於《詩序》以爲《摽有梅》是刺詩也是持懷疑態度。

而在卷二十二考證中，館臣對《詩序》以爲是刺詩的〈黍苗〉篇，同樣列出不同看法作爲比較：

> 〈黍苗〉序刺幽王也。臣浩按：此詩不見有刺意。《國語》注謂道召
> 伯述職，勞來諸侯。與毛序不同。〔註164〕

在〈黍苗〉篇中《詩序》以爲是刺幽王之作，館臣則直言「此詩不見刺意」，明確的否定《詩序》之說，並引用三國吳韋昭爲《國語》作注時認爲：「〈黍苗〉亦〈小雅〉。道邵伯述職勞來諸侯也。其詩曰：芃芃黍苗，陰雨膏之，悠悠南行，邵伯勞之。」的說法，雖然館臣含蓄的說與毛序不同，但是館臣列

〔註163〕　四庫館臣：《毛詩注疏·卷二十考證》，《景印文淵閣四庫全書》第六十九冊，頁607。

〔註164〕　四庫館臣：《毛詩注疏·卷二十二考證》，《景印文淵閣四庫全書》第六十九冊，頁683。

冊，頁436。

出這樣的說法，事實上就是承認這樣的說法是比較好的說法。

　　從這些例子可以看出，館臣對於《詩序》中的刺詩常持保留態度。宋學派的代表人物朱子之所以反對以美刺說詩，原因一乃是因為其不符合君臣之份際，作臣子之人怎可諷刺其君主，因此朱子不贊同以美刺說詩。四庫館臣在這一點上顯然和朱子有相同的看法，讚美君主是被認同的，但是責備君主言行的刺詩，則不易被接受。

（五）以史證《詩》的釋《詩》方法

　　對於《詩經》篇章內容有疑義的文字，館臣引用史書所涉及與《詩經》篇章內容有關的資料作為探證和衡量詩義的佐證，來考證詩篇的人物、事件、名物、或史實等。館臣通過考察《史記》、《漢書》、《春秋》、《國語》等書所載明之事跡，證明《詩序》、《毛傳》、《鄭箋》的得失，如：

> 〈民勞〉序箋屬王成王七世孫。疏：《左傳》服虔註云：穆公召康公十六世孫。按《史記‧燕世家》自召公以下九世至惠侯。惠侯當周屬王奔彘共和之時，是惠侯與穆公共世也。縱子有早晚，命有長短不應一，召公之後，北燕之封與畿內之封，世數懸絕若此，《史記》周自成王以下至孝王共九王七世，與燕自召公以下至惠侯九世，相去不遠。服注：穆公為康公十六世孫，其言未可據也。〔註165〕

〈民勞〉篇《詩序》以為是「召穆公刺屬王也」，《鄭箋》註解以為屬王是成王七世孫。孔穎達的疏解則引用《左傳》的世系表，然而館臣對孔穎達的說法並不認同，因此再引用《史記》的世系表說明「其言未可據信」。

　　另外也有考之史實，以證詩篇之人物、事件、名物、或史實者：

> 〈桑中〉章美孟弋矣傳弋姓也。臣照按：《春秋‧襄公四年》夫人姒氏薨。《公羊傳》作「弋氏薨」。定公十五年：「姒氏卒」，《穀梁傳》作「弋氏卒」。《姓苑》：「弋姓出河東，今蒲州有弋氏。」朱子曰：夏后氏之後也，似弋姒同姓。〔註166〕

〈桑中〉篇云：「爰采麥矣，沫之北矣。云誰之思？美孟弋矣。期我乎桑中，要我乎上宮，送我乎淇之上矣。」，《毛傳》以為「弋是姓氏」，四庫館臣舉出

〔註165〕四庫館臣：《毛詩注疏‧卷二十四考證》，《景印文淵閣四庫全書》第六十九冊，頁807～808。

〔註166〕四庫館臣：《毛詩注疏‧卷四考證》，《景印文淵閣四庫全書》第六十九冊，頁248。

《春秋》、《公羊傳》、《穀梁傳》中的記載證明「弋」姓即是「姒」姓，兩者同姓，和朱子的說法相同。

又如卷四考證：

〈鄘風・柏舟〉章髧彼兩髦。疏：仍云兩髦者追本父母在之飾也。

按：武公立于宣王十六年，辛于平王十三年，在位五十五年，其立之年已四十餘歲矣。共伯為武公兄，既云蚤死，則其死之年，僖侯猶在，故猶著兩髦，非既葬去髦後追本而言也。《孔疏》信《史記》之言，其說非是。〔註167〕

〈鄘風・柏舟〉章中云：「汎彼柏舟，在彼中河。髧彼兩髦，實維我儀。之死矢靡它。母也天只！不諒人只！」〔註168〕《詩序》以為此詩是「共姜自誓也。衛世子共伯蚤死，其妻守義，父母欲奪而嫁之，誓而弗許，故作是詩以絕之。」

《孔疏》以為：

共伯之死時，僖侯已葬，去髦久矣。仍云兩髦者，追本父母在之飾。〔註169〕

但館臣卻從史書的記載推原出共伯死時，僖侯猶在，因此孔疏所謂「追本父母」的說法是錯誤的。

以史證《詩》的釋《詩》方法在《毛詩注疏》的考證諸卷中是館臣最重要的考證方式之一，此種方式是漢學派重訓詁考證所常使用的，由考證諸卷中此種方式的大量使用，我們可以推知館臣作學問的方式是漢學派的，對《詩》的解讀是依循漢學派的方法的。

〔註167〕四庫館臣：《毛詩注疏・卷四考證》，《景印文淵閣四庫全書》第六十九冊，頁247。

〔註168〕漢・毛亨傳、鄭玄箋，唐・孔穎達疏：《毛詩注疏》，《景印文淵閣四庫全書》第六十九冊，頁332。

〔註169〕漢・毛亨傳、鄭玄箋，唐・孔穎達疏：《毛詩注疏》，《景印文淵閣四庫全書》第六十九冊，頁332。

第六章　結　論

　　本文探究《四庫全書》的《詩經》學觀點，從《四庫全書》原創的《四庫全書總目》可以看出《四庫全書》對於漢、宋分派的關注，考察《四庫全書總目》對漢、宋分野所關注的焦點在於：《詩序》問題、對美刺說詩態度、對淫詩的看法等幾點，因此本文從《四庫全書總目》和《毛詩注疏》的考證諸卷中探察以上諸點《四庫全書》的立場，以明《四庫全書》的《詩經》學觀點。

一、編修背景影響之《詩經》學觀點

　　由《四庫全書》背後推手乾隆的家學涵養以及當時社會上的學術思潮等多項編修背景考察，可以得出以下幾點《詩經》學觀點：

（一）尊經崇儒、崇孔尊朱

　　從清初即被帝王家所選用的儒家學術思想，特別是程朱一派的學說，在《四庫全書》一樣受到重視，所收認爲足以流傳千古的著錄中依然以儒家學術爲主。

（二）重視《詩》教

　　乾隆皇帝編修《四庫全書》有著教化子民的目的，因此對於《詩》教極爲重視，尤其是和學派傳統的以美刺寄寓《詩》教的方式尤爲被接受與重視。

（三）重漢學考據

　　受當時的時代背景影響，《四庫全書》不論從所收著錄館臣的考證方式等等，都大量採用漢學派重考據的爲學方法。

（四）重視《詩經》的古音韻

由漢學考據強調「以經證經」的考證方式，進一步認定《詩經》的音韻是古音韻的代表，因此對於《詩經》的古音韻十分重視，雖然對於古音韻的研究重點不在《詩經》本身，卻也在不知不覺中解決了一些《詩經》學上的問題。

（五）保留三家《詩》學觀點

由於今文經學的崛起，《四庫全書》中也收錄了輯佚三家《詩》的著作，保留了三家《詩》的《詩經》學觀點。

二、《四庫全書總目》經部詩類的《詩經》學觀點

（一）推崇《詩序》

由《四庫全書總目》經部詩類的提要可清出的看見對於依《序》解《詩》著作的推崇與讚許，同時也發現《四庫全書總目》對於廢《序》者的批評。

（二）認為《詩經》是政治美刺詩

對於《詩經》以美刺寄寓教化用意，《四庫全書總目》一再表達認同之意，認為美刺是《詩經》彌足珍貴的原因之一，可見《四庫全書總目》以為《詩經》乃是政治美刺詩。

（三）《詩》有淫詩，用以刺淫，非淫者自述其狀

對於長久爭論不休的淫詩，《四庫全書總目》也表達看法，在以《詩經》為政治美刺詩的前提下，認為《詩》有淫詩，用以刺淫，非淫者自述其狀的一般抒情詩。

三、《毛詩注疏》的考證諸卷的《詩經》學觀點

（一）重漢學，兼採宋學

前人多從《四庫全書總目》考察《四庫全書》之學術觀點，因而發現《四庫全書》重視漢學的傾向，但此次從館臣所作的考證觀察，發現《四庫全書》雖重漢學，但不拘漢學舊說，於《詩經》學觀點上兼採宋學派的說法。

（二）不盲從《詩序》

《四庫全書總目》雖然表達出對於《詩序》的推崇與重視，但是在實際的考證內容中卻可以看到館臣對於《詩序》並不是一味盲從，而是本著求是

的精神，對於說法各異的詩篇，館臣常是詳加考證再下結論的，而且其結論不全然依著《詩序》的說法。

（三）對宋學派淫詩說持保留態度

《四庫全書總目》中雖然認為《詩經》中存有淫詩，但是在考證諸卷中館臣對於被認定為淫詩的詩篇多次提出反駁的說法，以為那些詩篇並不是淫詩，可見《四庫全書》對宋學派的淫詩說持保留態度。

（四）認同美詩，對於刺詩持保留態度

《四庫全書》將《詩經》定位為政治美刺詩，對於《詩》中所美之事，館臣的考證中多半以為是對的，但對於刺詩，館臣卻持著保留的態度，以為詩中並不一定有刺意。

（五）以史證《詩》的釋《詩》方法

對於《詩經》篇章內容有疑義的文字，館臣引用史書所涉及與《詩經》篇章內容有關的資料作為探證和衡量詩義的佐證，來考證詩篇的人物、事件、名物、或史實等。

以史證《詩》的釋《詩》方法在《毛詩注疏》的考證諸卷中是館臣最重要的考證方式之一，此種方式是漢學派重訓詁考證所常使用的，由考證諸卷中此種方式的大量使用，我們可以推知館臣作學問的方式是漢學派的，對《詩》的解讀是依循漢學派的方法的。

從以上三方面考察所得，大致符合向來我們認定的四庫館是漢學的大本營，《四庫全書》的學術立場是傾向漢學的，但是我們也發現《四庫全書》對於宋學的接受與認同。館臣雖是漢學派的追隨者，其編纂《四庫全書》用的也是漢學派的方法，但是卻不為門戶所侷限，拘泥於一家之說，反而能破除門戶之見，廣博採納各家之言，使《四庫全書》的內容更臻完備，這種學術立場是值得推崇的。同時，我們也可以發現《四庫全書》除了保留了古代書籍的面貌之外，同時也致力於保留各種不同學術思想，兼納各家之說，對於學術文化的進步亦有其貢獻。

本文僅從《四庫全書總目》和《毛詩注疏》的考證諸卷中探察《四庫全書》的《詩經》學觀點，至於考察《四庫全書》對所著錄書籍的文字刪定，由於時間所限，未遑加以著墨。他日若能仔細比對各書籍的文字刪改情形，應能更加明瞭《四庫全書》的《詩經》學觀點。

附表一 《毛詩注疏》各卷考證

項次	卷次	原　文	考　　證	用　途	相關書目或學者	考證結果
1	卷一	周南序先王之所以教箋先王斥大王王季	蜀本石經王季下有文王二字	版本異同	蜀本石經	列出參考
2	卷一	關雎章關關雎鳩傳然後可以風化天下	蜀本石經此句下多而正夫婦四字	版本異同	蜀本石經	列出參考
3	卷一	左右芼之傳芼擇也	按內則醢醲酒醴芼羹又云雉兔皆有芼昏禮芼之以蘋藻又儀禮饋食皆有鉶芼七發肥狗之和芼以椒蘇皆以菜雜肉為羹也其以芼為擇者唯此處毛傳耳	文句考釋	禮　記	字義考釋
4	卷一	箋后妃既得荇菜	蜀本石經作女欲得后妃既共荇菜	版本異同	蜀本石經	列出參考
5	卷一	關雎章句疏一字則言蹇而不會	按顧炎武曰緇衣之詩敝字一句還字一句若曰敝予還予則言之不順矣是詩亦有一字句也	文句考釋	顧炎武	
6	卷一	覃序箋而後言尊敬師傅者欲見其性亦自然	蜀本石經後字作又字性字下有情字自然下有也字	版本異同	蜀本石經	列出參考
7	卷一	薄汙我私傳汙煩也	蜀本石經作煩辱也	版本異同	蜀本石經	列出參考
8	卷一	箋煩煩撋之	蜀本石經作煩撋之事也	版本異同	蜀本石經	列出參考
9	卷一	卷耳章我姑酌彼金罍傳人君黃金罍	蜀本石經罍字上有為字	版本異同	蜀本石經	列出參考
10	卷一	箋君賞功臣	君字各本俱誤作若字從蜀本石經改正	版本異同	蜀本石經	從蜀本石經
11	卷一	我姑酌彼兕觥箋飲酒禮自立司正之後	禮字上各本俱脫飲酒二字按立司正見鄉飲酒禮今從蜀本石經增之	版本異同	蜀本石經	從蜀本石經
12	卷一	陟彼砠矣	砠說文作岨	版本異同	說　文	列出參考
13	卷一	云何吁矣	爾雅注作云何盱矣	版本異同	爾　雅	字義考釋
14	卷一	樛木序箋后妃能和諧眾妾	蜀木石經后妃上多以色曰妒以行曰忌八字	版本異同	蜀本石經	列出參考

15	卷　一	南有樛木箋木枝以下垂之故	蜀本石經無故字	版本異同	蜀本石經	列出參考
16	卷　一	又箋喻后妃能以恩意下逮眾妾	意字上各本俱脱一恩字今從蜀本石經增	版本異同	蜀本石經	從蜀本石經
17	卷　一	福履綏之箋妃妾以禮義相與和合	和字下監本脱合字今從蜀本石經增	版本異同	蜀本石經	從蜀本石經
18	卷　一	螽斯序言若螽斯不妬忌則子孫眾多也	歐陽修曰序文顛倒宜作言不妬忌則子孫眾多若螽斯也許謙曰但以言若螽斯句斷屬上文以不妬忌歸之后妃而屬之下文意亦可通按歐陽氏許氏之說皆比舊說謂螽斯不妬忌者勝而許氏說尤長螽斯之果否不妬忌固非人之所知而以不妬忌作推原其本之辭更爲明顯也	篇章主旨（與序說比較）	歐陽修　許　謙	不從序說
19	卷　一	螽斯羽傳螽斯蚣蝑也	按爾雅云蜇螽蠜蜇蚣蝑詩緝云螽斯即蜇螽蝗子也非蜇螽也毛誤以爲蚣蝑孔氏因之遂合蜇螽螽斯爲一物	名物考釋	爾　雅　詩　緝	毛傳誤、孔氏因之
20	卷　一	桃夭序箋疏宗子雖七十無無主婦	各本俱脱一無字今據禮記曾子問增正	版本異同	禮　記	從禮記
21	卷　一	兔罝章肅肅兔罝箋鄙賤之事	蜀本石經鄙賤上有行字	版本異同	蜀本石經	列出參考
22	卷　一	公侯干城箋有武力可任爲將帥之德	蜀本石經無力字	版本異同	蜀本石經	列出參考
23	卷　一	苤苢序和平則婦人樂有君子矣	蜀本石經作天下和平	版本異同	蜀本石經	列出參考
24	卷　一	薄言采之箋薄言我薄也	蜀本石經薄言下多一言字	版本異同	蜀本石經	列出參考
25	卷　一	漢廣章不可休息傳疏疑經休息之字作休思也	按韓詩外傳即作休思朱子亦從之葢休求爲韻通首皆以思爲語辭也	版本異同	韓詩外傳　朱　子	列出參考
26	卷　一	不可求思箋人無欲求犯禮者	蜀本石經無禮字	版本異同	蜀本石經	列出參考
27	卷　一	江之永矣	韓詩永作漾薛注曰漾長也說文作瀁義並同	版本異同	韓　詩　說　文	列出參考

28	卷　一	不可方思箋必有潛行乘泭之道	蜀本石經必有作本有	版本異同	蜀本石經	列出參考
29	卷　一	又箋故不可也	蜀本石經作故不可渡也	版本異同	蜀本石經	列出參考
30	卷　一	翹翹錯薪傳翹翹薪貌	蜀本石經作薪長大之貌也	版本異同	蜀本石經	列出參考
31	卷　一	言刈其楚箋楚雜薪之中尤翹翹者	蜀本石經楚字下有在字翹翹上有高字	版本異同	蜀本石經	列出參考
32	卷　一	麟趾序箋有似麟應之時無以過也	蜀本石經作雖有麟應之時而無以過也	版本異同	蜀本石經	列出參考
33	卷　一	振振公姓傳公姓公同姓	按玉藻云子姓之冠也喪大記云子姓立於西方子姓子孫也蓋子不可以父之字為姓孫則以王父之字為姓姓之所別自孫始故子姓即子孫朱傳以為公孫得之	文句考釋	禮　記	
34	卷　二	召南鵲巢序箋夫人有均壹之德	蜀本石經作彼國君夫人而有均一之德	版本異同	蜀本石經	列出參考
35	卷　二	維鳩居之箋猶國君積行累功	蜀本石經此句下多以致爵位四字	版本異同	蜀本石經	列出參考
36	卷　二	又箋居君子之室其德亦然也	監本德字上脫其字然字下脫也字今據蜀本石經增	版本異同	蜀本石經	從蜀本石經
37	卷　二	草蟲章趯趯阜螽	按爾雅作蟲蝗此蟲屬當從虫若歐陽氏謂生于陵阜者曰阜螽生于草間者曰草蟲則近於鑿矣	名物考釋	爾　雅	駁歐陽脩
38	卷　二	采蘋章于以采藻傳藻聚藻也	蜀本石經此句下多沉曰蘋浮曰藻六字	版本異同	蜀本石經	列出參考
39	卷　二	箋芼之以蘋藻	監本作芼用蘋藻按昏義文本作芼之以蘋藻今從石經改正	版本異同	石　經	從石經
40	卷　二	有齊季女傳必先禮之於宗室	蜀本石經禮作醴	版本異同	蜀本石經	列出參考
41	卷　二	行露章豈不夙夜箋夙早也	蜀本石經作夙夜早莫也	版本異同	蜀本石經	列出參考
42	卷　二	羔羊序德如羔羊也	蘇轍曰君子愛其人則樂道其車服是以詩言羔羊之皮而已非比其德也	篇章主旨（與序說比較）	蘇　轍	不從序說
43	卷　二	委蛇委蛇箋故可自得也	蜀本石經作故可自得公食也	版本異同	蜀本石經	列出參考

44	卷　二	殷其靁章何斯違斯傳何此君子也	石經作何何此君子也	版本異同	石　經	列出參考
45	卷　二	摽梅序疏然則男自二十以至二十九	監本脫二十以至四字今據汲古閣本增入	版本異同	汲古閣本	從汲古閣本
46	卷　二	迨其謂之傳則不待禮會而行之者	按此與鄭箋引周禮奔者不禁之言俱害理宋儒女子懼嫁不及時之說似亦未暢不若申培詩說云女父擇婿之詩爲當詩說雖或後人偽書而此說則甚正較古注朱傳之義爲長有足取也	篇章主旨（與序說比較）	申培詩說	從申培詩說
47	卷　二	小星章三五在東傳三心五噣四時更見	按毛以五爲柳似未當甘氏星經云柳八星柳宿萬人所共見明爲八星其狀垂似柳安得謂之五星耶且詩言三五在東特舉一時所見而言安得謂四時更見耶故朱注謂三五言其稀也	文句考釋	朱　子	駁毛傳、贊同朱注
48	卷　二	寔命不同箋凡妾御于君不敢當夕	監本脫敢字今從石經增正	版本異同	石　經	從石經
49	卷　二	維參與昴箋亦隨伐留在天	蜀本石經此句下多猶妾雖賤亦與夫人同御于君也十三字	版本異同	蜀本石經	列出參考
50	卷　二	疏伐屬白虎宿與參連體而六星	按參中三星橫列故謂之參外四星兩肩兩足共爲七星伐三星斜列參中故宋志以爲參十星兼伐三星而言也	文句考釋	宋　志	補充注疏
51	卷　二	又疏元命苞云昴六星	按昂亦七星其一星黑色小而難見元命苞謂柳五星又謂昴六星皆誤也	名物考釋	春　秋	
52	卷　三	邶風柏舟章不可以茹傳茹度也	蕉轍日入也歐陽修日納也李光地亦日納也言其善惡分明不能如鑒之妍媸並納也於義較長	文句考釋	蘇轍、歐陽脩、李光地	字義考釋，駁毛傳，從歐、李
53	卷　三	威儀棣棣不可選也	禮記孔子閒居作威儀逮逮不可選也朱穆傳作威儀棣棣不可算也	版本異同	禮　記朱　穆	列出參考
54	卷　三	綠衣序箋疏此綠衣與內司服綠衣字同	按內司服作緣衣未嘗誤作綠或唐時本作綠亦不可攷然彼連鞠衣展衣而言自當作緣此對黃而言自當作綠	文句考釋	周　禮	從序箋疏

55	卷 三	日月章父兮母兮箋言己尊之如父親之如母	按此說未安劉瑾曰上呼日月而訴之此呼父母而訴之猶舜號泣于旻天于父母之意也呂祖謙曰不欲咎莊公徒自傷父母養我不終而已二說較箋語爲妥	文句考釋	劉 瑾 呂祖謙	駁鄭箋
56	卷 三	報我不述	述韓詩作術薛君章句云術法也義與毛傳別	文句考釋	韓 詩	
57	卷 三	終風章惠然肯來箋惠順也	監本脫此三字今依蜀本石經增正	版本異同	蜀本石經	從蜀本石經
58	卷 三	凱風章在浚之下傳言有益於浚	蜀本石經浚字下多人也二字	版本異同	蜀本石經	列出參考
59	卷 三	睍睆黃鳥	睍睆太平御覽韓詩作簡簡按睍睆言其色好音言其聲喻孝之有怡色又有柔聲毛傳義甚精不知朱子何以不從	文句考釋	太平御覽（韓詩）	駁朱子
60	卷 三	雄雉章百爾君子箋可謂爲德行而君或有所留或有所遣女怨之故問焉	監本脫或有所遣四字今依石經增正	版本異同	石 經	從石經
61	卷 三	匏有苦葉章淺則揭傳揭褰衣也	蜀本石經此句上多由膝以下爲揭六字	版本異同	蜀本石經	列出參考
62	卷 三	谷風章昔育恐育鞠	蜀本石經作昔育恐鞠少一育字	版本異同	蜀本石經	列出參考
63	卷 三	旄邱章旄邱之葛兮箋土氣緩則葛生闊節	緩蜀本石經作暖	版本異同	蜀本石經	列出參考
64	卷 三	北門章政事一埤益我箋則減彼而一以益我	蜀本石經作則減彼而一以益我	版本異同	蜀本石經	列出參考
65	卷 三	靜女章搔首踟躕傳言志往而行正	正字蜀本石經作止箋亦作止	版本異同	蜀本石經	列出參考
66	卷 四	鄘風柏舟章髧彼兩髦疏仍云兩髦者追本父母在之飾也	按武公立于宣王十六年卒于平王十三年在位五十五年其立之年已四十餘歲矣共伯爲武公兄既云蚤死則其死之年僖侯猶在故猶著兩髦非既葬去髦後追本而言也孔疏信史記之言其說非是	文句考釋		駁孔疏

67	卷　四	君子偕老章副笄六珈箋如今步搖上飾	詩補傳曰鄭不言步搖之制蓋副上有垂珠步則搖未知步搖之身亦編髮爲之否也按後漢輿服志步搖以黃金爲山題貫白珠爲桂枝相繆一爵九華熊虎赤羆天鹿辟邪南山豐大特六獸詩所謂副笄六珈者也	名物考釋	詩補傳後漢書	駁鄭箋
68	卷　四	鬒髮如雲不屑髢也	鬒字說文作㐱髟字周禮注作鬄	版本異同	說　文周　禮	列出參考
69	卷　四	是紲袢也	紲石經作緤說文作褻毛奇齡曰袢之從半謂衣之半也如後之所稱半袖半臂者	版本異同	石經、說文、毛奇齡	列出參考
70	卷　四	桑中章美孟弋矣傳弋姓也	按春秋襄公四年夫人姒氏薨公羊傳作弋氏薨定公十五年姒氏卒穀梁傳作弋氏卒姓苑弋姓出河東今蒲州有弋氏朱子曰夏后氏之後也似弋姒同姓	文句考釋	春　秋	補充毛傳
71	卷　四	美孟庸矣傳庸姓也	庸先儒皆云未詳按庸即鄘也漢志鄘皆作庸周末秦有庸芮漢有庸光又有受古文尚書者爲膠東庸譚	文句考釋	漢　志	字義考釋
72	卷　四	鶉之奔奔章鶉之奔奔鵲之彊彊	禮記作鶉之賁賁鵲之彊彊	版本異同	禮　記	列出參考
73	卷　四	定之方中章景山與京傳景山大山	按寰宇記景山在澶州衛南縣東三里衛南隋時屬滑州唐武德四年置澶州衛南屬之觀南頌云陟彼景山衛地即商故都則景山固是山名曰大山非也	名物考釋		駁毛傳
74	卷　五	衛風淇奧章綠竹傳綠王芻也竹篇竹也	按綠齊魯韓三家及說文皆作菉竹韓詩作薄菉薄字從艸是二物皆草也若綠竹則不宜以爲草傳曰淇奧篑籞淮南子曰淇衛之箭史記漢武下淇奧之竹以爲楗漢書冠恂伐淇奧之竹以爲矢綠竹之爲竹箭明矣且詩以竹爲興者取其內虛外剛清勁不染若以爲菉薄又何所取耶	文句考釋	舉淮南子、史記、漢書爲佐證	駁三家詩及說文

75	卷　五	碩人章譚公維私	按羅泌路史譚嬴姓國今齊之歷城武德中曰譚州東南十里有故城一作鄲又白虎通作覃	文句考釋	羅泌《路史》	
76	卷　五	氓章于嗟女兮無與士耽	于韓詩外傳作吁耽爾雅作妉	版本異同	爾　雅韓詩外傳	列出參考
77	卷　五	河廣序箋襄公即位夫人思宋	按春秋傳宋襄公即位在魯僖公九年衛戴公東渡河在魯閔公二年是宋襄公之立衛渡河已十年矣詩言河廣是衛猶在河北也	篇章主旨（與序說比較）	春　秋	不從序說
78	卷　五	伯兮章焉得諼草傳疏諼訓爲忘非草名	按諼萱草也一名鹿蔥一名宜男一名忘憂草萱諼字音同觀釋文本作萱說文作蕿又作蘐則爲草名無疑嵇康養生論曰合歡蠲忿萱草忘憂孔疏以爲非草名恐未然	文句考釋	釋文、說文、嵇康養生論	駁孔疏
79	卷　六	君子陽陽序君子遭亂相招爲祿仕	按此詩與簡兮同意曰執簧曰執翿由房曰由敖明是隱于伶官應以序說爲正解	篇章主旨（與序說比較）		從序說
80	卷　六	揚之水章不與我戍申傳申姜姓之國	按鄭語云當成周者南有申呂周語云齊許申呂由太姜同四岳伯夷之後也	文句考釋	國　語	
81	卷　六	不流束楚傳楚木也	按張揖云楚荊也牡荊蔓荊也陸佃云楚者楚地所出一名荊故春秋楚稱荊而荊州亦以此木得名也	文句考釋		字義考釋
82	卷　六	不與我戍甫	按羅泌路史云新蔡爲古呂國後來之呂近申在周亦曰甫一作鄦上蔡有鄦亭呂氏春秋云呂在宛西徐廣亦云呂在宛縣括地志云故申城在鄧州南陽縣北三十里故呂城在鄧州南陽縣西四十里是申呂同一地也	文句考釋	羅泌《路史》、春秋、徐廣、地志	地理考
83	卷　六	不與我戍許	許與申呂接境故並戍之也	文句考釋		補充注疏
84	卷　六	中谷章啜其泣矣	啜韓詩外傳作惙	版本異同	韓詩外傳	列出參考
85	卷　六	兔爰章雉離于羅	羉說文作罦	版本異同	說　文	列出參考
86	卷　六	采葛章彼采蕭兮疏釋草云蕭荻	按荻字宜作萩音秋說文云萩蕭也襄公十八年左傳秦周伐雍門之萩是也爾雅釋草文字誤作荻故疏仍其訛荻菼也非蕭也	文句考釋	說　文	駁孔疏

87	卷　六	大車章大車啍啍	啍啍廣韵作嘽嘽音義並同	版本異同	廣　韵	列出參考
88	卷　七	鄭風大叔于田章乘乘鴇	按鴇爾雅釋畜文作駂從馬其從鳥者乃肅肅鴇羽之鴇也	文句考釋	爾　雅	補充注疏
89	卷　七	羔裘章三英粲兮傳三英三德也	歐陽修曰三英爲三德本無所據蓋旁取書之三德曲爲附麗爾三英粲兮當是述羔裘之美	文句考釋	歐陽脩	是歐陽脩，駁毛傳
90	卷　七	女曰雞鳴章與子偕老箋宜乎我燕樂賓客而飲酒與之俱至老	歐陽修曰徧考詩諸風言偕老者多矣皆爲夫婦之言賓客一時相接豈有偕老之理	文句考釋	歐陽脩	是歐陽脩，駁鄭箋
91	卷　七	東門之墠章有踐家室	踐韓詩作靖注靖善也言東門之外栗樹之下有善人可與成爲家室也	文句考釋	韓　詩	
92	卷　七	風雨序亂世則思君子不改其度焉	按朱子辨序謂其詞輕佻非思賢之意然考左傳鄭六卿餞宣子子游賦風雨辨命論風雨如晦雞鳴不已善人爲善焉有息哉呂光遺楊軌書何圖松栢凋于微霜而雞鳴已于風雨梁簡文自序立身行己終始如一風雨如晦雞鳴不已是皆可爲序說之證	篇章主旨（與序說比較）	朱子、晉書呂光遺楊軌書	從序說，駁朱子
93	卷　七	子衿序刺學校廢也	按朱子白鹿洞賦云廣青衿之疑問是朱子亦用序說也又考北魏獻文帝詔高允曰子衿之嘆復見于今北史徵虞喜爲博士詔曰每覽子衿之詩未嘗不慨然二詔皆嘆學業之廢儒軌之衰亦可取以證此序也	篇章主旨（與序說比較）	朱　子	從序說
94	卷　七	揚之水序閔無臣也	曰揚之水三篇王風言平王不能令諸侯唐風言晉昭不能制曲沃此詩言鄭忽不能制權臣三詩之意皆同	篇章主旨（與序說比較）	嚴　粲	從序說
95	卷　七	野有蔓草章清揚婉兮	婉韓詩外傳作宛玉篇集韵皆作疏音義並同	版本異同	韓詩外傳玉篇	列出參考
96	卷　八	齊風雞鳴章匪雞則鳴蒼蠅之聲傳蒼蠅之聲有似遠雞之鳴	李光地曰以物理驗之未有雞未鳴而蠅先鳴者故一說非特雞也且有蒼蠅之聲矣言侵曉也	文句考釋	李光地	駁毛傳

97	卷　八	月出之光	印古詩話曰月字乃日字之誤	文句考釋	印古詩話	
98	卷　八	還章子之還兮	按還韓詩作嫙注嫙好貌也齊詩作營漢書地理志臨甾名營邱故齊詩曰子之營兮顏師古注曰之往也	文句考釋	韓詩、齊詩、顏師古	字義考釋
99	卷　八	遭我乎猲之間兮	猲齊詩作巇漢書地理志注巇山名字或作猲亦作巇	文句考釋	齊　詩	字義考釋
100	卷　八	南山章析薪如之何	析薪禮記作伐柯	版本異同	禮　記	列出參考
101	卷　八	敝笱序齊人惡魯桓公微弱	朱子曰桓當作莊按桓十八年左傳桓公不聽申繻之諫遂及文姜如齊則會齊侯乃桓公意也其後文姜會齊襄者五于禚于祝邱如齊師于防于穀皆莊公即位後事夫死從子而莊公不能制之朱子以爲刺莊公是也	篇章主旨（與序說比較）	朱　子	從朱子之說
102	卷　九	魏風園有桃章園有桃箋食園桃而已	李樗曰園桃非終歲常食之物鄭說不足取當從毛傳以園桃起興爲安	文句考釋	李　樗	是毛傳駁鄭箋
103	卷　九	不知我者	唐石經作不我知者	版本異同	唐石經	列出參考
104	卷　九	陟岵章夙夜無已上愼旃哉	無魯詩作毋上魯詩作尙	版本異同	魯　詩	列出參考
105	卷　九	伐檀章河水清且漣猗	猗魯詩作兮	版本異同	魯　詩	列出參考
106	卷　九	碩鼠章三歲貫女	貫魯詩作宦	版本異同	魯　詩	列出參考
107	卷　十	唐風蟋蟀章役車其休箋庶人乘役車役車休農功畢	張溥注疏合纂作庶人乘役車也休農功畢	版本異同	張　溥	列出參考
108	卷　十	山有樞章	樞魯詩作蓲爾雅作蕍	版本異同	魯　詩爾　雅	列出參考
109	卷　十	弗曳弗婁	婁韓詩外傳作屢婁屢古通用	版本異同	韓詩外傳	列出參考
110	卷　十	之水章我聞有命不敢以告人箋畏昭公謂已動民心	嚴粲云我聞有命反辭以見意故泄其謀欲昭公知之若眞欲從曲沃必不作此以漏泄其事	文句考釋	嚴　粲	駁鄭箋

111	卷　十	椒聊章箋疏桓叔別封于沃自是鄰國相陵安得責其不臣	按此說甚害理昭公既立封叔父桓叔于曲沃桓叔固昭公臣也安得謂鄰國耶孔氏于衛風柏舟淇奧誤信史記言衛武公弒兄不失爲盛德此又言桓叔非不臣何其悖也	文句考釋		駁孔疏
112	卷　十	綢繆章三星在天傳三星參也箋三星謂心星也	劉瑾曰凡三星者非止心一宿知此爲心宿者葢辰月末日在畢昏時日淪于地之酉位而心宿見于地之東方此詩男女過仲春而得成昏故適見心宿也。按此當從鄭說毛以秋冬爲昏期故指三星爲參然參七星與伐連而十星不止三星矣	文句考釋	劉　瑾	是鄭箋
113	卷　十	杕杜章胡不佽焉	佽崔靈恩集注作次	版本異同	崔靈恩	
114	卷　十	羔裘章自我人居居傳居居懷惡不相親此之貌	按居居究究訓惡雖據爾雅然義殊難曉故朱子亦以爲未詳李地曰居居慢也究究苟也葢本張橫渠居居爲晏安究究爲察察作威之說於義較明	文句考釋		駁毛傳
115	卷　十	秦風晨風章隰有樹檖	檖說文作䔉	版本異同	說　文	列出參考
116	卷十一	渭陽序及其即位而作是詩也	李光地曰康公爲世子時送晉重耳返國之詩存之者婚姻之國能存亡繼絕者穆公之善也序以爲康公即位後追作特臆說耳	篇章主旨（與序說比較）	李光地	不從序說
117	卷十一	權輿章不承權輿	爾雅注作胡不承權輿	版本異同	爾　雅	列出參考
118	卷十二	陳風東門之枌章南方之原傳原大夫氏	李樗曰毛鄭以原爲氏不甚明白歐陽修以爲南方原野其說爲簡明言擇其吉日相期于南方之原野也	文句考釋	李　樗	駁毛鄭
119	卷十二	衡門章可以棲遲	棲遲漢書作偼偯偯音啼偼音霽	版本異同	漢　書	列出參考
120	卷十二	可以樂飢音義鄭本作㦗□	唐石經亦作㦗韓詩外傳又作療	版本異同	唐石經韓詩外傳	
121	卷十二	東門之池章傳疏以池繫門言之則此池近在門外	水經注陳城故陳國也東門內有池水至清潔不竭不生魚草水中有故臺處詩所謂東門之池也	文句考釋	水經注	地理考

122	卷十二	月出章勞心慘兮	慘五經文字作燥	版本異同	五經正義	
123	卷十二	澤陂章碩大且儼	儼說文作嫿	版本異同	說　文	列出參考
124	卷十三	檜風素冠章棘人欒欒兮	棘崔靈恩集注作㥞欒說文作欒	版本異同	崔靈恩	
125	卷十三	隰有萇楚章	萇爾雅作長	版本異同	爾　雅	列出參考
126	卷十三	匪風發兮章匪風發兮匪車偈兮傳發發飄風非有道之風偈偈疾驅非有道之車	按漢書王吉上昌邑王疏引此詩說曰是非古之風也發發者是非古之車也偈偈者王吉學韓詩此乃韓詩之說其義亦與毛傳同	文句考釋		補充毛傳
127	卷十三	顧瞻周道箋周道周之政令也	朱子辯序云周道謂適周之道如四牡所謂周道倭遲耳歐陽修曰顧瞻嚮周之道欲往告以所憂濮一之曰周道與大東周道如砥同諸說皆以道爲道路然紬繹詩詞有思文武之道意當以古說爲是	文句考釋	朱　子歐陽脩	是鄭箋
128	卷十三	中心怛兮	怛王吉傳作懤顏師古注云懤古怛字	版本異同	王　吉顏師古	
129	卷十四	曹風蜉蝣章采采衣服傳采采眾也	李樗曰毛以采采爲眾多不如程氏以爲華飾見其好奢也	文句考釋	李　樗	駁毛傳
130	卷十四	蜉蝣掘閱箋掘地解閱謂其始生時也	李光地口掘閱者掘然而飛僅閱朝暮言其突現也	文句考釋	李光地	駁鄭箋
131	卷十四	人章何戈與祋	祋禮記注作綴	版本異同	禮　記	列出參考
132	卷十五	豳風七月章一之日觱發	觱發說文作滭冹	版本異同	說　文	列出參考
133	卷十五	二之日栗烈	烈董氏本作冽	版本異同	董氏本	
134	卷十五	箋疏吳志孫皓問	吳志當作鄭志王應麟云康成答問葢鄭志所載孫皓乃康成弟子後人因孫皓名氏遂改鄭志爲吳志康成不與孫皓同時吳志亦無此語	文句考釋		駁孔疏
135	卷十五	獻豜于公	豜周禮注作肩	版本異同	周　禮	
136	卷十五	日爲改歲箋疏是過十月則改歲	按上二之日云卒歲葢多者終也以四時之終爲歲終也始則以十二辰之始爲始十一月建子天正也有作始之義故以爲歲始而曰改歲也	文句考釋		補充注疏

137	卷十五	禾麻菽麥	許謙曰麥非納于十月也此蓋總言農事畢爾	文句考釋	許　謙	補充注疏
138	卷十五	其始播百穀箋謂祈來年百穀于公社	李樗曰此但是播百穀非祈百穀也	文句考釋	李　樗	駁鄭箋
139	卷十五	箋疏賓客食喪有祭祭祀	此句疑有衍字	文句考釋		
140	卷十五	鴟鴞章予維音嘵嘵	說文作唯予音之嘵嘵	版本異同	說　文	列出參考
141	卷十五	東山章熠燿宵行傳熠燿螢火也	按爾雅埤雅古今注皆以熠燿爲螢名與毛傳合宵行即曹植所謂夜飛者也先儒乃以宵行爲螢名蓋因下章有熠燿其羽之文故耳然熠燿其羽亦言其羽之鮮明若螢之光如桑扈所謂有鶯其羽是也	文句考釋	爾　雅	是毛傳
142	卷十五	皇駁其馬	皇爾雅注作騜	版本異同	爾　雅	列出參考
143	卷十五	破斧章四國是皇	皇齊詩作匡	版本異同	齊　詩	列出參考
144	卷十五	伐柯章伐柯伐柯	孔叢子作操斧伐柯	版本異同	孔叢子	
145	卷十五	九罭序周大夫刺朝廷之不知也	按朱子語錄曰寬厚溫柔詩教也如今人說九罭詩乃責其君之辭無復寬厚溫柔之意故易爲東人願周公留之詩然古說謂西人願公速歸朱注謂東人願公少留民之愛公固無東人西人之異說雖不同其爲美周公則一也	篇章主旨（與序說比較）	朱　子	美周公
146	卷十五	狼跋章赤舃几几	几几說文作掔掔按掔固也說文當別有所據	版本異同	說　文	列出參考
147	卷十六	小雅鹿鳴序燕群臣嘉賓也	陸圻詩經吳學曰鹿鳴之詩周公有憂患之心而作蓋周初建千八百國尾大枝繁慮無以弭卒然之變故特假笙簧酒醴以招來之此燕樂之中直寓獎勸之術有深謀而非細故也如弟以爲君臣燕饗之文恐於鹿鳴本旨未能發其全耳	篇章主旨（與序說比較）	陸圻詩經	以爲詩序未能全其說
148	卷十六	四牡章嘽嘽駱馬	嘽嘽說文作痑痑漢書注作驒驒	版本異同	說　文漢　書	列出參考

149	卷十六	皇皇者華章駪駪征夫	駪駪楚辭章作侁侁說文作莘莘	版本異同	楚 辭 說 文	
150	卷十六	天保定爾章吉蠲為饎	吉蠲周禮疏及大戴禮注作絜蠲說文饎或從巸或從米	版本異同	周 禮 大戴禮 說 文	
151	卷十六	出車章王命南仲傳王殷王也	按蘇轍曰紂得命文王而不得命南仲故王乃為文王不得為紂李樗曰從毛氏之說以王為殷王則與序不相合若從蘇氏之說以王為文王夫文王未嘗生時稱王不應文王之時作此詩也朱子闕其時世而以所謂天子所謂王命皆為周王當已	文句考釋		①蘇轍以為文王,非也。②李樗從毛傳,與序不合。③朱子之說為是。
152	卷十六	又傳南仲文王之屬	按班固人物表文王之臣無南仲宣王之臣有南中中仲古字通用意班固以為南中也又按漢書傳以采薇為懿王時詩出車與六月俱為宣王時詩	文句考釋	班 固	補充注疏
153	卷十七	六月章我是用急	鹽鐵論作我是用戒	版本異同	鹽鐵論	列出參考
154	卷十七	采芑章朱芾斯皇	芾白虎通作紼與車攻作赤紼同	版本異同	白虎通	
155	卷十七	嘽嘽焞焞	焞焞漢書作推推	版本異同	漢 書	列出參考
156	卷十七	車攻章東有甫草	甫草文選注作圃草後漢馬融傳注作圃草	版本異同	文選、後漢書馬融傳	
157	卷十七	吉日章儦儦俟俟	儦儦說文作伾伾漢書作駓駓	版本異同	說 文 漢 書	列出參考
158	卷十八	庭燎章鸞聲噦噦	噦噦說文作鉞鉞	版本異同	說 文	列出參考
159	卷十八	白駒章食我場藿	說文云藿尗之少也公食禮云鉶芼牛藿注云藿豆葉也藿與藿同	文句考釋	說 文 儀 禮	
160	卷十八	我行其野章不思舊姻	白虎通作不惟舊因	版本異同	白虎通	
161	卷十八	斯干章西南其戶	李光地曰卑者之居東房西室房戶在東室戶偏東是西南無戶也尊貴者有東西兩房則西南有戶特表出之以明為尊貴者之居較舊說似更簡明	文句考釋	李光地	補充注疏

162	卷十八	約之閣閣	閣閣周禮注作格格	版本異同	周　禮	
163	卷十八	載衣之裼	裼說文作褅	版本異同	說　文	列出參考
164	卷十九	節南山章	按此詩古止名節左□韓宣子來聘季武子賦節之卒章是也	篇章主旨		
165	卷十九	維周之氐傳氐本	按爾雅氏天根也謂角亢下繫於氐如木之有根故曰天根國語本見而草木節解本謂氏是氐本同義毛義爲長鄭改作柢非是	文句考釋	爾　雅國　語	是毛傳駁鄭箋
166	卷十九	天子是毗俾民不迷	荀子作天子是庳卑民不迷	版本異同	荀　子	
167	卷十九	正月章燎之方陽寧或滅之	陽漢書作揚寧漢書作能	版本異同	漢　書	列出參考
168	卷十九	蓛蓛方有穀	後漢蔡邕傳注作速速方穀	版本異同	後漢書	
169	卷十九	十月之交章黽勉徙事	黽勉漢書作密勿	版本異同	漢　書	列出參考
170	卷十九	雨無正章淪胥以鋪	漢書注顏師古曰韓詩淪字作薰薰者謂相薰蒸後漢書注薰胥以痛痛病也	文句考釋	漢　書	
171	卷十九	小旻章潝潝訿訿	荀子作噏噏呰呰	版本異同	荀　子	
172	卷十九	巧言章他人有心予忖度之	史記二句在遇犬獲之句下	版本異同	史　記	
173	卷十九	何人斯序傳暴畿內國名疏徧檢書傳未聞畿外有暴國今暴公爲卿士明畿內故曰畿內國名	按春秋文公八年公子遂會雒戎盟于暴杜預注鄭地路史云暴辛公采鄭地也一曰隧	文句考釋		補充注疏
174	卷十九	巷伯章取彼譖人	譖禮記注後漢書作讒	版本異同	禮　記	列出參考
175	卷二十	蓼莪章蓼蓼者莪	隸釋漢碑作蓼蓼者儀司隸魯峻碑又作蓼義	版本異同		列出參考
176	卷二十	大東章佻佻公子行彼周行	楚辭章句作苕苕公子行彼周道	版本異同	楚　辭	列出參考
177	卷二十	西有長庚疏長庚不知是何星	按史記索隱引韓詩云太白晨出東方爲啓明昏見西方爲長庚廣雅云太白謂之長庚然則啓明長庚太白一星也獨鄭樵乃謂啓明金星長庚水星與舊說不同	名物考釋	史　記廣　雅鄭　樵	

178	卷二十	四月章爰其適歸	爰朱子依家語作奚	版本異同	朱　子	列出參考
179	卷二十	無將大車章祇自底兮	李光地曰底當作痕唐人避太宗諱致誤	文句考釋	李光地	字義考釋
180	卷二十	鼓鐘序刺幽王也	歐陽修曰旁考詩書史記皆無幽王東巡之事書曰淮夷徐戎並興蓋自成王時徐及淮夷已皆不為周臣宣王時嘗遣將征之亦不自征初無幽王東至淮徐之事詩緝謂古事亦有不見於史而因經以見者詩即史也二說不同故朱傳以為未詳	篇章主旨（與序說比較）		①引歐陽脩、尚書序皆不信序。②詩緝信序。③朱子以為未詳。
181	卷二十	楚茨章	茨禮記注作薺楚辭章句作薋	版本異同	禮　記楚　辭	列出參考
182	卷二十	爲俎孔碩或燔或炙箋皆從獻之俎也	詩記云爲俎孔碩謂薦熟也或燔或炙謂從獻也鄭氏合而言之誤矣	文句考釋	詩　記	駁鄭箋
183	卷二十	笑語卒獲	李光地曰笑語者祖考之笑語記云祭之日思其居處思其笑語笑語得則神之來可知矣	文句考釋	李光地	補充注疏
184	卷二十	信南山章維禹甸之	甸韓詩作敶箋訓邱甸之甸音乘周禮稍人注云四邱爲甸甸讀與維禹敶之敶同疏云敶是軍陣故訓爲乘箋訓邱甸之甸者從韓義也	文句考釋		鄭　箋同韓詩
185	卷二十	畇畇原隰	畇畇周禮疏作蒼蒼	版本異同	周　禮	
186	卷二十	取其血膋	膋說文作膫	版本異同	說　文	列出參考
187	卷二十一	倬彼甫田章傳倬明貌	按說文倬明也大也韓詩倬作箌爾雅箌大也此宜訓大傳訓明似未盡其義	文句考釋	說　文爾　雅	是韓詩駁毛傳
188	卷二十一	大田章以我覃耜	覃爾雅注作剡	版本異同	爾　雅	
189	卷二十一	及其蟊賊傳食根曰蟊食節曰賊疏或說云蟊蟓蛄也	按蟓蛄亦爲苗患毛詩義疏曰蟊長而細自是蝗類非蟓蛄也	名物考釋		駁孔疏
190	卷二十一	有渰萋萋興雨祈祈	呂氏春秋作有淹淒淒興雲祁祁	版本異同	呂氏春秋	
191	卷二十一	瞻彼洛矣章鞸琫有珌	按鞸琫珌爾雅無文故此傳云鞸容刀鞸也琫上飾珌下飾而公劉傳則云下曰鞸上曰琫釋名之至杜預左傳注則以鞸爲上飾鞳爲下飾	名物考釋	爾雅、杜預左傳注	

192	卷二十一	桑扈章彼交匪敖	漢書作匪徼匪傲左傳作匪交匪敖	版本異同	漢書 左傳	列出參考
193	卷二十一	車牽章辰彼碩女	列女傳引詩作展彼碩女	版本異同	列女傳	
194	卷二十一	高山仰止	仰說文作卬按韻則卬字為是	版本異同	說文	以說文為是
195	卷二十二	采菽章觱沸檻泉	檻說文作濫	版本異同	說文	列出參考
196	卷二十二	平平左右	平平左傳作便蕃	版本異同	左傳	
197	卷二十二	騂騂角弓章傳騂騂調和也	按詩補傳騂馬赤黃色古人角弓多以朱漆飾之故彤弓亦言其赤也毛訓調和未知所本	文句考釋	詩補傳	駁毛傳
198	卷二十二	雨雪瀌瀌見晛日消	瀌瀌漢書作麃麃日漢書作聿	版本異同	漢書	列出參考
199	卷二十二	莫肯下遺式居婁驕	荀子遺作隤婁作屢	版本異同	荀子	
200	卷二十二	菀柳章上帝甚蹈	李光地曰蹈古注作悼朱子據荀卿作神然蹈義自通葢踐踏其下之意	文句考釋	李光地	補充注疏
201	卷二十二	都人士章狐裘黃黃	賈誼新書云狐裘黃裳萬民之望與經文不同	版本異同	賈誼新書	列出參考
202	卷二十二	黍苗序刺幽王也	按此詩不見有刺意國語注謂道召伯述職勞來諸侯與毛序不同	篇章主旨（與序說比較）	國語	不從序說
203	卷二十二	白華序周人刺幽后也箋褒姒是謂幽后	按序明云幽王取申女以為后又得褒姒而黜申后今乃指褒姒為幽后是自亂其例也程子云王字誤作后字朱子辨說漢書注引此序幽字下有王廢申三字雖非詩意似可補序文之缺	篇章主旨	程子 朱子	補序文之缺
204	卷二十二	何草不黃章有棧之車傳棧車役車也	按說文竹木之車曰棧義亦通于役車詩緝云疏說不分曉不如逕以為士之棧車更直捷	文句考釋	說文 詩緝	
205	卷二十三	大雅文王章陳錫哉周箋疏宣十五年左傳亦引此詩乃云文王所以造周不是過也	按左傳羊舌職此語是釋所引康誥文非以造周二字釋下所引詩詞也疏引以證鄭氏訓哉為始之義似屬牽合	文句考釋	左傳	駁孔疏
206	卷二十三	思皇多士傳皇天	漢書王褒傳顏師古注曰思語辭皇美也	文句考釋	漢書	

207	卷二十三	聿修厥德	聿漢書作述	版本異同	漢　　書	列出參考
208	卷二十三	大明章在洽之陽	洽說文作部	版本異同	說　　文	列出參考
209	卷二十三	篤生武王箋疏則我皇妣太姜之姪	妣監本誤作似今依國語改正	版本異同	國　　語	從國語
210	卷二十三	其會如林疏其會聚之時如林木之盛也	會說文引詩作膾云建大木置石其上發以機以追敵也	文句考釋	說　　文	
211	卷二十三	縣章周原膴膴	膴膴文選注作腜腜	版本異同	文　　選	列出參考
212	卷二十三	旱麓章瑟彼玉瓚	瑟說文作璱周禮注作邺	版本異同	說　　文	列出參考
213	卷二十三	皇矣章此維與宅	論衡作此惟予度	版本異同	論　　衡	列出參考
214	卷二十三	克順克比	比禮記作俾	版本異同	禮　　記	列出參考
215	卷二十三	不長夏以革傳革更也不以長大有所更箋不長諸夏以變更王法者	李光地曰文王身任方伯為諸夏之長專尙文德不以兵車按詩以起下伐崇之事則以革為兵革之革於義為更恊也	文句考釋	李光地	駁毛鄭
216	卷二十三	下武章應侯順德	順家語淮南子俱作愼又易君子以順德王肅本順亦作愼朱子曰古字通用也	版本異同	家語、淮南子、易、朱子	
217	卷二十三	文王有聲章築城伊淢	淢韓詩作洫按說文洫成間溝也淢疾流也二字不同毛傳以為成溝則改淢作洫	文句考釋	韓　　詩說　　文	
218	卷二十三	匪棘其欲疏禮記引此詩作匪革其欲	按欲字今禮記作猶	版本異同	禮　　記	列出參考
219	卷二十四	生民章禾役穟穟傳役列也	李樗曰役禾之末也說文亦云禾末也較毛說為勝	文句考釋	李　樗說　文	駁毛傳
220	卷二十四	誕寘寒寒	寒說文作莽集韻作㛔	版本異同	說　文集　韻	列出參考
221	卷二十四	維秬維秠	按爾雅翼云鄭氏釋㟅人以秠之狀雜于秬郭氏解釋草以秬之色雜于秠郭又引漢任城生黑黍詩歌后稷播種乃民事之常如必待任城所生而後降之則沒世不可得矣此條所駁甚是但謂秠即來麰而以說文一稃二縫為即一稃二米恐未然本草圖經云秬黍之中一稃二米者今上黨或值豐歲往往得之此為得其實也	文句考釋		駁鄭箋

222	卷二十四	或舂或揄	揄韓詩作抌	版本異同	韓　　詩	列出參考
223	卷二十四	行葦章敦弓既堅箋將養老先與群臣行射禮	按詩記曰孔穎達難王肅燕射之說謂燕射旅酬之後乃為之不當設文于曾孫維主之上豈先為燕射而後酌酒也遂從鄭氏以為大射抑不知此篇乃成周燕宗族兄弟之詩非大射擇士時也按儀禮燕射如鄉射之禮射雖畢而飲未終舉觶無算爵獻酌尚多言酌大斗祈黃耇於既射之後亦豈不可乎此章當從詩記作燕射	文句考釋	詩　　記儀　　禮	駁孔之從鄭，從王肅
224	卷二十四	傳疏公羊傳何休注云天子彤弓諸侯彤弓大夫嬰弓士廬弓事不經見	荀子天子彤弓諸侯彤弓大夫黑弓	文句考釋	荀　　子	
225	卷二十四	箋疏某黨賢於某若干純	禮記原文無黨字	版本異同	禮　　記	列出參考
226	卷二十四	卷阿章茀祿爾康矣	爾雅注作被福康矣	版本異同	爾　　雅	列出參考
227	卷二十四	民勞序箋屬王成王七世孫疏左傳服虔註云穆公召康公十六世孫	按史記燕世家自召公以下九世至惠侯惠侯當周厲王奔彘共和之時是惠侯與穆公共世也縱子有早晚命有長短不應一召公之後北燕之封與畿內之封世數懸絕若此史記周自成王以下至孝王共九王七世與燕自召公以下至惠侯九世相去不遠服注穆公為康公十六世孫其言未可據也	文句考釋	史　　記	駁孔疏
228	卷二十四	懵不畏明	懵說文作曇訓曾也	版本異同	說　　文	列出參考
229	卷二十四	板章是用大諫	諫左傳作簡	版本異同	左　　傳	
230	卷二十五	蕩章覃及鬼方疏鬼方遠方未知何方也	按西羌傳武丁征西羌鬼方竹書紀年周王季伐西落鬼戎世本注曰鬼方於漢則先零羌也	文句考釋		補充注疏
231	卷二十五	抑序疏武公者僖公之子共伯之弟以宣王三十六年即位	嚴粲曰今考年表武公以宣王十六年即位詩記謂其齒四十餘是也疏以為三十六年恐誤按史記衛世家釐侯	文句考釋	嚴　　粲詩　　記	嚴粲駁孔疏

			二十八年周宣王立四十二年釐侯卒武公即位五十五年卒據楚語武公年九十五猶箴儆于國是即位時年當四十餘也周宣王以釐侯二十八年立而釐侯在位四十二年是武公即位當以宣王十六年也			
232	卷二十五	有覺德行	覺禮記緇衣作梏	版本異同	禮記緇衣	列出參考
233	卷二十五	質爾人民	鹽鐵論作誥爾民人	版本異同	鹽鐵論	列出參考
234	卷二十五	桑柔章國步斯頻	頻說文作矉訓云恨張目也	文句考釋	說文	
235	卷二十五	雲漢章滌滌山川	滌滌說文作蔋蔋訓草旱盡也	文句考釋	說文	
236	卷二十五	崧高章維申及甫箋申申伯也甫甫侯也	困學紀聞云甫即呂也史伯曰當成周者南有申呂漢地理志南陽宛縣申伯國詩書及左氏注不言呂國所在史記正義引括地志云故呂城在鄧州南陽縣西徐廣云呂在宛縣水經注亦謂宛西呂城四嶽受封然則申呂漢之宛縣也	文句考釋	困學紀聞、漢地理志、詩書、左氏注、水經注	駁鄭箋
237	卷二十五	常武章鋪敦淮濆	說文作敦彼淮濆	版本異同	說文	列出參考
238	卷二十五	瞻卬序凡伯刺幽王大壞也	曹氏曰凡伯作板詩在厲王末至幽王大壞之時七十餘年矣決非一人猶家父也	篇章主旨（與序說比較）	曹氏	不從序說
239	卷二十六	周頌清廟序箋成洛邑居攝五年時	李樗曰周公成洛邑在於七年非在於五年按書康誥召誥孔氏傳謂成洛邑在周公攝政之七年此據洛誥誕保文武受命惟七年之說也九峰蔡氏辨之謂周公留後洛邑七年而薨者極是而於康誥傳又謂攝政之七年是未免矛盾也箋云五年者據書傳及明堂位之文明堂位誠不足信而伏生書傳猶爲可據仍從箋說爲長	文句考釋	李樗 尚書	是鄭箋 駁李樗
240	卷二十六	維天之命章假以溢我	假說文作誐與假意同左傳作何以恤我	版本異同	說文 左傳	
241	卷二十六	烈文章四方其訓之	訓左傳作順	版本異同	左傳	

242	卷二十六	執競章	競周禮注呂叔玉作儆	版本異同	周禮 呂叔玉	
243	卷二十六	思文章貽我來牟箋武王渡孟津白魚躍入于舟	此文出河內女子僞泰誓篇	文句考釋	僞泰誓篇	文章出處
244	卷二十七	臣工章嗟嗟保介箋保介車右也	按朱子云鄭氏據月令以爲車右呂氏春秋亦有此文高誘注云保介副也其說不同皆爲籍田而言蓋農官之副也	文句考釋	朱子	是朱子
245	卷二十七	庤乃錢鎛奄觀銍艾傳錢銚鎛耨銍穫	錢天錫曰錢以起土用于耕鎛以去草用于耘銍以穫禾用于穫	文句考釋	錢天錫	補充注疏
246	卷二十七	振鷺章在此無斁	斁韓詩作射中庸引此亦作射	版本異同	韓詩 中庸	列出參考
247	卷二十七	載見章鞗革有鶬	鶬說文作瑲	版本異同	說文	列出參考
248	卷二十八	閔予小子章陟降在庭	庭漢書作廷	版本異同	漢書	列出參考
249	卷二十八	良耜章其鎛斯趙	趙周禮注集韻俱作撂	版本異同	周禮	列出參考
250	卷二十八	絲衣章	說文作素衣	版本異同	說文	列出參考
251	卷二十八	載弁俅俅	說文作弁服俅俅	版本異同	說文	列出參考
252	卷二十八	自羊徂牛	韓詩外傳作自羊來牛	版本異同	韓詩外傳	列出參考
253	卷二十八	賚章敷時繹思	敷左傳作鋪	版本異同	左傳	
254	卷二十八	般章允猶翕河箋河自大陸之比數爲九	按苑洛語錄云九河故道今永平府撫寧縣碣石山與諸家所載碣石之狀合則九河在滄平間海之灣山東通志馬頰在商河覆鬴在海豐鈎盤在德平鬲津在樂陵徒駭在齊河皆濟南府所屬今眞定去濟南東西六百餘里古河自洚水直趨而北至大陸皆眞定地又北播爲九河固永平河間地也不應河至大陸北而東反迴流而南以至濟南之境考明一統志亦謂在濟南不足據從韓說爲近	文句考釋	苑洛語錄	駁鄭箋從韓說
255	卷二十八	箋疏齊桓公塞爲一者不知所出何書	按春秋保乾圖云移河爲界在齊呂塡闕八流以自廣當是本此	文句考釋	春秋	補疏之不足

256	卷二十九	魯頌駉章有驕有皇	皇說文作騜	版本異同	說　文	列出參考
257	卷二十九	泮水章薄采其芹	芹白虎通作菦	版本異同	白虎通	
258	卷二十九	閟宮章遂荒大東	爾雅注作遂幠大東	版本異同	爾　雅	列出參考
259	卷二十九	新廟奕奕	新蔡邕獨斷作寢奕奕周禮注作繹繹	版本異同	蔡　邕 周禮注	列出參考
260	卷三十	商頌烈祖章亦有和羹	和說文通釋作盉羹說文作䰞	版本異同	說　文	列出參考
261	卷三十	長發章海外有截	漢書作海水有戳	版本異同	漢　書	列出參考
262	卷三十	爲下國綴旒	綴旒禮記作畷郵正義日引齊魯韓詩也	版本異同	禮　記	列出參考
263	卷三十	爲下國駿厖傳駿大厖厚	輔廣日駿厖作大厚無意味當從董氏說作駿駹謂馬也李光地日綴旒以旗喻言其爲四國繫屬也駿厖以馬喻言其爲四國雄長也	文句考釋	輔　廣	
264	卷三十	武王載斾	斾說文作坺韓詩外傳荀子作發	版本異同	說　文 韓詩外傳	列出參考
265	卷三十	則莫我敢曷	曷漢書作遏	版本異同	漢　書	列出參考
266	卷三十	殷武章不敢怠遑命于下國封建厥福	左傳作不敢怠皇命以多福	版本異同	左　傳	列出參考

附表二　《毛詩注疏》考證卷中「版本異同」考證一覽表

項次	卷　次	原　文	考　證	相關書目或學者	考證結果	考　證館　臣
1	卷　一	周南序先王之所以教箋先王斥大王王季	蜀本石經王季下有文王二字	蜀本石經	列出參考	
2	卷　一	關雎章關關雎鳩傳然後可以風化天下	蜀本石經此句下多而正夫婦四字	蜀本石經	列出參考	
3	卷　一	箋后妃既得荇菜	蜀本石經作女欲得后妃既共荇菜	蜀本石經	列出參考	
4	卷　一	覃序箋而後言尊敬師傅者欲見其性亦自然	蜀本石經後字作又字性字下有情字自然下有也字	蜀本石經	列出參考	臣　照
5	卷　一	薄汙我私傳汙煩也	蜀本石經作煩辱也	蜀本石經	列出參考	
6	卷　一	箋煩煩撋之	蜀本石經作煩撋之事也	蜀本石經	列出參考	

7	卷 一	卷耳章我姑酌彼金罍傳人君黃金罍	蜀本石經罍字上有爲字	蜀本石經	列出參考	
8	卷 一	箋君賞功臣	君字各本俱誤作若字從蜀本石經改正	蜀本石經	從蜀本石經	
9	卷 一	我姑酌彼兕觥箋飲酒禮自立司正之後	禮字上各本俱脫飲酒二字按立司正見鄉飲酒禮今從蜀本石經增之	蜀本石經	從蜀本石經	臣宗楷
10	卷 一	陟彼砠矣	砠說文作岨	說 文	列出參考	
11	卷 一	樛木序箋后妃能和諧眾妾	蜀木石經后妃上多以色曰妒以行曰忌八字	蜀本石經	列出參考	
12	卷 一	南有樛木箋木枝以下垂之故	蜀本石經無故字	蜀本石經	列出參考	
13	卷 一	又箋喻后妃能以恩意下逮眾妾	意字上各本俱脫一恩字今從蜀本石經增	蜀本石經	從蜀本石經	
14	卷 一	福履綏之箋妃妾以禮義相與和合	和字下監本脫合字今從蜀本石經增	蜀本石經	從蜀本石經	
15	卷 一	桃夭序箋疏宗子雖七十無無主婦	各本俱脫一無字今據禮記曾子問增正	禮 記	從禮記	
16	卷 一	兔罝章肅肅兔罝箋鄙賤之事	蜀本石經鄙賤上有行字	蜀本石經	列出參考	
17	卷 一	公侯干城箋有武力可任爲將帥之德	蜀本石經無力字	蜀本石經	列出參考	
18	卷 一	芣苢序和平則婦人樂有君子矣	蜀本石經作天下和平	蜀本石經	列出參考	
19	卷 一	薄言采之箋薄言我薄也	蜀本石經薄言下多一言字	蜀本石經	列出參考	
20	卷 一	漢廣章不可休息傳疏疑經休息之字作休思也	按韓詩外傳即作休思朱子亦從之葢休求爲韻通首皆以思爲語辭也	韓詩外傳 朱 子	列出參考	臣會汾
21	卷 一	不可求思箋人無欲求犯禮者	蜀本石經無禮字	蜀本石經	列出參考	
22	卷 一	江之永矣	韓詩永作漾薛注曰漾長也說文作瀁義並同	韓 詩 說 文	列出參考	
23	卷 一	不可方思箋必有潛行乘泭之道蜀本石經必有作本有	蜀本石經必有作本有	蜀本石經	列出參考	
24	卷 一	又箋故不可也	蜀本石經作故不可渡也	蜀本石經	列出參考	
25	卷 一	翹翹錯薪傳翹翹薪貌	蜀本石經作薪長大之貌也	蜀本石經	列出參考	

26	卷　一	言刈其楚箋楚雜薪之中尤翹翹者	蜀本石經楚字下有在字翹翹上有高字	蜀本石經	列出參考	
27	卷　一	麟趾序箋有似麟應之時無以過也	蜀本石經作雖有麟應之時而無以過也	蜀本石經	列出參考	
28	卷　二	召南鵲巢序箋夫人有均壹之德	蜀本石經作彼國君夫人而有均一之德	蜀本石經	列出參考	
29	卷　二	維鳩居之箋猶國君積行累功	蜀本石經此句下多以致爵位四字	蜀本石經	列出參考	
30	卷　二	又箋居君子之室其德亦然也	監本德字上脫其字然字下脫也字今據蜀本石經增	蜀本石經	從蜀本石經	
31	卷　二	采蘋章于以采藻傳藻聚藻也	蜀本石經此句下多沉曰蘋浮曰藻六字	蜀本石經	列出參考	
32	卷　二	箋芼之以蘋藻	監本作芼用蘋藻按昏義文本作芼之以蘋藻今從石經改正	石　經	從石經	臣光型
33	卷　二	有齊季女傳必先禮之於宗室	蜀本石經禮作體	蜀本石經	列出參考	
34	卷　二	行露章豈不夙夜箋夙早也	蜀本石經作夙夜早莫也	蜀本石經	列出參考	
35	卷　二	委蛇委蛇箋故可自得也	蜀本石經作故可自得公食也	蜀本石經	列出參考	
36	卷　二	殷其靁章何斯違斯傳何此君子也	石經作何何此君子也	石　經	列出參考	
37	卷　二	摽梅序疏然則男自二十以至二十九	監本脫二十以至四字今據汲古閣本增入	汲古閣本	從汲古閣本	
38	卷　二	寔命不同箋凡妾御于君不敢當夕	監本脫敢字今從石經增正	石　經	從石經	
39	卷　二	維參與昴箋亦隨伐留在天	蜀本石經此句下多猶妾雖賤亦與夫人同御于君也十三字	蜀本石經	列出參考	
40	卷　三	威儀棣棣不可選也	禮記孔子閒居作威儀逮逮不可選也朱穆傳作威儀棣棣不可算也	禮　記　朱　穆	列出參考	
41	卷　三	終風章惠然肯來箋惠順也	監本脫此三字今依蜀本石經增正	蜀本石經	從蜀本石經	
42	卷　三	凱風章在浚之下傳言有益於浚	蜀本石經浚字下多人也二字	蜀本石經	列出參考	

43	卷　三	雄雉章百爾君子箋可謂爲德行而君或有所留或有所遣女怨之故問焉	監本脫或有所遣四字今依石經增正	石　經	從石經
44	卷　三	匏有苦葉章淺則揭傳揭褰衣也	蜀本石經此句上多由膝以下爲揭六字	蜀本石經	列出參考
45	卷　三	谷風章昔育恐育鞠	蜀本石經作昔育恐鞠少一育字	蜀本石經	列出參考
46	卷　三	旄邱章旄邱之葛兮箋土氣緩則葛生闊節	緩蜀本石經作暖	蜀本石經	列出參考
47	卷　三	北門章政事一埤益我箋則減彼一而以益我	蜀本石經作則減彼而一以益我	蜀本石經	列出參考
48	卷　三	靜女章搔首踟躕傳言志往而行正	正字蜀本石經作止箋亦作止	蜀本石經	列出參考
49	卷　四	鬒髮如雲不屑髢也	鬒字說文作㲩髢字周禮注作髲	說　文周　禮	列出參考
50	卷　四	是紲袢也	紲石經作絏說文作褻毛奇齡曰袢之從半謂衣之半也如後之所稱半袖半臂者	石　經說　文毛奇齡	列出參考
51	卷　四	鶉之奔奔章鶉之奔奔鵲之彊彊	禮記作鶉之賁賁鵲之彊彊	禮　記	列出參考
52	卷　五	氓章于嗟女兮無與士耽	于韓詩外傳作吁耽爾雅作妉	爾　雅韓詩外傳	列出參考
53	卷　六	中谷章啜其泣矣	啜韓詩外傳作惙	韓詩外傳	列出參考
54	卷　六	兔爰章雉離于罦	罦說文作罬	說　文	列出參考
55	卷　六	大車章大車啍啍	啍啍廣韻作嘷嘷音義並同	廣　韻	列出參考
56	卷　七	野有蔓草章清揚婉兮	婉韓詩外傳作宛玉篇集韻皆作睕音義並同	韓詩外傳玉　篇	列出參考
57	卷　八	南山章析薪如之何	析薪禮記作伐柯	禮　記	列出參考
58	卷　九	不知我者	唐石經作不我知者	唐石經	列出參考
59	卷　九	陟岵章夙夜無已上愼旃哉	無魯詩作毋上魯詩作尙	魯　詩	列出參考
60	卷　九	伐檀章河水清且漣猗	猗魯詩作兮	魯　詩	列出參考
61	卷　九	碩鼠章三歲貫女	貫魯詩作宦	魯　詩	列出參考

62	卷　十	唐風蟋蟀章役車其休箋庶人乘役車役車休農功畢	張溥注疏合纂作庶人乘役車也休農功畢	張　溥	列出參考	
63	卷　十	山有樞章	樞魯詩作薀爾雅作蓲	魯　詩 爾　雅	列出參考	
64	卷　十	弗曳弗婁	婁韓詩外傳作屢婁屢古通用	韓詩外傳	列出參考	
65	卷　十	杕杜章胡不佽焉	佽崔靈恩集注作次	崔靈恩	列出參考	
66	卷十一	秦風晨風章隰有樹檖	檖說文作䅺	說　文	列出參考	
67	卷十一	權輿章不承權輿	爾雅注作胡不承權輿	爾　雅	列出參考	
68	卷十二	衡門章可以棲遲	棲遲漢書作犀遟犀音啼遟音彳	漢　書	列出參考	
69	卷十二	可以樂飢音義鄭本作療□	唐石經亦作癆韓詩外傳又作療	唐石經 韓詩外傳	列出參考	
70	卷十二	月出章勞心慘兮	慘五經文字作燥	五經正義	列出參考	
71	卷十二	澤陂章碩大且儼	儼說文作嬐	說　文	列出參考	
72	卷十三	檜風素冠章棘人欒欒兮	棘崔靈恩集注作㦧欒說文作㝈	崔靈恩	列出參考	
73	卷十三	隰有萇楚章	萇爾雅作長	爾　雅	列出參考	
74	卷十三	中心怛兮	怛王吉傳作懛顏師古注云懛古怛字	王　吉 顏師古	列出參考	
75	卷十四	人章何戈與祋	祋禮記注作綴	禮　記	列出參考	
76	卷十五	豳風七月章一之日觱發	觱發說文作滭冹	說　文	列出參考	
77	卷十五	二之日栗烈	烈董氏本作冽	董氏本	列出參考	
78	卷十五	獻豜于公	豜周禮注作肩	周　禮	列出參考	
79	卷十五	鴟鴞章予維音嘵嘵	說文作唯予音之嘵嘵	說　文	列出參考	
80	卷十五	皇駁其馬	皇爾雅注作騜	爾　雅	列出參考	
81	卷十五	破斧章四國是皇	皇齊詩作匡	齊　詩	列出參考	
82	卷十五	伐柯章伐柯伐柯	孔叢子作操斧伐柯	孔叢子	列出參考	
83	卷十五	狼跋章赤舄几几	几几說文作掔掔按掔固也說文當別有所據	說　文	列出參考	
84	卷十六	四牡章嘽嘽駱馬	嘽嘽說文作疼疼漢書注作驒驒	說　文 漢　書	列出參考	
85	卷十六	皇皇者華章駪駪征夫	駪駪楚辭章作侁侁說文作莘莘	楚　辭 說　文	列出參考	

86	卷十六	天保定爾章吉蠲爲饎	吉蠲周禮疏及大戴禮注作絜蠲說文饎或從稘或從米	周　禮 大戴禮 說　文	列出參考	
87	卷十七	六月章我是用急	鹽鐵論作我是用戒	鹽鐵論	列出參考	
88	卷十七	采芑章朱芾斯皇	芾白虎通作韍與車攻作赤芾同	白虎通	列出參考	
89	卷十七	嘽嘽焞焞	焞焞漢書作推推	漢　書	列出參考	
90	卷十七	車攻章東有甫草	甫草文選注作圃草後漢馬融傳注作圃草	文選、後漢書馬融傳	列出參考	
91	卷十七	吉日章儦儦俟俟	儦儦說文作伾伾漢書作駓駓	說　文 漢　書	列出參考	
92	卷十八	庭燎章鸞聲噦噦	噦噦說文作鉞鉞	說　文	列出參考	
93	卷十八	我行其野章不思舊姻	白虎通作不惟舊因	白虎通	列出參考	
94	卷十八	約之閣閣	閣閣周禮注作格格	周　禮	列出參考	
95	卷十八	載衣之裼	裼說文作禠	說　文	列出參考	
96	卷十九	天子是毗俾民不迷	荀子作天子是庳卑民不迷	荀　子	列出參考	
97	卷十九	正月章燎之方陽寧或滅之	陽漢書作揚寧漢書作能	漢　書	列出參考	
98	卷十九	蔌蔌方有穀	後漢蔡邕傳注作速速方穀	後漢書	列出參考	
99	卷十九	十月之交章黽勉徒事	黽勉漢書作密勿	漢　書	列出參考	
100	卷十九	小旻章潝潝訿訿	荀子作噏噏呰呰	荀　子	列出參考	
101	卷十九	巧言章他人有心予忖度之	史記二句在遇犬獲之句下	史　記	列出參考	
102	卷十九	巷伯章取彼譖人	譖禮記注後漢書作讒	禮　記	列出參考	
103	卷二十	蓼莪章蓼蓼者莪	隸釋漢碑作蓼蓼者儀司隸魯峻碑又作蓼義	隸釋漢碑、司隸魯峻碑	列出參考	
104	卷二十	大東章佻佻公子行彼周行	楚辭章句作苕苕公子行彼周道	楚　辭	列出參考	
105	卷二十	四月章爰其適歸	爰朱子依家語作奚	孔子家語	列出參考	
106	卷二十	楚茨章	茨禮記注作薺楚辭章句作薋	禮　記 楚　辭	列出參考	
107	卷二十	昀昀原隰	昀昀周禮疏作營營	周　禮	列出參考	

108	卷二十	取其血膋	膋說文作膫	說　文	列出參考	
109	卷二十一	大田章以我覃耜	覃爾雅注作剡	爾　雅		
110	卷二十一	有渰萋萋興雨祈祈	呂氏春秋作有晻淒淒興雲祁祁	呂氏春秋	列出參考	
111	卷二十一	桑扈章彼交匪敖	漢書作匪徼匪傲左傳作匪交匪敖	漢　書左　傳	列出參考	
112	卷二十一	車牽章辰彼碩女	列女傳引詩作展彼碩女	列女傳	列出參考	
113	卷二十一	高山仰止	仰說文作卬按韻則卬字爲是	說　文	以說文爲是	
114	卷二十二	采菽章觱沸檻泉	檻說文作濫	說　文	列出參考	
115	卷二十二	平平左右	平平左傳作便蕃	左　傳	列出參考	
116	卷二十二	雨雪瀌瀌見晛日消	瀌瀌漢書作麃麃日漢書作聿	漢　書	列出參考	
117	卷二十二	莫肯下遺式居婁驕	荀子遺作隧婁作屢	荀　子	列出參考	
118	卷二十二	都人士章狐裘黃黃	賈誼新書云狐裘黃裳萬民之望與經文不同	賈誼新書	列出參考	
119	卷二十三	聿修厥德	聿漢書作述	漢　書	列出參考	
120	卷二十三	大明章在洽之陽	洽說文作郃	說　文	列出參考	
121	卷二十三	篤生武王箋疏則我皇妣太姜之姪	妣監本誤作似今依國語改正	國　語	從國語	
122	卷二十三	緜章周原膴膴	膴膴文選注作腜腜	文　選	列出參考	
123	卷二十三	旱麓章瑟彼玉瓚	瑟說文作璱周禮注作卹	說　文	列出參考	
124	卷二十三	皇矣章此維與宅	論衡作此惟予度	論　衡	列出參考	
125	卷二十三	克順克比	比禮記作俾	禮　記	列出參考	
126	卷二十三	下武章應侯順德	順家語淮南子俱作愼又易君子以順德王肅本順亦作愼朱子曰古字通用也	家語、淮南子、易、朱子	列出參考	
127	卷二十三	匪棘其欲疏禮記引此詩作匪革其欲	按欲字今禮記作猶	禮　記	列出參考	
128	卷二十四	厞哱哱	哱說文作莑集韻作㪟	說　文集　韻	列出參考	
129	卷二十四	或舂或揄	揄韓詩作抌	韓　詩	列出參考	
130	卷二十四	箋疏某黨賢於某若干純	禮記原文無黨字	禮　記	列出參考	
131	卷二十四	卷阿章茀祿爾康矣	爾雅注作被福康矣	爾　雅	列出參考	

132	卷二十四	懵不畏明	懵說文作瞀訓曾也	說　文	列出參考	
133	卷二十四	板章是用大諫	諫左傳作簡	左　傳	列出參考	
134	卷二十五	有覺德行	覺禮記緇衣作梏	禮　記 緇　衣	列出參考	
135	卷二十五	質爾人民	鹽鐵論作誥爾民人	鹽鐵論	列出參考	
136	卷二十五	常武章鋪敦淮濆	說文作敦彼淮濆	說　文	列出參考	
137	卷二十六	維天之命章假以溢我	假說文作誐與假意同左傳作何以恤我	說　文 左　傳	列出參考	
138	卷二十六	烈文章四方其訓之	訓左傳作順	左　傳	列出參考	
139	卷二十六	執競章	競周禮注呂叔玉作僸	周　禮 叔　玉	列出參考	
140	卷二十七	振鷺章在此無斁	斁韓詩作射中庸引此亦作射	韓　詩 中　庸	列出參考	
141	卷二十七	載見章鞗革有鶬	鶬說文作瑲	說　文	列出參考	
142	卷二十八	閔予小子章陟降在庭	庭漢書作廷	漢　書	列出參考	
143	卷二十八	良耜章其鎛斯趙	趙周禮注集韻俱作捎	周　禮	列出參考	
144	卷二十八	絲衣章	說文作素衣	說　文	列出參考	
145	卷二十八	載弁俅俅	說文作弁服俅俅	說　文	列出參考	
146	卷二十八	自羊徂牛	韓詩外傳作自羊來牛	韓詩外傳	列出參考	
147	卷二十八	賚章敷時繹思	敷左傳作鋪	左　傳	列出參考	
148	卷二十九	魯頌駉章有驕有皇	皇說文作騜	說　文	列出參考	
149	卷二十九	泮水章薄采其芹	芹白虎通作荇	白虎通	列出參考	
150	卷二十九	閟宮章遂荒大東	爾雅注作遂幠大東	爾　雅	列出參考	
151	卷二十九	新廟奕奕	新蔡邕獨斷作寢奕奕周禮注作繹繹	蔡　邕 周禮注	列出參考	
152	卷三十	商頌烈祖章亦有和羹	和說文通釋作盉羹說文作鬻	說　文	列出參考	
153	卷三十	長發章海外有截	漢書作海水有戳	漢　書	列出參考	
154	卷三十	為下國綴旒	綴旒禮記作畷郵正義曰引齊魯韓詩也	禮　記	列出參考	
155	卷三十	武王載斾	斾說文作坺韓詩外傳荀子作發	說　文 韓詩外傳	列出參考	
156	卷三十	則莫我敢曷	曷漢書作遏	漢　書	列出參考	
157	卷三十	殷武章不敢怠遑命于下國封建厥福	左傳作不敢怠皇命以多福	左　傳	列出參考	

附表三　《毛詩注疏》考證卷中「文句考釋」考證一覽表

項次	卷次	原文	考證	相關書目或學者	考證結果	考證館臣
1	卷一	左右芼之傳芼擇也	按內則醓醢酒醴芼羹又云雉兔皆有芼昏禮芼之以蘋藻又儀禮饋食皆有鉶芼七發肥狗之和芼以椒蘇皆以菜雜肉爲羹也其以芼爲擇者唯此處毛傳耳	禮記	字義考釋	臣照
2	卷一	關雎章句疏一字則言寋而不會	按顧炎武曰緇衣之詩敝字一句還字一句若曰敝予還予則言之不順矣是詩亦有一字句也	顧炎武		
3	卷一	振振公姓傳公姓公同姓	按玉藻云子姓之冠也喪大記云子姓立於西方子姓子孫也蓋子不可以父之字爲姓孫則以王父之字爲姓姓之所別自孫始故子姓即子孫朱傳以爲公孫得之	禮記		臣光型
4	卷二	草蟲章趯趯阜螽	按爾雅作皇螽此蟲屬當從虫若歐陽氏謂生于陵阜者曰阜螽生于草間者曰草蟲則近于鑿矣	爾雅	駁歐陽脩	臣光型
5	卷二	小星章三五在東傳三心五噣四時更見	按毛以五爲柳似未當甘氏星經云柳八星柳宿萬人所共見明爲八星其狀垂似柳安得謂之五星耶且詩言三五在東特舉一時所見而言安得謂四時更見耶故朱注謂三五言其稀也	朱子	駁毛傳、贊同朱注	臣光型
6	卷二	疏伐屬白虎宿與參連體而六星	按參中三星橫列故謂之參外四星兩肩兩足共爲七星伐三星斜列參中故宋志以爲參十星兼伐三星而言也	宋志	補充注疏	臣光型
7	卷三	邶風柏舟章不可以茹傳茹度也	蘇轍曰入也歐陽修曰納也李光地亦曰納也言其善惡分明不能如鑒之妍媸並納也於義較長	蘇轍、歐陽脩、李光地	字義考釋，駁毛傳，從歐、李	
8	卷三	綠衣序箋疏此綠衣與內司服綠衣字同	按內司服作綠衣未嘗誤作綠或唐時本作綠亦不可攷然彼連鞠衣展衣而言自當作綠此對黃而言自當作綠	周禮	從疏	臣德齡
9	卷三	日月章父兮母兮箋言己尊之如父親之如母	按此說未安劉瑾曰上呼日月而訴之此呼父母而訴之猶舜號泣于旻天于父母之意也呂祖謙曰不欲咎莊公徒自傷父母養我不終而已二說較箋語爲妥	劉瑾呂祖謙	駁鄭箋	臣人龍

10	卷 三	報我不述	述韓詩作術薛君章句云術法也義與毛別	韓 詩		
11	卷 三	睍睆黃鳥	睍睆太平御覽韓詩作簡簡按睍睆言其色好音言其聲喻孝子之有怡色又有柔聲毛義甚精不知朱子何以不從	太平御覽（韓詩）	駁朱子	臣照
12	卷 四	鄘風柏舟章髧彼兩髦疏仍云兩髦者追本父母在之飾也	按武公立于宣王十六年卒于平王十三年在位五十五年其立之年已四十餘歲矣共伯為武公兄既云蚤死則其死之年僖侯猶在故猶著兩髦非既葬去髦後追本而言也孔疏信史記之言其說非是	史 記	駁孔疏	臣光型
13	卷 四	桑中章美孟弋矣傳弋姓也	按春秋襄公四年夫人姒氏薨公羊傳作弋氏薨定公十五年姒氏卒穀梁傳作弋氏卒姓苑弋姓出河東今蒲州有弋氏朱子曰夏后氏之後也似弋姒同姓	春 秋	補充毛傳	臣照
14	卷 四	美孟庸矣傳庸姓也	庸先儒皆云未詳按庸即鄘也漢志鄘皆作庸周末秦有庸芮漢有庸光又有受古文尚書者為膠東庸譚	漢 志	字義考釋	臣映斗
15	卷 五	衛風淇奧章綠竹傳綠王芻也竹篇竹也	按綠齊魯韓三家及說文皆作菉竹韓詩作藩菉字從艸是二物皆草也若綠竹則不宜以為草傳曰淇奧菌蕍淮南子曰淇衛之箭史記漢武下淇奧之竹以為楗漢書冠恂伐淇奧之竹以為矢綠竹之為竹箭明矣且詩以竹為興者取其內虛外剛清勁不染若以為菉藩又何所取耶	舉淮南子、史記、漢書為佐證	駁三家詩及說文	臣人龍
16	卷 五	碩人章譚公維私	按羅泌路史譚嬴姓國今齊之歷城武德中曰譚州東南十里有故城一作鄭又白虎通作覃	羅泌《路史》		臣祖庚
17	卷 五	伯兮章焉得諼草傳疏諼訓為忘非草名	按諼萱草也一名鹿蔥一名宜男一名忘憂草萱諼字音同觀釋文本作萱說文作蕿又作諼則為草名無疑稽康養生論曰合歡蠲忿萱草忘憂孔疏以為非草名恐未然	釋文、說文、稽康養生論	駁孔疏	臣光型
18	卷 六	之水章不與我戍申傳申姜姓之國	按鄭語云當成周者南有申呂周語云齊許申呂由太姜同四岳伯夷之後也	國 語		臣光型
19	卷 六	不流束楚傳楚木也	按張揖云楚荊也牡荊蔓荊也陸佃云楚者楚地所出一名荊故春秋楚稱荊而荊州亦以此木得名也		字義考釋	臣光型

20	卷　六	不與我戍甫	按羅泌路史云新蔡爲古呂國後來之呂近申在周亦曰甫一作郙上蔡有郙亭呂氏春秋云呂在宛西徐廣亦云呂在宛縣括地志云故申城在鄧州南陽縣北三十里故呂城在鄧州南陽縣西四十里是申呂同一地也	羅泌《路史》、春秋、徐廣、地志	地理考	臣光型
21	卷　六	不與我戍許	許與申呂接境故並戍之也		補充注疏	
22	卷　六	采葛章彼采蕭兮疏釋草云蕭荻	按荻字宜作萩音秋說文云萩蕭也襄公十八年左傳秦周伐雍門之萩是也爾雅釋草文字誤作荻故疏仍其訛荻莢也非蕭也	說　文	駁孔疏	臣宗萬
23	卷　七	鄭風大叔于田章乘乘鴇	按鴇爾雅釋畜文作駂從馬其從鳥者乃肅肅鴇羽之鴇也	爾　雅	補充注疏	臣映斗
24	卷　七	羔裘章三英粲兮傳三英三德也	歐陽修曰三英爲三德本無所據蓋旁取書之三德曲爲附麗爾三英粲兮當是述羔裘之美	歐陽脩	是歐陽脩，駁毛傳	
25	卷　七	女曰雞鳴章與子偕老箋宜乎我燕樂賓客而飲酒與之俱至老	歐陽修曰徧考詩諸風言偕老者多矣皆爲夫婦之言賓客一時相接豈有偕老之理	歐陽脩	是歐陽脩，駁鄭箋	
26	卷　七	東門之墠章有踐家室	踐韓詩作靖注靖善也言東門之外栗樹之下有善人可與成爲家室也	韓　詩		
27	卷　八	齊風雞鳴章匪雞則鳴蒼蠅之聲傳蒼蠅之聲有似遠雞之鳴	李光地曰以物理驗之未有雞未鳴而蠅先鳴者故一說非特雞也且有蒼蠅之聲矣言侵曉也	李光地	駁毛傳	
28	卷　八	月出之光	印古詩話曰月字乃日字之誤	印古詩話		
29	卷　八	還章子之還兮	按還韓詩作嫙注嫙好貌也齊詩作營漢書地理志臨甾名營邱故齊詩曰子之營兮顏師古注曰之往也	韓　詩齊　詩顏師古	字義考釋	臣宗萬
30	卷　八	遭我乎猲之間兮	猲齊詩作巎漢書地理志注巎山名字或作猲亦作巎	齊　詩	字義考釋	
31	卷　九	魏風園有桃章園有桃箋食園桃而已	李樗曰園桃非終歲常食之物鄭說不足取當從毛傳以園桃起興爲安	李樗	是毛傳、駁鄭箋	
32	卷　十	之水章我聞有命不敢以告人箋畏昭公謂已動民心	嚴粲云我聞有命反辭以見意故洩其謀欲昭公知之若眞欲從曲沃必不作此以漏洩其事	嚴粲	駁鄭箋	

33	卷十	椒聊章箋疏桓叔別封于沃自是鄰國相陵安得責其不臣	按此說甚害理昭公既立封叔父桓叔于曲沃桓叔固昭公臣也安得謂鄰國耶孔氏于衛風柏舟淇奧誤信史記言衛武公弑兄不失爲盛德此又言桓叔非不臣何其悖也		駁孔疏	臣　浩
34	卷十	綢繆章三星在天傳三星參也箋三星謂心星也	劉瑾曰凡三星者非止心一宿知此爲心宿者蓋辰月末日在畢昏時日淪于地之西位而心宿見于地之東方此詩男女過仲春而得成昏故適見心宿也。按此當從鄭說毛以秋冬爲昏期故指三星爲參然參七星與伐連而十星不止三星矣	劉　瑾	是鄭箋	臣光型
35	卷十	羔裘章自我人居居傳居居懷惡不相親此之貌	按居居究究訓惡雖據爾雅然義殊難曉故朱子亦以爲未詳李光地曰居居慢也究究苛也蓋本張橫渠居居爲晏安究究爲察察作威之說於義較明	李光地	駁毛傳	臣祖庚
36	卷十二	陳風東門之枌章南方之原傳原大夫氏	李樗曰毛鄭以原爲氏不甚明白歐陽修以爲南方原野其說爲簡明言擇其吉日相期于南方之原野也	李　樗	駁毛鄭	
37	卷十二	東門之池章傳疏以池繫門言之則此池近在門外	水經注陳城故陳國也東門內有池水至清潔不竭不生魚草水中有故臺處詩所謂東門之池也	水經注	地理考	
38	卷十三	匪風發兮章匪風發兮匪車偈兮傳發飄風非有道之風偈偈疾驅非有道之車	按漢書王吉上昌邑王疏引此詩說曰是非古之風也發發者是非古之車也偈偈者王吉學韓詩此乃韓詩之說其義亦與毛傳同		補充毛傳	臣　浩
39	卷十三	顧瞻周道箋周之政令也	朱子辯序云周道謂適周之道如四牡所謂周道倭遲耳歐陽修曰顧瞻嚮周之道欲往告以所憂濮一之日周道與大東周道如砥同諸說皆以道爲道路然紬繹詩詞有思文武之道意當以古說爲是	朱　子歐陽脩	是鄭箋	
40	卷十四	曹風蜉蝣章采采衣服傳采采眾也	李樗曰毛以采采爲眾多不如程氏以爲華飾見其好奢也	李　樗	駁毛傳	
41	卷十四	蜉蝣掘閱箋掘地解閱謂其始生時也	李光地曰掘閱者掘然而飛僅閱朝暮言其突現也	李光地	駁鄭箋	

42	卷十五	箋疏吳志孫皓問	吳志當作鄭志王應麟云康成答問葢鄭志所載孫皓乃康成弟子後人因孫皓名氏遂改鄭志爲吳志康成不與孫皓同時吳志亦無此語		駁孔疏	
43	卷十五	日爲改歲箋疏是過十月則改歲	按上二之日云卒歲葢多者終也以四時之終爲歲終也始則以十二辰之始爲始十一月建子子天正也有作始之義故以爲歲始而日改歲也		補充注疏	臣宗萬
44	卷十五	禾麻菽麥	許謙曰麥非納于十月也此葢總言農事畢爾	許　謙	補充注疏	
45	卷十五	其始播百穀箋謂祈來年百穀于公社	李樗曰此但是播百穀非祈百穀也	李　樗	駁鄭箋	
46	卷十五	箋疏賓客食喪有祭祭祀	此句疑有衍字			
47	卷十五	東山章熠燿宵行傳熠燿螢火也	按爾雅埤雅古今注皆以熠燿爲螢名與毛傳合宵行即曹植所謂夜飛者也先儒乃以宵行爲螢名葢因下章有熠燿其羽之文故耳然熠燿其羽亦言其羽之鮮明若螢之光如桑扈所謂有鶯其羽是也	爾　雅	是毛傳	臣浩
48	卷十六	出車章王命南仲傳王殷王也	按蘇轍曰紂得命文王而不得命南仲故王乃爲文王不得爲紂李樗曰從毛氏之說以王爲殷王則與序不相合若從蘇氏之說以王爲文王夫文王未嘗生時稱王不應文王之時作此詩也朱子闕其時世而以所謂天子所謂王命皆爲周王當已		①蘇轍以爲文王，非也。②李樗從毛傳，與序不合。③朱子之說爲是。	臣浩
49	卷十六	又傳南仲文王之屬	按班固人物表文王之臣無南仲宣王之臣有南中仲南古字通用意班固以爲南中也又按漢書傳以采薇爲懿王時詩出車與六月俱爲宣王時詩	班　固	補充注疏	臣宗萬
50	卷十八	白駒章食我場藿	說文云藿尗之少也公食禮云鉶芼牛藿注云藿豆葉也藿與藿同	說文儀禮		
51	卷十八	斯干章西南其戶	李光地曰卑者之居東房西室房戶在東室戶偏東是西南無戶也尊貴者有東西兩房則西南有戶特表出之以明爲尊貴者之居較舊說似更簡明	李光地	補充注疏	
52	卷十九	維周之氐傳氐本	按爾雅氐天根也謂角亢下繫於氐如木之有根故曰天根國語本見而草木節解本謂氐氐是氐本同義毛義爲長鄭改作柢非是	爾　雅國　語	是毛傳、駁鄭箋	臣光型

53	卷十九	雨無正章淪胥以鋪	漢書注顏師古曰韓詩淪字作薰薰者謂相薰蒸後漢書注薰胥以痛痛病也	漢　書		
54	卷十九	何人斯序傳暴畿內國名疏偏檢書傳未聞畿外有暴國今暴公爲卿士明畿內故曰畿內國名	按春秋文公八年公子遂會雒戎盟于暴杜預注鄭地路史云暴辛公采鄭地也一曰隧	春　秋	補充注疏	臣人龍
55	卷二十	無將大車章祇自疧兮	李光地曰疧當作痕唐人避太宗諱致誤	李光地	字義考釋	
56	卷二十	爲俎孔碩或燔或炙箋皆從獻之俎也	詩記云爲俎孔碩謂薦熟也或燔或炙謂從獻也鄭氏合而言之誤矣	詩　記	駁鄭箋	
57	卷二十	笑語卒獲	李光地曰笑語者祖考之笑語記云祭之日思其居處思其笑語笑語得則神之來可知矣	李光地	補充注疏	
58	卷二十	信南山章維禹甸之	甸韓詩作陳按箋訓邱甸之甸音乘周禮稍人注云四邱爲甸甸讀與維禹陳之陳同疏云陳是軍陣故訓爲乘箋訓邱甸之甸者從韓義也		鄭箋同韓詩	臣宗楷
59	卷二十一	倬彼甫田章傳倬明貌	按說文倬明也大也韓詩倬作箌爾雅箌大也此宜訓大傳訓明似未盡其義	說　文爾　雅	是韓詩、駁毛傳	臣敏中
60	卷二十二	騂騂角弓章傳騂騂調和也	按詩補傳騂馬赤黃色古人角弓多以朱漆飾之故彤弓亦言其赤也毛訓調和未知所本	詩補傳	駁毛傳	臣宗楷
61	卷二十二	菀柳章上帝甚蹈	李光地曰蹈古注作悼朱子據荀卿作神然蹈義自通葢踐踏其下之意	李光地	補充注疏	
62	卷二十二	何草不黃章有棧之車傳棧車役車也	按說文竹木之車曰棧義亦通于役車詩緝云疏說不分曉不如徑以爲士之棧車更直捷	說　文詩　緝		臣德齡
63	卷二十三	大雅文王章陳錫哉周箋疏宣十五年左傳亦引此詩乃云文王所以造周不是過也	按左傳羊舌職此語是釋所引康誥文非以造周二字釋下所引詩詞也疏引以證鄭氏訓哉爲始之義似屬牽合	左　傳	駁孔疏	臣祖庚

64	卷二十三	思皇多士傳皇天	漢書王褒傳顏師古注曰思語辭皇美也	漢　書		
65	卷二十三	其會如林疏其會聚之時如林木之盛也	會說文引詩作旝云建大木置石其上發以機以追敵也	說　文		
66	卷二十三	不長夏以革傳革更也不以長大有所更箋不長諸夏以變更王法者	李光地曰文王身任方伯爲諸夏之長專尚文德不以兵車按詩以起下伐崇之事則以革爲兵革之革於義爲更協也	李光地	駁毛鄭	
67	卷二十三	文王有聲章築城伊淢	淢韓詩作洫按說文洫成間溝也淢疾流也二字不同毛傳以爲成溝則改淢作洫	韓　詩說　文		臣人龍
68	卷二十四	生民章禾役穟穟傳役列也	李樗曰役禾之末也說文亦云禾末也較毛說爲勝	李　樗說　文	駁毛傳	
69	卷二十四	維秬維秠	按爾雅翼云鄭氏釋虋人以秠之狀雜于秬郭氏解釋草以秠之色雜于秬郭又引漢任城生黑黍詩歌后稷播種乃民事之常如必待任城所生而後降之則沒世不可得矣此條所駁甚是但謂秠即來麰而以說文一來二縫爲即一稃二米恐未然本草圖經云秬黍之中一稃二米者今上黨或值豐歲往往得之此爲得其實也	爾　雅	駁鄭箋	臣光型
70	卷二十四	行葦章敦弓既堅箋將養老先與群臣行射禮	按詩記曰孔穎達難王肅燕射之說謂燕射旅酬之後乃爲之不當設文于曾孫維主之上豈先爲燕射而後酌酒也遂從鄭氏以爲大射抑不知此篇乃成周燕宗族兄弟之詩非大射擇士時也按儀禮燕射如鄉射之禮射雖畢而飲未終舉觶無算爵獻酌尚多言酌大斗祈黃耇於既射之後亦豈不可乎此章當從詩記作燕射	詩　記儀　禮	駁孔之從鄭，從王肅	臣人龍
71	卷二十四	傳疏公羊傳何休注云天子彤弓諸侯彤弓大夫嬰弓士廬弓事不經見	荀子天子彤弓諸侯彤弓大夫黑弓	荀　子		

72	卷二十四	民勞序箋屬王成王七世孫疏左傳服虔註云穆公召康公十六世孫	按史記燕世家自召公以下九世至惠侯惠侯當周厲王奔彘共和之時是惠侯與穆公共世也縱子有早晚命有長短不應一召公之後北燕之封與畿內之封世數懸絕若此史記周自成王以下至孝王共九王七世與燕自召公以下至惠侯九世相去不遠服注穆公爲康公十六世孫其言未可據也	史記	駁孔疏	臣光型
73	卷二十五	蕩章覃及鬼方疏鬼方遠方未知何方也	按西羌傳武丁征西羌鬼方竹書紀年周王季伐西落鬼戎世本注曰鬼方於漢則先零羌也	後漢書竹書紀年	補充注疏	臣敏中
74	卷二十五	抑序疏武公者僖公之子共伯之弟以宣王三十六年即位	嚴粲曰今考年表武公以宣王十六年即位詩記謂其齒四十餘是也疏以爲三十六年恐誤按史記衛世家釐侯二十八年周宣王立四十二年釐侯卒武公即位五十五年卒據楚語武公年九十五猶箴儆于國是即位時年當四十餘也周宣王以釐侯二十八年立而釐侯在位四十二年是武公即位當以宣王十六年也	嚴粲詩記	嚴粲駁孔疏	臣光型
75	卷二十五	桑柔章國步斯頻	頻說文作顰訓云恨張目也	說文		
76	卷二十五	雲漢章滌滌山川	滌滌說文作蓧蓧訓草旱盡也	說文		
77	卷二十五	崧高章維申及甫箋申申伯也甫甫侯也	困學紀聞云甫即呂也史伯曰當成周者南有申呂漢地理志南陽宛縣申伯國詩書及左氏注不言呂國所在史記正義引括地志云故呂城在鄧州南陽縣西徐廣云呂在宛縣水經注亦謂宛西呂城四嶽受封然則申呂漢之宛縣也	困學紀聞、漢地理志、詩書、左氏注、水經注	駁鄭箋	
78	卷二十六	周頌清廟序箋成洛邑居攝五年時	李樗曰周公成洛邑在於七年非在於五年按書康誥召誥孔氏傳謂成洛邑在周公攝政之七年此據洛誥誕保文武受命惟七年之說也九峰蔡氏辨之謂周公留後洛邑七年而薨者極是而於康誥傳又謂攝政之七年是未免矛盾也箋云五年者據書傳及明堂位之文明堂位誠不足信而伏生書傳猶爲可據仍從箋說爲長	李樗尚書	是鄭箋,駁李樗	臣光型

79	卷二十六	思文章貽我來牟箋武王渡孟津白魚躍入于舟	此文出河內女子僞泰誓篇	僞泰誓篇	文章出處	
80	卷二十七	臣工章嗟嗟保介箋保介車右也	按朱子云鄭氏據月令以爲車右呂氏春秋亦有此文高誘注云保介副也其說不同皆爲籍田而言蓋農官之副也	朱　子	是朱子	臣宗萬
81	卷二十七	庤乃錢鎛奄觀銍艾傳錢銚鎛耨銍穫	錢天錫曰錢以起土用于耕鎛以去草用于耘銍以穫禾用于穫	錢天錫	補充注疏	
82	卷二十八	般章允猶翕河箋河自大陸之比數爲九	按苑洛語錄云九河故道今永平府撫寧縣碣石山與諸家所載碣石之狀合則九河在滄平間海之灣山東通志馬頰在商河覆鬴在海豐鉤盤在德平鬲津在樂陵徒駭在齊河皆濟南府所屬今眞定去濟南東西六百餘里古河自漯水直趨而北至大陸皆眞定地又北播爲九河固永平河間地也不應河至大陸北而東反迴流而南以至濟南之境考明一統志亦謂在濟南不足據從韓說爲近	苑洛語錄	駁鄭箋，從韓說	臣光型
83	卷二十八	箋疏齊桓公塞爲一者不知所出何書	按春秋保乾圖云移河爲界在齊呂墳閼八流以自廣當是本此	春　秋	補疏之不足	臣光型
84	卷三十	爲下國駿厖傳駿大厖厚	輔廣曰駿厖作大厚無意味當從董氏說作駿駹謂馬也李光地曰綴旒以旗喻言其爲四國繫屬也駿厖以馬喻言其爲四國雄長也	輔　廣李光地	駁毛傳，從董氏	

附表四　《毛詩注疏》考證卷中「篇章主旨」考證一覽表

項次	原　文	考　　　證	相關書目或學者	考證結果	考　證館　臣
1	節南山章	按此詩古止名節左傳韓宣子來聘季武子賦節之卒章是也		補充序文	臣　浩
2	白華序周人刺幽后也箋褒姒是謂幽后	按序明云幽王取申女以爲后又得褒姒而黜申后今乃指褒姒爲幽后是自亂其例也程子云王字誤作后字朱子辨說漢書注引此序幽字下有王廢申三字雖非詩意似可補序文之缺	程　子朱　子	補序文之缺	臣人龍

3	敝笱序齊人惡魯桓公微弱	朱子曰桓當作莊按桓十八年左傳桓公不聽申繻之諫遂及文姜如齊則會齊侯乃桓公意也其後文姜會齊襄者五于禚于祝邱如齊師于防于穀皆莊公即位後事夫死從子而莊公不能制之朱子以為刺莊公是也	朱　子	從朱子之說	臣祖庚
4	螽斯序言若螽斯不妬忌則子孫眾多也	歐陽修曰序文顛倒宜作言不妬忌則子孫眾多若螽斯也許謙曰但以言若螽斯句斷屬上文以不妬忌歸之后妃而屬之下文意亦可通按歐陽氏許氏之說皆比舊說謂螽斯不妬忌者勝而許氏說尤長螽斯之果否不妬忌固非人之所知而以不妬忌作推原其本之辭更為明顯也	歐陽修許　謙	不從序說	臣　照
5	羔羊序德如羔羊也	蘇轍曰君子愛其人則樂道其車服是以詩言羔羊之皮而已非比其德也	蘇　轍	不從序說	
6	迨其謂之傳則不待禮會而行之者	按此與鄭箋引周禮奔者不禁之言俱害理宋儒女子懼嫁不及時之說似亦未暢不若申培詩說云女父擇婿之詩為當詩說雖或後人偽書而此說則甚正較古注朱傳之義為長有足取也	申培詩說	從申培詩說	臣人龍
7	河廣序箋襄公即位夫人思宋	按春秋傳宋襄公即位在魯僖公九年衛戴公東渡河在魯閔公二年是宋襄公之立衛渡河已十年矣詩言河廣是衛猶在河北也	春　秋	不從序說	臣祖庚
8	君子陽陽序君子遭亂相招為祿仕	按此詩與簡兮同意曰執簧曰執翿曰由房曰由敖明是隱于伶官應以序說為正解		從序說	臣敏中
9	風雨序亂世則思君子不改其度焉	按朱子辨序謂其詞輕佻非思賢之意然考左傳鄭六卿餞宣子子游賦風雨辨命論風雨如晦雞鳴不已善人為善焉有息哉呂光遺楊軌書何圖松栢凋于微霜而雞鳴已于風雨梁簡文自序立身行己終始如一風雨如晦雞鳴不已是皆可為序說之證	朱子、晉書呂光遺楊軌書	從序說，駁朱子	臣會汾
10	子衿序刺學校廢也	按朱子白鹿洞賦云廣青衿之疑問是朱子亦用序說也又考北魏獻文帝詔高允曰子衿之嘆復見于今北史徵虞喜為博士詔曰每覽子衿之詩未嘗不慨然二詔皆嘆學業之廢儒軌之衰亦可取以證此序也	朱　子	從序說	臣映斗
11	渭陽序及其即位而作是詩也	李光地曰康公為世子時送晉重耳返國之詩存之者何婚姻之國能存亡繼絕者穆公之善也序以為康公即位後追作特臆說耳	李光地	不從序說	
12	九罭序周大夫刺朝廷之不知也	按朱子語錄曰寬厚溫柔詩教也如今人說九罭詩乃責其君之辭無復寬厚溫柔之意故易為束人願周公留之詩然古說謂西人願公速歸朱注謂東人願公少留民之愛公固無東人西人之異說雖不同其為美周公則一也	朱　子	美周公	臣宗楷

13	小雅鹿鳴序燕群臣嘉賓也	陸圻詩經吳學曰鹿鳴之詩周公有憂患之心而作蓋周初建千八百國尾大枝繁慮無以弭卒然之變故特假笙簧酒醴以招來之此燕樂之中直寓獎勸之術有深謀而非細故也如苐以為君臣燕饗之文恐於鹿鳴本旨未能發其全耳	陸圻詩經	以為詩序未能全其說	
14	鼓鐘序刺幽王也	歐陽修曰旁考詩書史記皆無幽王東巡之事書曰淮夷徐戎並興蓋自成王時徐及淮夷已皆不為周臣宣王時嘗遣將征之亦不自征初無幽王東至淮徐之事詩緝謂古事亦有不見於史而因經以見者詩即史也二說不同故朱傳以為未詳		①引歐陽脩、尚書皆不信序。②詩緝信序。③朱子以為未詳。	
15	黍苗序刺幽王也	按此詩不見有刺意國語注謂道召伯述職勞來諸侯與毛序不同	國　語	不從序說	臣　浩
16	瞻卬序凡伯刺幽王大壞也	曹氏曰凡伯作板詩在厲王末至幽王大壞之時七十餘年矣決非一人猶家父也	曹　氏	不從序說	

附表五　《毛詩注疏》考證卷中「名物考釋」考證一覽表

項次	原　文	考　　　證	相關書目或學者	考證結果	考證館臣
1	螽斯羽傳螽斯蚣蝑也	按爾雅云蜇螽蠜蜇螽蚣蝑詩緝云螽斯即蜇螽蝗子也非蜇螽也毛誤以為蚣蝑孔氏因之遂合蜇螽螽斯為一物	爾雅詩緝	毛傳誤、孔氏因之	臣祖庚
2	草蟲章趯趯阜螽	按爾雅作蜇螽此蟲屬當從虫若歐陽氏謂生于陵阜者曰阜螽生于草間者曰草蟲則近於鑿矣	爾　雅	駁歐陽脩	臣光型
3	又疏元命苞云昴六星	按昴亦七星其一星黑色小而難見元命苞謂柳五星又謂昴六星皆誤也	春　秋		臣光型
4	君子偕老章副笄六珈箋如今步搖上飾	詩補傳曰鄭不言步搖之制蓋副上有垂珠步則搖未知步搖之身亦編髮為之否也按後漢輿服志步搖以黃金為山題貫白珠為桂枝相繆一爵九華熊虎赤羆天鹿辟邪南山豐大特六獸詩所謂副笄六珈者也	詩補傳後漢書	駁鄭箋	臣光型
5	定之方中章景山與京傳景山大山	按寰宇記景山在澶州衛南縣東三里衛南隋時屬滑州唐武德四年置澶州衛南屬之觀南頌云陟彼景山衛地即商故都則景山固是山名曰大山非也		駁毛傳	臣光型

6	東山章熠燿宵行傳熠燿螢火也	按爾雅埤雅古今注皆以熠燿爲螢名與毛傳合宵行即曹楨所謂夜飛者也先儒乃以宵行爲螢名葢因下章有熠燿其羽之文故耳然熠燿其羽亦言其羽之鮮明若螢之光如桑扈所謂有鶯其羽是也	爾雅	是毛傳	臣 浩
7	西有長庚疏長庚不知是何星	按史記索隱引韓詩云太白晨出東方爲啓明昏見西方爲長庚廣雅云太白謂之長庚然則啓明長庚太白一星也獨鄭樵乃謂啓明金星長庚水星與舊說不同	史 記廣 雅鄭 樵		臣光型
8	及其孟賊傳食根曰孟食節曰賊疏或說云孟螻蛄也	按螻蛄亦爲苗患毛詩義疏曰孟長而細自是蝗類非螻蛄也		駁孔疏	臣宗楷
9	瞻彼洛矣章鞞琫有珌	按鞞琫珌爾雅無文故此傳云鞞容刀鞞也琫上飾珌下飾而公劉傳則云下曰鞞上曰琫釋名因之至杜預左傳注則以鞞爲上飾鞞爲下飾	爾雅、杜預左傳注		臣宗萬

附表六 「文句考釋」辯駁《毛傳》之考證一覽表

項次	原 文	考 證	用途	相關書目或學者	考證結果	考 證館 臣
1	曹風蜉蝣章采采衣服傳采采眾也	李樗曰毛以采采爲眾多不如程氏以爲華飾見其好奢也	文句考釋	李 樗	駁毛傳	
2	生民章禾役穟穟傳役列也	李樗曰役禾之末也說文亦云禾末也較毛說爲勝	文句考釋	李 樗說 文	駁毛傳	
3	羔裘章自我人居居傳居居懷惡不相親此之貌	按居居究究訓惡雖據爾雅然義殊難曉故朱子亦以爲未詳李光地曰居居慢也究究苛也葢本張橫渠居居爲晏安究究爲察察作威之說於義較明	文句考釋	李光地	駁毛傳	臣祖庚
4	齊風雞鳴章匪雞則鳴蒼蠅之聲傳蒼蠅之聲有似遠雞之鳴	李光地曰以物理驗之未有雞未鳴而蠅先鳴者故一說非特也且有蒼蠅之聲矣言侵曉也	文句考釋	李光地	駁毛傳	
5	爲下國駿厖傳駿大厖厚	輔廣曰駿厖作大厚無意味當從董氏說作駿駹謂馬也李光地曰綴旒以旗喻言其爲四國繫屬也駿厖以馬喻言其爲四國雄長也	文句考釋	輔 廣李光地	駁毛傳，從董氏	
6	邶風柏舟章不可以茹□茹度也	蘇轍曰入也歐陽修曰納也李光地亦曰納也言其善惡分明不能如鑒之妍娸並納也於義較長	文句考釋	蘇 轍歐陽脩李光地	字義考釋，駁毛傳，從歐、李	

7	羔裘章三英粲兮傳三英三德也	歐陽修曰三英為三德本無所據蓋旁取書之三德曲為附麗爾三英粲兮當是述羔裘之美	文句考釋	歐陽脩	是歐陽脩，駁毛傳	
8	騂騂角弓章傳騂騂調和也	按詩補傳騂馬赤黃色古人角弓多以朱漆飾之故彤弓亦言其赤也毛訓調和未知所本	文句考釋	詩補傳	駁毛傳	臣宗楷
9	小星章三五在東傳三心五喝四時更見	按毛以五為栁似未當甘氏星經云栁八星栁宿萬人所共見明為八星其狀垂似栁安得謂之五星耶且詩言三五在東特舉一時所見而言安得謂四時更見耶故朱注謂三五言其稀也	文句考釋	朱子	駁毛傳、贊同朱注	臣光型
10	倬彼甫田章傳倬明貌	按說文倬明也大也韓詩倬作箌爾雅箌大也此宜訓大傳訓明似未盡其義	文句考釋	說文爾雅	是韓詩、駁毛傳	臣敏中
11	維周之氏傳氏本	按爾雅氏天根也謂角亢下繫於氏如木之有根故曰天根國語本見而草木節解本謂氏是氏本同義毛義為長鄭改作柢非是	文句考釋	爾雅國語	是毛傳、駁鄭箋	臣光型
12	魏風園有桃章園有桃箋食園桃而已	李樗曰園桃非終歲常食之物鄭說不足取當從毛傳以園桃起興為安	文句考釋	李樗	是毛傳、駁鄭箋	
13	匪風發兮章匪風發兮匪車偈兮□發發飄風非有道之風偈偈疾驅非有道之車	按漢書王吉上昌邑王疏引此詩說曰是非古之風也發發者是非古之車也偈偈者王吉學韓詩此乃韓詩之說其義亦與毛傳同	文句考釋		補充毛傳	臣浩
14	桑中章美孟弋矣傳弋姓也	按春秋襄公四年夫人姒氏薨公羊傳作弋氏薨定公十五年姒氏卒穀梁傳作弋氏卒姓苑弋姓出河東今蒲州有弋氏朱子曰夏后氏之後也似弋姒同姓	文句考釋	春秋	補充毛傳	臣照
15	陳風東門之枌章南方之原傳原大夫氏	李樗曰毛鄭以原為氏不甚明白歐陽修以為南方原野其說為簡明言擇其吉日相期于南方之原野也	文句考釋	李樗	駁毛鄭	
16	不長夏以革傳革更也不以長大有所更箋不長諸夏以變更王法者	李光地曰文王身任方伯為諸夏之長專尚文德不以兵車按詩以起下伐崇之事則以革為兵革之革於義為更恊也	文句考釋	李光地	駁毛鄭	

附表七　「文句考釋」辯駁《鄭箋》之考證一覽表

項次	原　文	考　證	用途	相關書目或學者	考證結果	考證館臣
1	維周之氐□氐本	按爾雅氐天根也謂角亢下繫於氐如木之有根故曰天根國語本見而草木節解本謂氐是氐本同義毛義爲長鄭改作柢非是	文句考釋	爾雅國語	是毛傳、駁鄭箋	臣光型
2	女曰雞鳴章與子偕老箋宜乎我燕樂賓客而飲酒與之俱至老	歐陽修曰徧考詩諸風言偕老者多矣皆爲夫婦之言賓客一時相接豈有偕老之理	文句考釋	歐陽脩	是歐陽脩，駁鄭箋	
3	崧高章維申及甫箋申申伯也甫甫侯也	困學紀聞云甫即呂也史伯曰當成周者南有申呂漢地理志南陽宛縣申伯國詩書及左氏注不言呂國所在史記正義引括地志云故呂城在鄧州南陽縣西徐廣云呂在宛縣水經注亦謂宛西呂城四嶽受封然則申呂漢之宛縣也	文句考釋	困學紀聞、漢地理志、詩書、左氏注、水經注	駁鄭箋	
4	其始播百穀箋謂祈來年百穀于公社	李樗曰此但是播百穀非祈百穀也	文句考釋	李樗	駁鄭箋	
5	爲俎孔碩或燔或炙箋皆從獻之俎也	詩記云爲俎孔碩謂薦熟也或燔或炙謂從獻也鄭氏合而言之誤矣	文句考釋	詩記	駁鄭箋	
6	日月章父兮母兮箋言己尊之如父親之如母	按此說未安劉瑾曰上呼日月而訴之此呼父母而訴之猶舜號泣于旻天于父母之意也呂祖謙曰不欲咎莊公徒自傷父母養我不終而已二說較箋語爲妥	文句考釋	劉瑾呂祖謙	駁鄭箋	臣人龍
7	之水章我聞有命不敢以告人箋畏昭公謂已動民心	嚴粲云我聞有命反辭以見意故泄其謀欲昭公知之若眞欲從曲沃必不作此以漏泄其事	文句考釋	嚴粲	駁鄭箋	
8	維秬維秠	按爾雅翼云鄭氏釋鬯人以秬之狀雜于秠郭氏解釋草以秠之色雜于秬郭又引漢任城生黑黍詩歌后稷播種乃民事之常如必待任城所生而後降之則沒世不可得矣此條所駁甚是但謂秠即來麰而以說文一稃二縫爲即一稃二米恐未然本草圖經云秬黍之中一稃二米者今上黨或值豐歲往往得之此爲得其實也	文句考釋		駁鄭箋	臣光型

9	般章允猶翕河箋河自大陸之比數爲九	按苑洛語錄云九河故道今永平府撫寧縣碣石山與諸家所載碣石之狀合則九河在滄平間海之灣山東通志馬頰在商河覆鬴在海豐鈎盤在德平鬲津在樂陵徒駭在齊河皆濟南府所屬今眞定去濟南東西六百餘里古河自洚水直趨而北至大陸皆眞定地又北播爲九河固永平河間地也不應河至大陸北而東反迴流而南以至濟南之境考明一統志亦謂在濟南不足據從韓說爲近	文句考釋	苑洛語錄	駁鄭箋，從韓說	臣光型
10	君子偕老章副笄六珈箋如今步搖上飾	詩補傳曰鄭不言步搖之制蓋副上有垂珠步則搖未知步搖之身亦編髮爲之否也按後漢輿服志步搖以黃金爲山題貫白珠爲桂枝相繆一爵九華熊虎赤羆天鹿辟邪南山豐大特六獸詩所謂副笄六珈者也	名物考釋	詩補傳後漢書	駁鄭箋	臣光型
11	顧瞻周道箋周道周之政令也	朱子辯序云周道謂適周之道如四牡所謂周道倭遲耳歐陽修曰顧瞻嚮周之道欲往告以所憂濮一曰周道與大東周道如砥同諸說皆以道爲道路然紬繹詩詞有思文武之道意當以古說爲是	文句考釋	朱子歐陽脩	是鄭箋	
12	綢繆章三星在天傳三星參也箋三星謂心星也	劉瑾曰凡三星者非止心一宿知此爲心宿者蓋辰月末日在畢昏時日淪于地之酉位而心宿見于地之東方此詩男女過仲春而得成昏故適見心宿。按此當從鄭說毛以秋多爲昏期故指三星爲參然參七星與伐連而十星不止三星矣	文句考釋	劉　瑾	是鄭箋	臣光型
13	陳風東門之枌章南方之原□原大夫氏	李樗曰毛鄭以原爲氏不甚明白歐陽修以爲南方原野其說爲簡明言擇其吉日相期于南方之原野也	文句考釋	李　樗	駁毛鄭	
14	不長夏以革傳革更也不以長大有所更箋不長諸夏以變更王法者	李光地曰文王身任方伯爲諸夏之長專尙文德不以兵車按詩以起下伐崇之事則以革爲兵革之革於義爲更恊也	文句考釋	李光地	駁毛鄭	
15	信南山章維禹甸之	甸韓詩作敶按箋訓邱甸之甸音乘周禮稍人注云四邱爲甸甸讀與維禹敶之敶同疏云敶是軍陣之訓爲乘箋訓邱甸之甸者從韓義也	文句考釋		鄭箋同韓詩	臣宗楷

附表八 「文句考釋」辯駁《孔疏》之考證一覽表

項次	原　文	考　　證	用途	相關書目或學者	考證結果	考證館臣
1	行葦章敦弓既堅箋將養老先與群臣行射禮	按詩記曰孔穎達難王肅燕射之說謂燕射旅酬之後乃為之不當設文于曾孫維主之上豈先為燕射而後酌酒也遂從鄭氏以為大射抑不知此篇乃成周燕宗族兄弟之詩非大射擇士時也按儀禮燕射如鄉射之禮射雖畢而飲未終舉觶無算爵獻酌尚多言酌大斗祈黃耇於既射之後亦豈不可乎此章當從詩記作燕射	文句考釋	詩　記儀　禮	駁孔之從鄭，從王肅	臣人龍
2	民勞序箋屬王成王七世孫疏左傳服虔註云穆公召康公十六世孫	按史記燕世家自召公以下九世至惠侯惠侯當周厲王奔彘共和之時是惠侯與穆公共世也縱子有早晚命有長短不應一召公之後北燕之封與畿內之封世數懸絕若此史記周自成王以下至孝王共九王七世與燕自召公以下至惠侯九世相去不遠服注穆公為康公十六世孫其言未可據也	文句考釋	史　記	駁孔疏	臣光型
3	大雅文王章陳錫哉周箋疏宣十五年左傳亦引此詩乃云文王所以造周不是過也	按左傳羊舌職此語是釋所引康誥文非以造周二字釋下所引詩詞也疏引以證鄭氏訓哉為始之義似屬牽合	文句考釋	左　傳	駁孔疏	臣祖庚
4	采葛章彼采蕭兮疏釋草云蕭荻	按荻字宜作萩音秋說文云萩蕭也襄公十八年左□秦周伐雍門之萩是也爾雅釋草文字誤作荻故疏仍其訛荻茨也非蕭也	文句考釋	說　文	駁孔疏	臣宗萬
5	伯兮章焉得諼草傳疏諼訓為忘非草名	按諼萱草也一名鹿葱一名宜男一名忘憂草萱諼字音同觀釋文本作萱說文作蕿又作藼則為草名無疑稽康養生論曰合歡蠲忿萱草忘憂孔疏以為非草名恐未然	文句考釋	釋文、說文、稽康養生論	駁孔疏	臣光型
6	鄘風柏舟章髧彼兩髦疏仍云兩髦者追本父母在之飾也	按武公立于宣王十六年卒于平王十三年在位五十五年其立之年已四十餘歲矣共伯為武公兄既云蚤死則其死之年僖侯猶在故猶著兩髦非既葬去髦後追本而言也孔疏信史記之言其說非是	文句考釋		駁孔疏	臣光型

7	椒聊章箋疏桓叔別封于沃自是鄰國相陵安得責其不臣	按此說甚害理昭公既立封叔父桓叔于曲沃桓叔固昭公臣也安得謂鄰國耶孔氏于衛風柏舟淇奧誤信史記言衛武公弒兄不失爲盛德此又言桓叔非不臣何其悖也	文句考釋		駁孔疏	臣　浩
8	箋疏吳志孫皓問	吳志當作鄭志王應麟云康成答問葢鄭志所載孫皓乃康成弟子後人因孫皓名氏遂改鄭志爲吳志康成不與孫皓同時吳志亦無此語	文句考釋	王應麟	駁孔疏	臣德齡
9	綠衣序箋疏此綠衣與內司服綠衣字同	按內司服作緣衣未嘗誤作綠或唐時本作綠亦不可攷然彼連鞠衣展衣而言自當作緣此對黃而言自當作綠	文句考釋	周　禮	從　疏	臣德齡
10	行葦章敦弓既堅箋將養老先與群臣行射禮	按詩記曰孔穎達難王肅燕射之說謂燕射旅酬之後乃爲之不當設文于曾孫維主之上豈先爲燕射而後酌酒也遂從鄭氏以爲大射抑不知此篇乃成周燕宗族兄弟之詩非大射擇士時也按儀禮燕射如鄉射之禮射雖畢而飲未終舉觶無算爵獻酢向多言酌大斗祈黃耇於既射之後亦豈不可乎此章當從詩記作燕射	文句考釋	詩　記儀　禮	駁孔之從鄭，從王肅	臣人龍
11	抑序疏武公者僖公之子共伯之弟以宣王三十六年即位	嚴粲曰今考年表武公以宣王十六年即位詩記謂其齒四十餘是也疏以爲三十六年恐誤按史記衛世家釐侯二十八年周宣王立四十二年釐侯卒武公即位五十五年卒據楚語武公年九十五猶箴儆于國是即位時年當四十餘也周宣王以釐侯二十八年立而釐侯在位四十二年是武公即位當以宣王十六年也	文句考釋	嚴　粲詩　記	嚴粲駁孔疏	臣光型

附表九　考證中引用宋元明清學者之語

一、歐陽脩

卷　一	螽斯序言若螽斯不妬忌則子孫眾多也○歐陽修曰序文顛倒宜作言不妬忌則子孫眾多若螽斯也許謙曰但以言若螽斯句斷屬上文以不妬忌歸之后妃而屬之下文意亦可通按歐陽氏許氏之說皆比舊說謂螽斯不妬忌者勝而許說尤長螽斯之果否不妬忌固非人之所知而以不妬忌作推原其本之辭更爲明顯也臣照
卷　三	邶風柏舟章不可以茹傳茹度也○蘇轍曰入也歐陽修曰納也李光地亦曰納也言其善惡分明不能如鑒之妍媸並納也於義較長
卷　七	羔裘章三英粲兮傳三英三德也○歐陽修曰三英爲三德本無所據蓋旁取書之三德曲爲附麗爾三英粲兮當是述羔裘之美
卷　七	女曰雞鳴章與子偕老箋宜乎我燕樂賓客而飲酒與之俱至老○歐陽修曰徧考詩諸風言偕老者多矣皆爲夫婦之言賓客一時相接豈有偕老之理

卷十二	陳風東門之枌章南方之原傳原大夫氏○李樗曰毛鄭以原爲氏不甚明白歐陽修以爲南方之原野其說爲簡明言擇其吉日相期于南方之原野也
卷十三	顧瞻周道箋周道周之政令也○朱子辯序云周道謂適周之道如四牡所謂周道倭遲耳歐陽修曰顧瞻嚮周之道欲往告以所憂濮一之日周道與大東周道如砥同諸說皆以道爲道路然紬繹詩詞有思文武之道意當以古說爲是
卷二十	鼓鐘序刺幽王也○歐陽修曰旁考詩書史記皆無幽王東巡之事書曰淮夷徐戎並興蓋自成王時徐及淮夷已皆不爲周臣宣王時嘗遣將征之亦不自征初無幽王東至淮徐之事詩緝謂古事亦有不見於

二、蘇　轍

卷　二	羔羊序德如羔羊也○蘇轍曰君子愛其人則樂道其車服是以詩言羔羊之皮而已非比其德也
卷　三	邶風柏舟章不可以茹傳茹度也○蘇轍曰入也歐陽修曰納也李光地亦曰納也言其善惡分明不能如鑒之妍媸並納也於義較長
卷十六	出車章王命南仲傳王殷王也○臣浩按蘇轍曰紂得命文王而不得命南仲故王乃爲文王不得爲紂李樗曰從毛氏之說以王爲殷王則與序不相合若從蘇氏之說以王爲文王夫文王未嘗生時稱王不應文王之時作此詩也朱子闕其時世而以所謂天子所謂王命皆爲周王當已

三、朱　子

卷　一	漢廣章不可休息傳疏疑經休息之字作休思也○按韓詩外傳即作休思朱子亦從之蓋休求爲韻通首皆以思爲語辭也臣會汾
卷　三	睍睆黃鳥○睍睆太平御覽韓詩作簡簡按睍睆言其色好音言其聲喻孝子之有怡色又有柔聲毛傳義甚精不知朱子何以不從臣照
卷　四	桑中章美孟弋矣傳弋姓也○按春秋襄公四年夫人姒氏薨公羊傳作弋氏薨定公十五年姒氏卒穀梁傳作弋氏卒姓苑弋姓出河東今蒲州有弋氏朱子曰夏后氏之後也似弋姒同姓臣照
卷　七	風雨序亂世則思君子不改其度焉○按朱子辨序謂其詞輕佻非思賢之意然考左傳鄭六卿餞宣子游賦風雨辨命論風雨如晦雞鳴不已善人爲善焉有息哉呂光遺楊軌書何圖松栢凋于微霜而雞鳴已于風雨梁簡文自序立身行己終始如一風雨如晦雞鳴不已是皆可爲序說之證臣會汾
卷　七	子衿序刺學校廢也○按朱子白鹿洞賦云廣青衿之疑問是朱子亦用序說也又考北魏獻文帝詔高允曰子衿之嘆復見于今北史徵盧喜爲博士詔曰每覽子衿之詩未嘗不慨然二詔皆嘆學業之廢儒軌之衰亦可取以證此序也臣映斗
卷　八	敝笱序齊人惡魯桓公微弱○朱子曰桓當作莊按桓十八年左傳桓公不聽申繻之諫遂及文姜如齊則會齊侯乃桓公意其後文姜會齊襄者五于禚於祝邱如齊師于防于穀皆莊公即位後事夫死從子而莊公不能制之朱子以爲刺莊公是也臣祖庚
卷十三	羔裘章自我人居居傳居居懷惡不相親此之貌○按居居究究訓惡雖據爾雅然義殊難曉故朱子亦以爲未詳李光地曰居居慢也究究苛也蓋本張橫渠居居爲晏安究究爲察察作威之說於義較明臣祖庚

卷十一	顧瞻周道箋周道周之政令也○朱子辯序云周道謂適周之道如四牡所謂周道倭遲耳歐陽修曰顧瞻嚮周之道欲往告以所憂濮一之曰周道與大東周道如砥同諸說皆以道為道路然紼繹詩詞有思文武之道意當以古說為是

四、呂祖謙

卷　三	日月章父兮母兮箋言己尊之如父親之如母○按此說未安劉瑾曰上呼日月而訴之此呼父母而訴之猶舜號泣于旻天于父母之意也呂祖謙曰不欲咎莊公徒自傷父母養我不終而已二說較箋語為妥臣人龍

五、嚴粲

卷　一	螽斯羽傳螽斯蚣蝑也○按爾雅云皇螽蠜蚣螽蚣蝑詩緝云螽斯即皇螽蝗子也非蚣螽也毛誤以為蚣蝑孔氏因之遂合皇螽螽斯為一物臣祖庚
卷　七	揚之水序閔無臣也○嚴粲曰揚之水三篇王風言平王不能令諸侯唐風言晉昭不能制曲沃此詩言鄭忽不能制權臣三詩之意皆同
卷　十	之水章我聞有命不敢以告人箋畏昭公謂已動民心○嚴粲云我聞有命反辭以見意故泄其謀欲昭公知之若真欲從曲沃必不作此以漏泄其事
卷二十	鼓鐘序刺幽王也○歐陽修曰旁考詩書史記皆無幽王東巡之事書曰淮夷徐戎並興蓋自成王時徐及淮夷已皆不為周臣宣王時嘗遣將征之亦不自征初無幽王東至淮徐之事詩緝謂古事亦有不見於
卷二十二	何草不黃章有棧之車傳棧車役車也○按說文竹木之車曰棧義亦通于役車詩緝云疏說不分曉不如徑以為士之棧車更直捷臣德齡
卷二十五	抑序疏武公者僖公之子共伯之弟以宣王三十六年即位○嚴粲曰今考年表武公以宣王十六年即位詩記謂其齒四十餘是也疏以為三十六年恐誤按史記衛世家釐侯二十八年周宣王立四十二年釐侯卒武公即位五十五年卒據楚語武公年九十五猶箴儆于國是即位時年當四十餘也周宣王以釐侯二十八年立而釐侯在位四十二年是武公即位當以宣王十六年也臣光型

六、范處義

卷　四	君子偕老章副笄六珈箋如今步搖上飾○詩補傳曰鄭不言步搖之制蓋副上有垂珠步則搖未知步搖之身亦編髮為之否按後漢輿服志步搖以黃金為山題貫白珠為桂枝相繆一爵九華熊虎赤羆天鹿辟邪南山豐大特六獸詩所謂副笄六珈者也臣光型
卷二十二	騂騂角弓章傳騂騂調和也○按詩補傳騂馬赤黃色古人角弓多以朱漆飾之故彤弓亦言其赤也毛訓調和未知所本臣宗楷

七、李樗

卷　九	魏風園有桃章園有桃箋食園桃而已○李樗曰園桃非終歲常食之物鄭說不足取當從毛傳以園桃起興為安
卷十二	陳風東門之枌章南方之原傳原大夫氏○李樗曰毛鄭以原為氏不甚明白歐陽修以為南方原野其說為簡明言擇其吉日相期于南方之原野也

卷十四	曹風蜉蝣章采采衣服傳采采眾也○李樗曰毛以采采為眾多不如程氏以為華飾見其好奢也
卷十五	其始播百穀箋謂祈來年百穀于公社○李樗曰此但是播百穀非祈百穀也
卷十六	出車章王命南仲傳王殷王也○按蘇轍曰紂得命文王而不得命南仲故王乃為文王不得為紂李樗曰從毛氏之說以王為殷王則與序不相合若從蘇氏之說以王為文王夫文王未嘗生時稱王不應文王之時作此詩也朱子闕其時世而以所謂天子所謂王命皆為周王當已臣浩
卷二十四	生民章禾役穟穟傳役列也○李樗曰役禾之末也說文亦云禾末也較毛說為勝
卷二十六	周頌清廟序箋成洛邑居攝五年時○李樗曰周公成洛邑在於七年非在於五年按書康誥召誥孔氏傳謂成洛邑在周公攝政之七年此據洛誥誕保文武受命惟七年之說也九峰蔡氏辨之謂周公留後洛邑七年而薨者極是而於康誥傳又謂攝政之七年是未免矛盾也箋云五年者據書傳及明堂位之文明堂位誠不足信而伏生書傳猶為可據仍從箋說為長臣光型

八、輔　廣

卷三十	為下國駿厖傳駿大厖厚○輔廣曰駿厖作大厚無意味當從董氏說作駿駹謂馬也李光地曰綴旒以旗喻言其為四國繫屬也駿厖以馬喻言其為四國雄長也

九、王應麟

卷二十五	崧高章維申及甫箋申申伯也甫甫侯也○困學紀聞云甫即呂也史伯曰當成周者南有申呂漢地理志南陽宛縣申伯國詩書及左氏注不言呂國所在史記正義引括地志云故呂城在鄧州南陽縣西徐廣云呂在宛縣水經注亦謂宛西呂城四嶽受封然則申呂漢之宛縣也

十、劉　瑾

卷　三	日月章父兮母兮箋言己尊之如父親之如母○按此說未安劉瑾曰上呼日月而訴之此呼父母而訴之猶舜號泣于旻天于父母之意也呂祖謙曰不欲咎莊公徒自傷父母養我不終而已二說較箋語為妥臣人龍
卷　十	綢繆章三星在天傳三星參也箋三星謂心星也○劉瑾曰凡三星者非止心一宿知此為心宿者蓋辰月末日在畢昏時日淪于地之酉位而心宿見于地之東方此詩男女過仲春而得成昏故適見心宿也按此當從鄭說毛以秋冬為昏期故指三星為參然參七星與伐連而十星不止三星矣臣光型

十一、許　謙

卷　一	螽斯序言若螽斯不妒忌則子孫眾多也○歐陽修曰序文顛倒宜作言不妒忌則子孫眾多若螽斯也謙曰但以言若螽斯句斷屬上文以不妒忌歸之后妃而屬之下文意亦可通按歐陽氏許氏之說皆比舊說謂螽斯不妒忌者勝而許氏說尤長螽斯之果否不妒忌固非人之所知而以不妒忌作推原其本之辭更為明顯也臣照
卷十五	禾麻菽麥○許謙曰麥非納于十月也此蓋總言農事畢爾

十二、錢天錫

卷二十七	庤乃錢鎛奄觀銍艾傳錢銚鎛樴銍穧○錢天錫曰錢以起土用于耕鎛以去草用于耘銍以穧禾用于穫

十三、顧炎武

卷　一	關雎章句疏一字則言寋而不會○按顧炎武曰緇衣之詩敝字一句還字一句若曰敝予還予則言之不順矣是詩亦有一字句也臣照

十四、李光地

卷　三	邶風柏舟章不可以茹傳茹度也○蘇轍曰入也歐陽修曰納也李光地亦曰納也言其善惡分明不能如鑒之妍媸並納也於義較長
卷　八	齊風雞鳴章匪雞則鳴蒼蠅之聲傳蒼蠅之聲有似遠雞之鳴○李光地曰以物理驗之未有雞未鳴而蠅先鳴者故一說非特雞也且有蒼蠅之聲矣言侵曉也
卷　十	羔裘章自我人居居傳居居懷惡不相親此之貌○按居居究究訓惡雖據爾雅然義殊難曉故朱子亦以爲未詳李光地曰居居慢也究究苛也蓋本張橫渠居居爲晏安究究爲察察作威之說於義較明臣祖庚
卷十一	渭陽序及其即位而作是詩也○李光地曰康公爲世子時送晉重耳返國之詩存之者何婚姻之國能存亡繼絕者穆公之善也序以爲康公即位後追作特臆說耳
卷十四	蜉蝣掘閱箋掘地解閱謂其始生時也○李光地曰掘閱者掘然而飛僅閱朝暮言其突現也
卷十八	斯干章西南其戶○李光地曰卑者之居東房西室房戶在東室戶偏東是西南無戶也尊貴者有東西兩房則西南有戶特表出之以明爲尊貴者之居較舊說似更簡明
卷二十	無將大車章秖自痕兮○李光地曰痕當作痕唐人避太宗諱致誤
卷二十	笑語卒獲○李光地曰笑語者祖考之笑語記云祭之日思其居處思其笑語笑語得則神之來可知矣
卷二十二	菀栁章上帝甚蹈○李光地曰蹈古注作悼朱子據荀卿作神然蹈義自通蓋踐踏其下之意
卷二十三	不長夏以革傳革更也不以長大有所更箋不長諸夏以變更王法者○李光地曰文王身任方伯爲諸夏之長專尚文德不以兵車按詩以起下伐崇之事則以革爲兵革之革於義爲更協也
卷三十	爲下國駿厖傳駿大厖厚○輔廣曰駿厖作大厚無意味當從董氏說作駿駹謂馬也李光地曰綴旒以旗喻言其爲四國繫屬也駿厖以馬喻言其爲四國雄長也

參考文獻

一、古　籍

1. 漢・毛亨傳，東漢鄭玄箋，唐・孔穎達疏：《毛詩注疏》（臺北：臺灣商務印書館，1983 年，《景印文淵閣四庫全書》本）。

2. 漢・鄭樵傳，民國・顧頡剛輯：《詩辨妄》（北平：樸社，1933 年）。

3. 漢・許慎異義，漢・鄭玄駁：《駁五經異義補遺・鄭聲淫》（臺北：臺灣商務印書館，1983 年影印《文淵閣四庫全書》本）。

4. 魏・何晏注，宋・邢昺疏：《論語・陽貨》（臺北：臺灣商務印書館，1983 年影印《文淵閣四庫全書》本）。

5. 宋・歐陽脩：《詩本義》（臺北：臺灣商務印書館，1983 年影印《文淵閣四庫全書》本）。

6. 宋・呂祖謙：《呂氏家塾讀詩記》（臺北：臺灣商務印書館，1983 年影印《文淵閣四庫全書》本）。

7. 宋・朱熹：《詩序辨說》（臺北：臺灣商務印書館，1983 年影印《文淵閣四庫全書》本）。

8. 宋・朱熹著，郭齊、尹波點校：《朱熹集》（成都：四川教育出版社，1996 年）。

9. 宋・王柏：《詩疑》（臺北：臺灣商務印書館，1983 年影印《文淵閣四庫全書》本）。

10. 宋・黎靖德編，王星賢點校：《朱子語類》（臺北：文津出版社，1986 年）。

11. 宋・蘇轍：《詩集傳》（臺北：臺灣商務印書館，1983 年影印《文淵閣四庫全書》本）。

12. 宋・劉敞：《公是七經小傳》（臺北：臺灣商務印書館，1983 年）。

13. 宋・劉敞：《春秋傳十五卷》（臺北：臺灣商務印書館，1983 年影印《文淵閣四庫全書》本）。

14. 宋・范處義：《詩補傳三十卷》（臺北：臺灣商務印書館，1983 年影印《文淵閣四庫全書》本）。

15. 宋・王宗傳：《童溪易傳》（臺北：臺灣商務印書館，1983 年影印《文淵閣四庫全書》本）。

16. 宋・呂祖謙：《東萊先生文集》，收入《叢書集成初編》（北京：中華書局，1985 年）。

17. 宋・嚴粲：《詩緝》（臺北：臺灣商務印書館，1983 年影印《文淵閣四庫全書》本）。

18. 宋・范處義：《詩補傳》（臺北：臺灣商務印書館，1983 年影印《文淵閣四庫全書》本）。

19. 宋・李樗：《毛詩集解四十二卷》（臺北：臺灣商務印書館，1983 年影印《文淵閣四庫全書》本）。

20. 宋・輔廣：《詩童子問》（臺北：臺灣商務印書館，1983 年影印《文淵閣四庫全書》本）。

21. 元・許謙：《詩集傳名物鈔》（臺北：臺灣商務印書館，1983 年影印《文淵閣四庫全書》本）。

22. 元・梁寅：《詩演義》（臺北：臺灣商務印書館，1983 年影印《文淵閣四庫全書》本）。

23. 明・魏濬：《易義古象通》（臺北：臺灣商務印書館，1983 年影印《文淵閣四庫全書》本）。

24. 明・胡廣奉敕撰：《禮記大全三十卷》（臺北：臺灣商務印書館，1983 年影印《文淵閣四庫全書》本）。

25. 明・邵寶：《簡端錄十二卷》（臺北：臺灣商務印書館，1983 年影印《文淵閣四庫全書》本）。

26. 明・茅坤：《潁濱文鈔》，《唐宋八大家文鈔》（臺北：臺灣商務印書館，1983 年影印《文淵閣四庫全書》本）。

27. 明・黃宗羲撰，清・全祖望補：《宋元學案中冊》（臺北：世界書局，1990 年）。

28. 明・豐坊：《魯詩世學》（臺北：國立故宮博物院，1997 年）。

29. 清・永瑢、紀昀等撰：《四庫全書總目》（臺北：臺灣商務印書館，1983 年影印《文淵閣四庫全書》本）。

30. 清・顧炎武：《原抄本日知錄》（臺北：臺灣商務印書館，1983 年影印《文淵閣四庫全書》本）。

31. 清・顧炎武：《顧亭林詩文集》（北京：中華書局，1983 年）。

32. 清・全祖望：《鮚埼亭集》（上海：上海書店，1989 年）。

33. 清・方東樹：《漢學商兌》（臺北：藝文印書館，1974 年）。

34. 清・惠棟：《松崖文鈔》（臺北：藝文印書館，1974 年）。

35. 清・戴震撰，余國慶點校：《戴震全書》（合肥：黃山書社，1995 年）。

36. 清聖祖：《聖祖仁皇帝御製文集》（臺北：臺灣商務印書館，1983 年影印《文淵閣四庫全書》本）。

37. 清・慶桂等編：《清實錄》（北京：中華書局，1986 年）。

38. 清高宗：《清高宗御製詩文全集》（臺北：臺灣商務印書館，1983 年影印《文淵閣四庫全書》本）。

39. 清・戴震著，趙玉新點校：《戴震文集》（北京：中華書局，1980 年）。

40. 清・莊存與：《春秋正辭》（上海：上海古籍出版社，1995 年）。

41. 漢・鄭玄注，唐孔穎達疏：《禮記注疏》（臺北：臺灣商務印書館，1983 年影印《文淵閣四庫全書》本）。

42. 清・鄭方坤：《經稗六卷》（臺北：臺灣商務印書館，1983 年影印《文淵閣四庫全書》本）。

43. 清・雍正：《欽定詩經傳說彙纂序》，《景印文淵閣四庫全書》第八十三冊（臺北：臺灣商務印書館，1983 年）。

44. 清・王士禛《居易錄》（臺北：臺灣商務印書館，景印四庫全書第八六九冊）。

45. 清・張穆編：《清顧亭林先生年譜》（臺北：商務印書館，1987 年）。

46. 清・李光地：《詩所》（臺北：臺灣商務印書館，景印四庫全書第八十六冊）。

47. 清・皮錫瑞：《經學歷史》（臺北：藝文印書館，2004 年）。

二、專　著

1. 文史哲出版社：《叢書子目類編》（臺北：文史哲出版社，1982 年）。

2. 中國第一歷史檔案館編：《乾隆朝上諭檔》（北京：檔案出版社，1991 年）。

3. 王俊義、王愛平：《清代學術文化史論》（臺北：文津出版社，1999 年）。

4. 任松如：《四庫全書問答》（上海：上海書店，1992 年）。

5. 吳哲夫：《四庫全書纂修之研究》（臺北：國立故宮博物院，1990 年 6 月）。

6. 屈萬里：《詩經詮釋》（臺北：聯經出版社，1989 年）。

7. 林葉連：《中國歷代詩經學》（臺北：臺灣學生書局，1993 年）。

8. 林葉連：《詩經論文》（臺北：臺灣學生書局，1996 年）。

9. 林慶彰主編：《乾嘉學術研究論著目錄》（臺北：中研院文哲所籌備處，1995 年）。

10. 洪湛侯：《詩經學史》（北京：中華書局，2002 年）。

11. 梁啓超：《中國近三百年學術史》（臺北：里仁書局，1995 年）。

12. 淡江大學中國文學系主編：《兩岸四庫學——第一屆中國文獻學學術研討會》（臺北：淡江大學中國文學系，1998 年）。

13. 郭伯恭：《四庫全書纂修考》（上海：上海書店，1937 年）。

14. 陳子展：《詩經直解》（臺北：書林書局，1992 年）。

15. 黃愛平：《四庫全書纂修研究》（北京：中國人民大學出版社，1989 年）。

16. 楊家駱：《四庫全書大辭典》（北京：中國書店，1987 年）。

17. 錢穆：《經學大要》（臺北：蘭台出版社，2000 年）。

18. 戴逸：《乾隆帝及其時代》（北京：中國人民大學出版社，1992 年）。

三、期刊論文

1. 何海燕：〈從《四庫全書總目》看清初《詩經》研究之狀況——兼談《總目》治《詩》思想對清中後期《詩經》影響〉，《湖北大學學報》第三十二卷第三期，2005 年 5 月，頁 342～345。

2. 汪受寬、劉鳳強：〈《四庫全書》研究的回顧與思考〉，《史學史研究》（2005 年第一期），頁 62～66。

3. 夏長樸：〈《四庫全書總目》與漢宋學的關係〉，《故宮學術季刊》第二十三卷第二期（2005 年冬），頁 83～128。

4. 張杰：〈四庫全書與文字獄〉，《清史研究》（1997 年第一期），頁 45～54。

5. 郭丹：〈《四庫全書總目》中的《詩經》批評〉，《福建師範大學學報》第一一七期（2002 年 4 月），頁 75～80。

6. 楊晉龍：〈「四庫學」研究的反思〉，《中國文哲研究集刊》（1994 年第四期），頁 349～394。

7. 楊晉龍：〈論《四庫全書總目》對明代詩經學的評價〉，《第四屆詩經國際學術研討會論文集》（山東濟南市：中國詩經學會，1999 年），頁 457～485。

8. 楊晉龍：〈從《四庫全書總目》對明代經學的評價析論其評價內涵的意義〉，《中國文哲研究集刊》（2000 年 3 月），頁 523～585。

四、學位論文

1. 計文德：《從四庫全書探究明清間輸入之西學》（臺北：中國文化大學歷史研究所碩士論文，民國 74 年）。

2. 莊清輝：《四庫全書總目經部研究》（臺北：國立政治大學中國文學研究所碩士論文，民國 76 年）。

3. 楊晉龍：《明代詩經學研究》（臺北：臺灣大學中國文學系博士論文，民國 85 年）。

4. 曾聖益：《四庫總目經部類敍疏證及相關問題研究》（臺北：政治大學中國文學研究所碩士論文，民國 85 年）。

5. 石惠美：《四庫薈要》與《四庫全書》集部著錄書版本比較研究（臺北：中國文化大學中文研究所碩士論文，民國 86 年）。

6. 龔詩堯：《四庫全書總目》之文學批評研究（南投：暨南國際大學中國語文學系碩士論文，民國 89 年）。

7. 楊曉雲：《四庫全書總目》史部分類之研究（臺北：臺灣大學圖書資訊學研究所碩士論文，民國 89 年）。

8. 蕭玲宜：《四庫全書收錄附圖書之研究》（臺北：臺北市立師範學院應用語言文學研究所碩士論文，民國 90 年）。

9. 曾紀剛：《四庫全書之纂修與清初崇實思潮之關係研究——以經史二部為主的觀察》（臺北：輔仁大學中文系碩士論文，民國 90 年）。

10. 吳麗珠：《四庫全書》收錄臺灣文史資料之研究（臺北：東吳大學中國文學系碩士論文，民國 92 年）。

11. 李威侃：《四庫全書總目·經部·易類》研究（高雄：中山大學中國文學研究所碩士論文，民國 93 年）。

12. 薛建發：《四庫全書總目》文學鑑賞研究（臺北：臺北市立教育大學應用語言文學研究所碩士論文，民國 94 年）。

13. 周宏仁：《四庫全書》著錄清代御製文獻研究（臺北：淡江大學漢語文化暨文獻資源研究所碩士班碩士論文，民國 95 年）。

14. 段又瑄：《四庫分纂稿、閣書提要和《總目》提要之內容比較分析——以集部為例》（臺北：臺灣大學圖書資訊學研究所碩士論文，民國 96 年）。

15. 盧盈君：《四庫全書總目》詞曲觀研究（臺北：政治大學國文教學碩士學位班碩士論文，民國 97 年）。